訟師の中国史

国家の鬼子と健訟

夫馬 進
Fuma Susumu

筑摩選書

訟師の中国史　国家の鬼子と健訟　目次

訟師の中国史

国家の鬼子と健訟

序　章

訟師というカギ

教師にしてゴロツキ

本書を手に取ってくださった大半の読者にとって、「訟師《しょうし》」とは初めて聞く言葉であろう。しかし訟師そのものが訴訟する人々にとって、いかに重要な存在であったかだけではなく、中国の国家と社会のしくみを知るために、それがいかに重要なキーワードであるかを私は語ろうと思う。訟師という根底に潜む問題をもとに、中国史を大きく広い視野からとらえてみたい。

訟師とは近代以前の中国で人びとが訴訟しようとするとき、これを助けた者たちである。それは文字どおり訴訟の教師、訴訟の先生である。

日本では「山師」「ペテン師」「事件師」など師の一字を付けながら、その実これを貶《おとし》めることがある。しかし中国で「師」がそのような使われかたをすることを私は知らない。中国の清代ではこれを貶めるために、「訟棍《しょうこん》」という蔑称をもって呼んだ。棍とは棍棒の棍であり、一説によればもともと男のイチモツに由来するという。ゴロツキのことを棍徒という。だから訟棍といえば訴訟ゴロツキ、訴訟ヤクザである。つまり訟師とは一方で教師とされながら、一方でゴロツキと見なされていた。

　本書では訟師は世界史の中で中国独自のものであった、との前提で話を進める。世界史の中で訟師がいかに特異なものであったかは、第9章と第10章で検討することになる。

「蛇蝎のごとく」嫌われた存在をなぜ問題にするのか

　中国史のなかでも訟師という言葉が文献に現れるのは、やっと宋代から、より正確に言えば南宋時代後期からである。「健訟《けんしょう》」という言葉が社会事象をあらわすものとして登場するのも、宋代からである。健訟とは健《さか》んに訴訟すること、健んに訴訟が起こることで、訟師を「健訟の人」「健訟者」と呼ぶこともあった。だから健訟と訟師とは表と裏の関係にあったと言ってよい。アメリカ社会はしばしば「訴訟社会」と呼ばれ、それが弁護士の多さと表裏一体に語られるのと同じである。中国史に即して言うなら、「健訟社会」という言葉がこの「訴訟社会」に当たるであろう。本書では文脈の情況に応じて、この二つの言葉を適宜に使う。

　長い中国の歴史から見れば、宋代はやっと十世紀後半に始まるにすぎない。これから見るなら、訟師という現象も健訟という現象も歴史的なものである。ところがそれから約一千年、最後の王朝である清朝が二十世紀初めに滅びるまで、歴代の政府はほとんど絶え間なく健訟に悩み、訟師を排撃しつづけた。このうち健訟の問題は、現代でも解決されていない。私は中国史のなかで宋代から清代までを「中国近世」であると考える。国家の機構も社会の構成も、この一千年に大きく変わったようにないからである。[*1] 訟師とはなにかを問うことは、中国近世とはなにかを問うことになろう。

この中国近世を通じて、訟師は狡猾さの代名詞であった。

毒蛇やサソリのように嫌われた。彼らがいつも浴びせられた言葉は、ウソを本当のこととすり替える、病気や老衰で死んだのに殺人事件だと訴える、是非と黒白《こくびゃく》を転倒する、訴訟を起こして人に濡れ衣《ぎぬ》を着せる、官庁の事務員や小使いとグルになって不正を働く、などというものであった。必要もないのに訴訟せよと人々を唆《そそのか》し、訴訟当事者の生き血を吸って大儲けし、自分だけはヌクヌクと生き延びる。しかしながら行く末は因果応報でろくなことにならない、たたりは本人だけでなく子々孫々にまで続くから、ゆめゆめこんな悪党になってはいけない、とされた。

訴訟社会のアメリカでも、弁護士は ambulance chaser と呼ばれることがあるように、評判が悪いことがある。救急車《アンビュランス》を見かけると、そこには訴訟や損害賠償など儲け話が待っているとばかりに、追いか《チェイス》けて行くからである。しかし中国で訟師と言えば、アンビュランスチェイサーどころの話ではない、狡智にたけた徹底した悪党であり、要するに悪訟師、訟棍だったのである。

では本書は、ここまで悪名高い者について、なにを語ろうとするのだろうか。いやそもそも、私はここまで評判の悪い訟師のどこをおもしろいと思って研究を始めたのか。

訟師のウラにはなにかある

私は常識人のつもりであるから、悪漢は小説や映画の世界で十分である。しかも私は歴史の研究者である。小説家や脚本家のようにフィクションのなかで訟師をトリックスターとして動かすのが本分ではない。訟師という存在はなんであったかを明らかにするのが、私の仕事である。

私が訟師に関心をもったのは、じつに単純なきっかけによる。

私は若いころ、「善会《ぜんかい》」、「善堂《ぜんどう》」というものに関心をもった。それは社会公益事業を行うことを目的に掲げ、中国で独自に生まれ発達した結社と施設である。それで関連史料をあれこれ渉猟していたのだが、そのとき偶然、十八世紀から十九世紀にかけて生きた一人物が、「訟師は人びとの役に立っている。冤罪《えんざい》をすすぎ、かつこれを防ぐのが訟師である、訟師と訟棍とはまったく別物である」と主張しているのに出くわした。

訟師といえば悪訟師である、世のなかのダニであるとどの史料でも書いてあるので、私もそうだとばかり思いこんでいたのだが、いやそうではない、世のなかになくてはならぬ者であると言うのである。これについては第2章でくわしく見ることにする。

私はこの文章を読んで、現代のわれわれが選んでいる価値と共通したもの、つまり一種普遍的な価値を中国でも近代ヨーロッパの影響を受ける以前から独自に生み出していたことを知って、なにかホッとしたことを覚えている。

もちろんこのような主張が、訟師の活躍していた時代になされたのは、例外中の例外である。その後、訟師自身がこのように自己主張している史料は、第9章と第11章で紹介する訟師秘本という一ジャンルの書にしばしば載っていることを知ったし、ほかでもいくつか読んだが、訟師でもない人物が「訟師有用論」を唱えているのは、いまもってこれ以外に読んだことがない。

しかし、ひとつでも例外記事があることは、歴史を考えるときに重要である。しかもその主張は合理的であり、二百年ほどの時を超えて私にも十分に理解できた。私はこれを読み、「世を挙げて非難する訟師とは、実際にはなんだったのだろうか」と疑問に思った。それと同時に、「訟師のウラにはなにかある。なにか重要な事実が隠されている」と考えた。

というのは、訟師とは訟棍である悪党である、彼に近づく者はみんな不幸になるというのであれば、それにもかかわらず千年近くのあいだ、民衆が彼に近づきつづけたことは不可解になるからである。いかに無知とはいえ、生き血を吸われることを承知のうえで自分から近づくほど、民衆が愚かであったとは考えられない。

訟師についての記事は清末まで山ほどある。ところがこの一篇の「訟師有用論」を除いて、そのことごとくが悪党として出てくる。これはいったいどういうことであろうか。

中国における「国家と法制」を理解するカギ

私はそこで当時あった先人による中国訴訟制度史についての研究をいくつか読み、訟師とはなんであったのか、どんなウラがあったのかを知ろうとした。国内外の研究者が書いたものを読んだ。ところがそれらすべては私を満足させてくれなかった。というのは、それらはすべて国家の法律制度や裁判制度をいわば静態的に説明するものであり、法律制度を作った側の目線、つまりは国家の目線、上から目線で書かれていたからである。そこでは例外なしに、訟師は法律制度の攪乱者であり悪党とならざるをえない。国家は彼らがいなくても、人びとが訴訟できるよう制度設計していたからである。

しかし、これでは訟師および訟師有用論がなぜ生まれたのか理解できない。

法律の歴史や法制度の歴史を法制史と呼ぶ。私は中国法制史をやる研究者はおもに法学部の出身者だから、統治者の立場、すなわち上から目線でしか訴訟制度を叙述できないのだろうかとさえ勘ぐった。この勘ぐりはもちろん、その後まったくの誤りであることを知ったが、そのころの私は、自分には合理的に思える訟師有用論の立場から、訴訟する民衆の目線で諸史料を読みなおしてみようと思った。

本書はこのような関心から書いたものである。国家の政治思想、訴訟制度が、どのようにして国家にとって忌まわしく排斥すべき訟師、つまり鬼子《おにご》を生み続けたのかを主軸にしているから、本書は法制史の書といえよう。しかし、訟師がどのように生きていたのか、どのように禁圧されたのか、彼らが訟師という職業をみずからどう考えていたのか、なども書くつもりであるから、これは社会史の書でもある。

いわゆる近代化が始まる前の中国では、ある時あるところでは世界でも類例を見ないと思うほど、すさまじいばかりの訴訟社会、健訟社会であった。それはたとえば清末の重慶である。私は「健訟棍徒」とされる何輝山《かきざん》という人物を中心にして、彼が根城とした小さな市場町での健訟ぶりを紹介したことがある。当時の訴訟文書によれば、何輝山が一八五九年（咸豊《かんぽう》九年）正月から一八七一年（同治《どうち》十年）九月までの十三年間に、彼自身が原告か被告となった訴訟は、合計七十八件に及んだという。[*2] 本書はこのような健訟社会のなかで生きた訟師を描くから、この点でも社会史の書である。

まずは世界に独自な訟師という存在そのものを知ってもらわなければならない。次いで中国の国家と社会のどのようなしくみが一方で悪訟師を生み、しかも一方でその一部が善訟師でありうるのか、明らかにしようと思う。訟師とは、中国における国家と社会を理解するカギである。

註

＊1　夫馬進「中国近世と科挙」「中国近世の官職授与制」「中国近世の士大夫政治と皇帝専制政治」（吉田光男編『東アジア近世近代史研究』放送大学教育振興会、二〇一七年）。

＊2　夫馬進「清末巴県の〝健訟棍徒〟何輝山と裁判的調解〝憑団理剖〟」（『東洋史研究』第七四巻第三号、二〇一五年、頁六六）。

第1章
悪訟師のイメージ

1　田舎のインテリ?

『点石斎画報』

まず訟師はどのような風貌をしていたのか、どのようなイメージをもって人びとに見られていたのかを示しておこう。絵（図1）を見ていただきたい。

これは清末の一八八五年（光緒《こうちょ》十一年）に上海で発行された『点石斎画報《てんせきさいがほう》』に描かれたもので、「訟棍は懲《こ》らしめねばならぬ」と題する。[*1] 右に机を前にしてお茶を飲みつつ、悠然と坐っているのが訟師である。

メガネをかけて傲然たる面構《つらがま》えである。まさに田舎《いなか》のインテリである。彼を取り囲んでいる十数人は手下たちであろうか。そのうちのひとりに扇子であおいでもらっている。

訟棍宜懲

図1　『点石斎画報』訟棍宜懲

左上の説明によれば、これは浙江省寧波《ニンポー》の沖合に点々と浮かぶ舟山群島のひとつ、定海庁《ていかいちょう》が置かれた島のようすだという。一見してわかるとおり、たいへんな田舎である。

説明は続けて言う。

　定海は海に隔てられた辺鄙な地で、風俗は荒々しく人びとは訴訟が大好き、このため悪賢い生員《せいいん》が訴状を書いて飯のタネとしている。

　お上《かみ》による手入れが身近にまで及んできたから、逮捕される前に逆にしかけてやれとばかりに、訟棍は定海庁の上級官庁にたいして、定海では官僚が職務規程に反することをやっておりますと訴え出た。上級官庁では穏便におさめたのだが、しかし訟棍があることないことを言いたてお上を訴え出るとは、不届き千万ではないか。凶悪な風俗は見過ごしてはならぬ。

以上がこの絵の主旨である。ここでも訟師が簡単に「訟棍」と呼び換えられている。彼らにたいする同情心などかけらもない。

『点石斎画報』に収める絵は、そのほとんどがヨーロッパ、アメリカの影響を受けて大きく変貌しつつあった大都会、上海の風俗文物を描いたものである。にもかかわらず、この絵がたいへんな田舎のこととして描かれているのは、話の舞台である定海が、上海から見れば途方もなく辺鄙な地だからである。

つまりこの絵は画家の想像の産物であり、訟師の風貌もあくまで描いた者のもつイメージであると言ってよい。いかにも田舎のインテリという風貌も、説明によれば地方官を告発したのが生員だからであり、訟師はたいがい生員クラスのものがなるものだという、当時の「常識」が生み出したものであろう。生員とは科挙で受験勉強を始めた者が最初に獲得する資格である。各地方に置かれた国立学校の学生であって、その地のちょっとした名士である。

この風俗画については、もう少し広い視角から見ることができる。

よく見れば、田園地帯に開かれた訟師の事務所を描いていることがわかる。地方官が訟師を逮捕しようとして手入れを始めると彼らは逃亡し、官庁が置かれる都市には二度と舞い戻ってこなかったとは、その地方官の功績を記した史料にしばしば見えるところである。してみると、この絵は逃亡先のようすを描いたものと見るべきかもしれない。

とすれば、われわれは訟師の風貌については、画家とともにその傲然としたところを共有してもよいかもしれないが、彼らを田舎のインテリであったと考えてはいけない。彼らの活動の性質からして、取り締まりが弱くなれば官庁つまり裁判所が置かれる都市に多くは舞い戻ったと考えるのが、より常識的であろう。もちろん田舎にも多くいたし、ときとして田舎に住むほうが安全であったが、基本的に彼らは官庁が置かれる都市、なかでもその近辺に居を構えて活動していたのである。

事務所になにが貼られていたのか

訟師の左横に坐っている男は、壁に貼られた紙を指さしている。同じく画面左の二人の男も壁紙を読んでいる。なにやら文字が書いてあるが、いったいなにが貼ってあったのであろうか。

おそらく、この訟師が書いた訴状あるいはこれにたいする判決文である。一般化して言えば、ある訟師が勝訴したときの訴状かその判決文であろうが、この絵に即して言えば定海の地方官を告発した訴状であったかもしれない。

というのは、次のような史料があるからである。一七六二年（乾隆《けんりゅう》二十七年）のこと、江西省布《ふ》政司使《せいしし》となったある人物は次のような報告をしている。


自分は今年、省境の九江府《きゅうこうふ》から江西省に入り、省都の南昌府まで沿路を注意深く観察したのだが、いたるところの州県ですでに判決を終えた案件につき、印刷したその判決文をここかしこに貼りつけているのを見た。さらにはもの好きにも、判決文の後ろに勝訴にいたった事情をみずから誇らしげに書き加えているものさえあった。[*2]

布政司使とは民政一般を担当する。江西省はその管轄地であり省境からその赴任地である省都南昌府までは、百キロ程度である。ところが任地までの沿道の州や県では、訟師たちが随所に勝訴した判決文を印刷して貼りだし、勝訴にいたった事情まで書き加えていたというのである。なんというふてぶてしさであろうか。

この布政司使はみずからの目撃譚《たん》を述べることによって、自分はこんな悪賢い奴ら、大胆不敵な者どもがあまたいるところを統治しているのだと自慢したいのであろう。彼はこれを「訟棍の悪習である」と言っているが、訟師たちにとっては勝訴した案件こそ絶好の宣伝材料であったにちがいない。彼らは判決文を逆に宣伝材料として利用し自慢しているのであって、彼らは彼らで、自分たちを訟棍と呼んでバカにする地方官を小バカにしていたのである。

状元《ピン》から大麦《キリ》まで

訟師は後ろ暗い、見つかれば摘発を受ける存在だったから、個人の肖像画はひとつも知られていない。訟師の風貌を示すものとして、まずは『点石斎画報』に載っているものを紹介したが、こんどはある人物が実際にその目で見たというものを示そう。それは徐復祚《じょふくそ》『花当閣叢談《かとうかくそうだん》』巻三、「朱応挙《しゅおうきょ》」に載っているものである。徐復祚は明末、つまり十七世紀初めに蘇州近くの常熟で生きていた人物である。

徐復祚によれば訟師にもランクがあり、ピンを状元《じょうげん》、キリを大麦《たいばく》と呼んでいた。現代日本では弁護士は国家試験に合格した者がなるのだから、質はほぼ一定しているかのようではあるが、それでも「無罪請負人」とあだ名されるピンから、「ダメ弁」と呼ばれるキリまでさまざまであるのと同じである。

「状元」とは生員から挙人《きょじん》、挙人から進士《しんし》へと進む科挙《かきょ》において、最後に獲得する進士というタイトルのなかでもトップ合格者を特別に指す。伝統中国において、男としてこの世で獲得する最高の栄誉である。これは訟師が、じつは科挙と切っても切れない関係にあることを示している。

徐復祚によれば、訟師「状元」であればこれで大きな稼ぎとなって家を成し、たとえ「大麦」ク

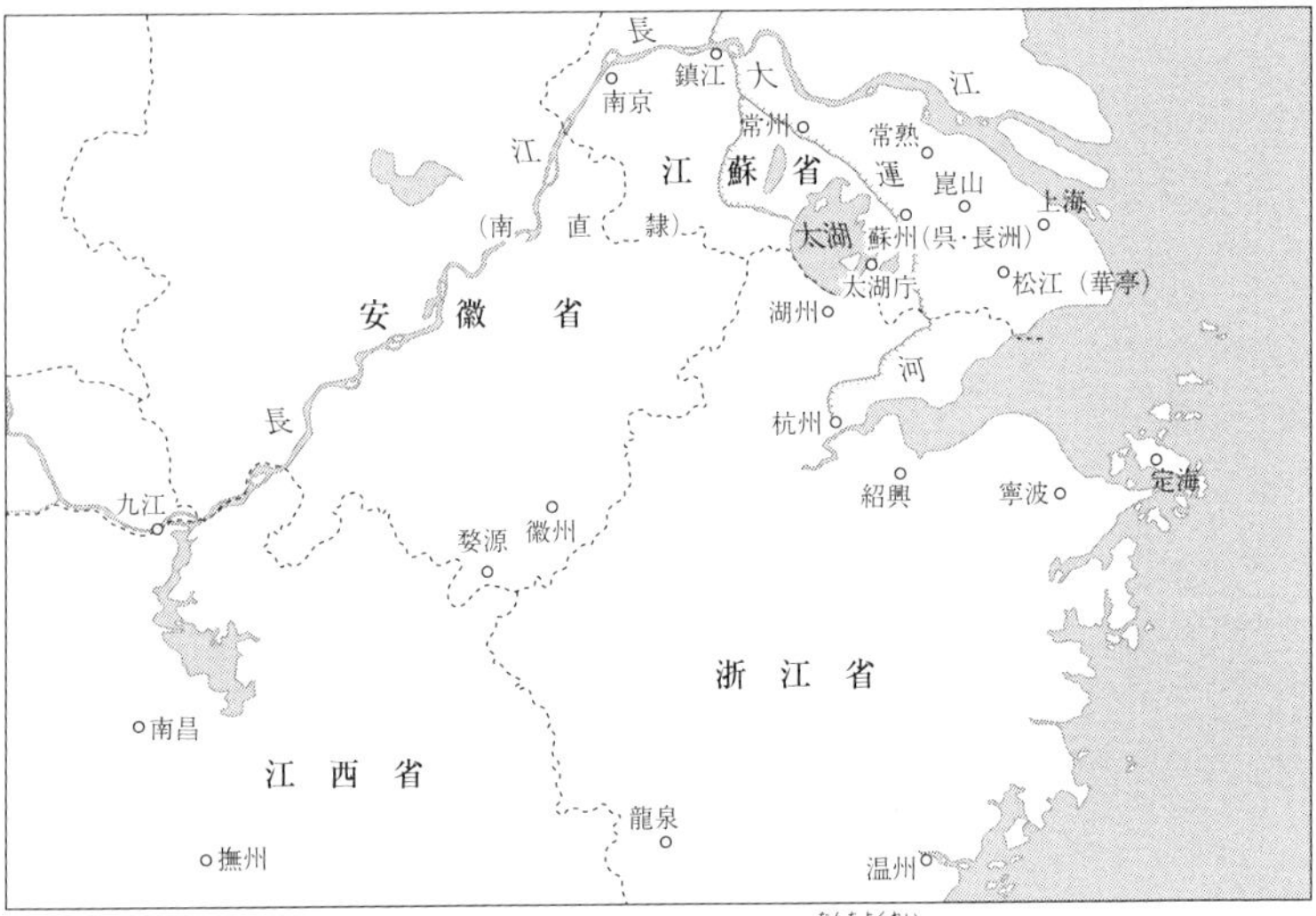

図２　明清時代の江南地方（清代の江蘇省・安徽省は明代では南直隷《なんちよくれい》）

ラスのものであっても、筆一本で衣食に困ることはなかったという。

徐復祚が会ったのはこのうち、張状元と呼ばれたピンに属する訟師である。張状元は崑《こん》山《ざん》の人というから、同じく蘇州に近い文化地帯の人である。彼もまたかつて生員であった。徐復祚は若いときに訴訟でたいへんな苦労をしたというから、彼を頼ってわざわざ常熟から崑山まで出かけたのかもしれない。

徐復祚は張状元の風貌をこう描写する。

> ある事案について策謀をめぐらすたびに、天地を指さして誓いを唱え、それこそ滝の水が落ちるようにすさまじい気勢があった。これなら死者を生き返らせることもできるし、生者を殺すこともできる。人をたぶらかすこと変幻自在で、ほんとうのことを時に隠し、時に表に出し、

繰り出す手段は窮まるところがない。これでこそ状元の称号に恥じるところがない。

当時の蘇州一帯は訴訟が多く、これに比例して訟師が多い、しかも身分のある者の子孫が多くこれになっているとも徐復祚は言っているから、当時中国きっての経済文化都市であった蘇州およびその周辺都市において、あまたいる訟師のなかでも「状元」と称される彼は訴訟界のトップであったにちがいない。当時一流の訟師とは、会う者をしてこのような気魄を感じさせたのである。

2　奸策さまざま

訟師の奸策

ところで徐復祚はこの体験談を記すために、長い枕をかぶせている。それがこの文章の表題でもある朱応挙という男の犯罪である。

朱応挙はある僧侶から土地を奪うためにこれを人に殺させて屍体を焼却した。それを人に告発されそうになるや、訟師の奸策《かんさく》にしたがって裁判に当たった呉県の知県（知事）を騙《だま》しおおせ、みごとに無罪となったのだが、のちに上級官庁の裁判により悪事は露顕したという。

さて、訟師が授けた奸策とは、僧侶の弟子に賄賂《わいろ》を贈り、師匠が殺された日時を偽《いつわ》って自分を告発させるというものであった。殺害があった日は、告発どおりなら、朱応挙が蘇州市内に三つある国立学校の先生らに酒を振る舞った日であった。朱応挙は蘇州市内にいたのだから、彼の家がある陽山に当然いられるはずがない、というトリックである。裁判に当たった呉県知県が学校の事務員を訊問したところ、朱応挙はその日、たしかに酒宴の接待をしていたとの答えである。学校の事務員をアリバイ証人に仕立て上げたわけである。

筆者もまた……

この話、『花当閣叢談』を読めば、いかにも徐復祚みずから見聞したところを記したかに見えるが、じつはそうではない。江盈科《こうえいか》『雪濤閣集《せっとうかくしゅう》』巻一四に載せる「聴訟《ちょうしょう》」からの盗作である。ちなみに『雪濤閣集』では、蘇州の訟師がいかに狡猾《こうかつ》であるかを述べ、「お上の耳目を愚弄すること、百出百新である。たとえ気をつけて裁判したとしても、往々にして訟師に幻惑されて気がつかない」、と恐怖心を語っている。
『花当閣叢談』と『雪濤閣集』とを読み比べると、文章は似ているが後者がオリジナルであることは一目瞭然である。

明代の大都市蘇州は西半分が呉県、東半分が長洲県という二つの県からなる。呉県と長洲県の官庁は同じ市内にある。事件は呉県で起きたことであり、訟師にまんまとペテンにかけられたのは呉県の知県であった。江盈科はたまたまこのとき隣県長洲県の知県であったため、ことの顚末をよく知っていたのである。

江盈科は遠慮してか、この訟師に騙され大失敗した人物を「任知県」と記すのみでその名を明かさない。「任知県」が任僖《じんき》という名であったことは他の史料で調べがつく。つまり、これはほんとうにあった話と考えてよい。

朱応挙のトリックを見破ったのは、上級官庁蘇州府の裁判官であった。『雪濤閣集』では彼を「司理袁節寰《せつかん》」、つまり裁判官の袁節寰であったと別名で記す。ところが徐復祚は江盈科の文章を下敷きにして書き写すだけでは気が引けたのか、『花当閣叢談』ではここを「袁司理」と書き換え、その下に「名は可立《かりつ》」とわざわざ本名を注にして加えている。袁可立も当時蘇州府に赴任していた実在の人物であった。

また『雪濤閣集』では朱応挙の家の所在が太湖《たいこ》となっていたのを、徐復祚はなぜか陽山としているし、『雪濤閣集』では朱応挙が蘇州市内にいたことを呉県の知県自身が知っていたとし、知県その人がアリバイ証人に仕立てられたとしているところも書き換えている。

明末の著作には、しばしばこのような、われわれの感覚から言うなら「盗作」が見られる。オリジナルを尊ぶ清朝考証学者たちからは、だから明末の著作は信用できないとしてしばしばバカにされる。ともあれ徐復祚自身、江盈科や『雪濤閣集』に一言も言及することなく訟師の奸策を記そうとして、これまた奸策に励んでいる。

耳に嚙みつく訟師

もうひとつ明末の蘇州にかかわる話をしておこう。こちらは官僚のもった訟師イメージというより、民衆のもったそれである。

江盈科が長洲県知県であったのとちょうど同じころ、同じ蘇州に馮夢龍《ふうぼうりゅう》という有名な小説家がいた。彼には『増広智囊補《ぞうこうちのうほ》』という小話を集めた作品があり、その巻二七、「狡猾」というジャンルのところで「耳に嚙《か》みつく訟師（嚙耳訟師）」と題する話を載せている。その話とは次のとおりである。

子どもが父親と喧嘩をして殴り、父親の歯が折れて落ちた。父親はこの歯をもって訴え出て、子どもを処罰してくれと求めた。子が父をきつく殴っただけではなく歯が欠け落ちたとなれば、不孝きわまりないことで大罪は免れがたい。

恐れた子どもは訟師に相談し、なんとか罪を免れる計略を授けてもらおうとした。子どもが銀百両の謝礼でどうかとかけ合ったところ、こんなむずかしい事件に百両は少なすぎるとの返事である。子どもも必死であるから大枚をはたいてでもお願いしたいと頼みこんだところ、ではやってやろうということになった。

子どもは訟師の家に三日泊まった。その翌日になると訟師は、「うまい方法を思いついた。人を遠ざけ君の耳元で話してやろう」と言う。子どもが耳を近づけたところ、訟師はやにわに耳にかぶりつき半分を嚙み切り、血がしたたり落ちた。子どもはおおいに驚いたが、「大声を出すな。これこそおまえを大罪から遁《のが》れさせてやる手段なのだ」と訟師はいう。

いよいよ地方官による訊問のときになって、子どもが言うには「親父《おやじ》が私の耳を嚙み切ったので歯が欠け落ちたのだ」とのこと、地方官はこれを聴き、「自分で自分の耳に嚙みつくことはできない。老人の歯だから弱くなっており、嚙みついた拍子に欠け落ちたものに相違ない」と判断し、子どもの罪を免じ一件落着させたという。

ここに見える訟師像は、当時の民衆がもっていたイメージと言ってよかろう。まず、銀百両という大金でも相談に乗らないほど貪欲であり、次に並外れた奸策を働かす恐ろしい存在であると同時に、耳に嚙みつくというバカバカしいことでもやってのける軽蔑すべき存在でもあるというイメージである。

この話も馮夢龍が民間に流布していたものを採録したものであろう。『喩《ゆ》世明言《せいめいげん》』などの小説は庶民の生活と真情を活写したものであるし、『山歌《さんか》』は士大夫《したいふ》が作る詩文には偽りがあるが庶民が口ずさむ卑俗な歌謡にはウソがないとして、これを民間から採録したものである。「耳に嚙みつく訟師」という話も彼の創作ではなく、もともとは当時庶民が面白おかしく語り伝えていたものと考えてよかろう。『雪濤閣集』に載せる話が実話であり、地方官が畏《おそ》れる訟師のイメージを伝えるのにたいして、『増広智囊補』に載せる話はフィクションであり、庶民が語り伝えていた笑い話としての訟師譚であったと言ってよいであろう。

3 「耳に嚙みつく訟師」の転変

謝方樽

このフィクションあるいは笑い話をここで紹介したのは、これが明末だけの話で終わらないからである。明末から清代をへて民国時代になるまで、この話は訟師のイメージをあらわすものとしてそのまま引用されるか、またさまざまなバリエーションに変形され語り継がれる。

たとえば平襟亜《へいきんあ》『中国悪訟師』は一九一九年（民国八年）に上海で出版された悪訟師を題材とした短編小説集であり、おもに清代に生きたとされる謝方樽《しゃほうそん》ら四人の悪訟師たちの事件簿である。平襟亜が手を替え品を替えて次々と書いた「悪訟師もの」はたいへんに流行したらしく、上海を中心とした人びとのあいだで広く読まれ、近代人に訟師イメージを定着させた。そこでは「耳に嚙みつく（嚙耳）」という表題でこの話が出てくる。[*3]

「耳に嚙みついた訟師」として登場するのは、常熟《じょうじゅく》県辛荘鎮《しんしょうちん》に住む謝方樽。清代乾隆年間から嘉慶《かけい》年間の人とされる。殴られて歯を落としたのは蘇州斉門外の陸墓鎮に住む富裕な老人陸茗卿《りくちょうけい》、わがままに育てられ父を殴るどころか、杖で折檻《せっかん》を受けそうになったので杖を奪い、打ち殺してしまった者は陸懐橋《りくかいきつ》という名であったとされる。

平襟亜が言うには、自分も常熟県の人である、謝方樽の話は郷里の古老から伝え聞いたとのことである。辛荘鎮も陸墓鎮も実際の地名であり、すぐ近くであるから、陸懐橘が謝方樽のところへ計略を授けてもらいに行ったというのも、筋がとおっている。

地名も人物も固有名詞で記されリアルであるから、ついついほんとうにあった話として考えたくなる。しかし『中国悪訟師』をもとに訟師イメージを作るのは、おおいに危険であるからやめたほうがよい。すべてはフィクションか伝聞であって、たとえばここに見るように、馮夢龍が描いた訟師を肉付けし、固有名詞を勝手に加えて膨《ふく》らませたものにすぎないのだ。謝礼の金額も、謝方樽のほうから五千両でどうだと言ったところ、子どもが一万両でも惜しくないと言って話がまとまったというが、これももとの話を膨らませただけである。

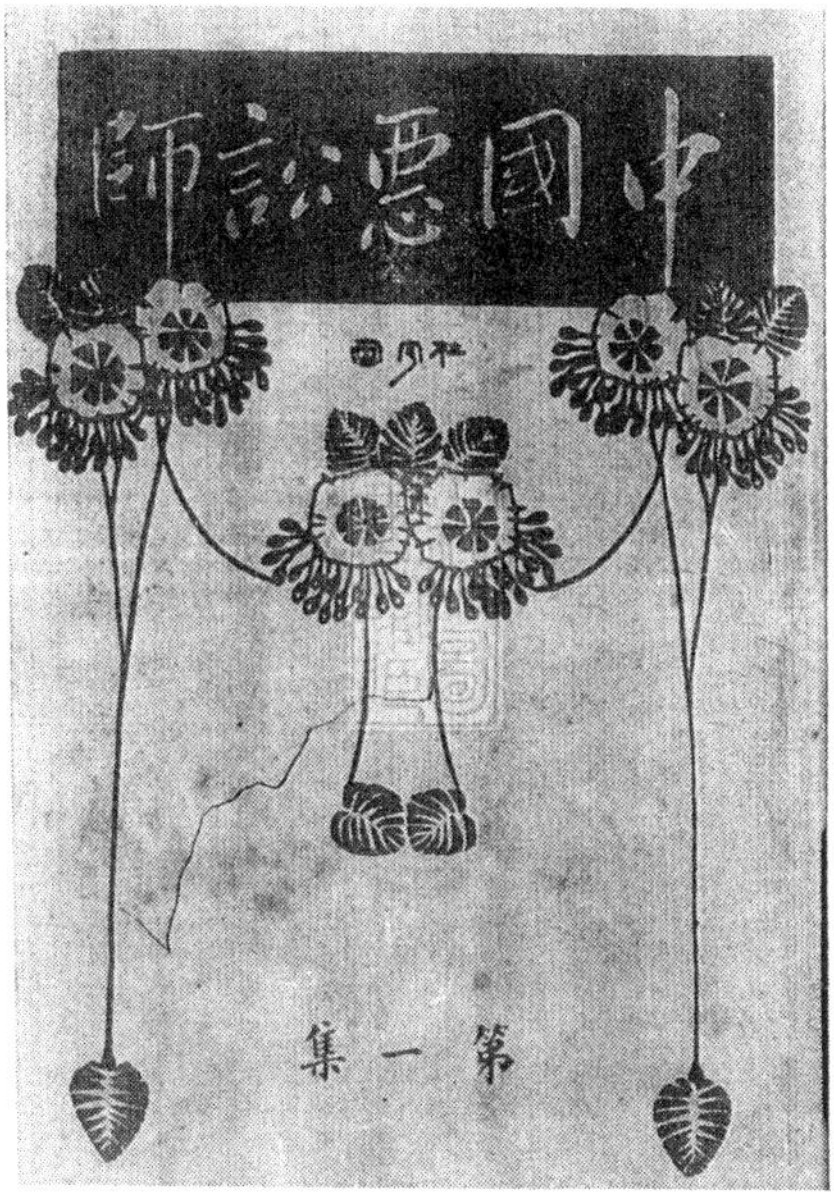

図3　平襟亜『中国悪訟師』（上海図書館蔵、全四集本、1926年第13版）

舜とはなにほどの人でしょうか

「耳に嚙みつく訟師」の話は、二百数十年の時を経て、固有名詞が付けられることによってリアルさを増し、また民間に還元され流布したと言ってよい。だが、清代にあった話としてはとうてい考えられない、民国時代になって作られたにちがいないという話も混じっている。「狡猾な申し開き（黠弁《かつべん》）」と題する話がそれである[*4]。民国時代の人がもった訟師イメージ、変形したイメージを物語るものとしておもしろいから紹介しておこう。

　謝方樽は訴訟のときに頼りになる人物として有名になると、常熟知県から目を付けられたが、知県は逮捕する口実を見つけられなかった。たまたまその従弟《いとこ》が逮捕されたので、これを口実にして謝方樽も訊問の場へ引き出された。

　訊問する地方官は謝方樽を罪に陥れようとしてまず、

「おまえもチンピラだな！」

と怒鳴りつけた。謝方樽は言う。

「なにをご覧になって私をチンピラだとおっしゃるのですか」

「おまえの従弟はこの地のゴロツキであるから、おまえもまともな人間でないのに決まっとる」

　謝方樽は冷ややかに答えた。

「古代の聖人舜《しゅん》とはなにほどの人でしょう。舜を殺そうとつけ狙っていたその弟象《しょう》はどんな人だったでしょう。弟が悪人だからといって、兄が悪人だとは言えますまい」

　舜とは堯《ぎょう》に続く古代の聖人である。「舜はなにほどの人でしょう（舜何人也）」は『孟子』（滕文《とうぶん》公《こう》上）にそのまま見える言葉であり、孔子の弟子である顔回《がんかい》が、聖人とされる舜も人、自分も人であり、自分も努力すれば聖人になれる、と言ったときの言葉である。また、舜の弟である象の悪行も同じく『孟子』（万章《ばんしょう》上）に見える。謝方樽は誰もが反論できない経典を引用して、「自分も舜のような聖人たらんとしているのだ。兄弟だからといって、従弟のような悪人といっしょにしてくれるな」と、地方官に抗弁したのである。

知県はわかっておらん

『孟子』を引用された地方官はポカンとしてしゃべることができない。しばらくしてやっと言った。

「おまえは自分も聖人さま、賢人さまたちといっしょだと言うのか」

するると謝方樽は答えた。

「顔回は、〝舜とはなにほどの人でしょうか〟という言葉に続けて、〝なにごとかをなさんとする者は、このようにデカいことを考えるものだ〟とおっしゃっています。聖賢は生まれながらにして聖賢なのでしょうか」

地方官はまた口をつぐんで答えることができない。まわりで見守る者たちは冷笑するばかりである。知県は我慢できず、

「狡猾に言い逃れしおって！　おまえの人相は凶悪そのもの、けっして善良な輩《やから》ではない！」

と強弁する。これにたいして謝方樽は、

「孔子さまの顔つきは悪人陽貨《ようか》に似ていたと申します。また孔子さまは、〝容貌で人を判断して、醜い子羽《しう》を見誤ってしまった〟（『史記』仲尼弟子《ちゅうじていし》列伝《れつでん》）と、人相で人を判断して失敗したことを

後悔して語っておられます。これをあなたさまはお聞きになっていないのでしょうか」

知県は顔を真っ赤にして、「よく口の立つやつだ！」と言うだけである。周囲の者は謝方樽にもうやめておけと目配せするのだが、謝方樽はいっこうに動ずる気配がない。

知県は恥ずかしくもあり腹立たしくもあり、謝方樽を有罪にしたいのだが、言葉の一つひとつで言い負かされ、おおいに面目を失った。そこで血相を変えて、「おまえが暗記した『孟子』や『史記』など、聞きとうないわ！」と言うと、謝方樽はすかさず、「私もあなたさまに人相見などお願いしておりません」と口答えする。一同は大笑いである。

けっきょく、知県は謝方樽を釈放するほかなかった。謝方樽は意気揚々と引きあげる道すがら、こう言ったという。

「知県はわかっておらん。強引に言葉でねじ伏せ道理を奪おうとするとは、まったくもってバカそのものだ」

民国史の独自な意味

これは訟師が古典の知識と頓智で知県をやりこめやっつける話であり、痛快そのものと言ってよい。訟師とは生員など『史記』や『孟子』くらいは暗記している下級知識人が多くなるものだ、との通念にも合っている。

また謝方樽が代表として醸《かも》し出す四人の訟師イメージは、法律の問題や訴状の代作などを離れて、事件師、ペテン師、さらには示談屋、悪徳ブローカーというものである点でも、清代にあった社会通念と合っている。いや一連の中国悪訟師ものそれ自体が、このイメージを定着させ増幅させたと言ってよい。

実際の史料でも、訟師がゆすろうとする金持ちに目を付け、赤の他人の屍体をその門前に転がしておくか首を吊ってぶら下げておき、事件として表沙汰にしないと約束する代わりに大金を巻き上げる、などといった話がいっぱい出てくる。

しかしこの地方官をやりこめた話は、けっして実際にあったこととは考えられない。なぜなら、清代では地方官が訊問に当たるとき、引き据えられた一般庶民が傲慢《ごうまん》であり言を左右にすると見るや、ただちにこれを刑杖《けいじょう》という棒状の刑具で打ちすえてもなんの問題もなかったからである。

生員であればその特権によって、ただちに刑杖を加えられることはない。ところが謝方樽が生員であったとは、『中国悪訟師』のどこにも出てこない。彼は頭がよく、父が商売で財を成したため家庭教師まで付けてもらったのだが、独立不羈《ふき》の性格と父の死去が災いし、若くして零落して乞食寸前の生活までした、という設定である。こんな庶民を打ち据えるのは、制度として皇帝から地方官に託された当然の権限であった。ましてや相手は名うての訟師である。しかも衆人環視のなかで、ここまで赤恥をかかされている。訊問のときに刑具で痛めつけ、自白を迫ることぐらいはふつうのことであった。

謝方樽の姿は痛快そのものであり、これまで見てきた訟師の風貌にも合うかに見えるが、これは民国以降に創作されたイメージといってよかろう。われわれはむしろここに、民国時代の新しさ、清代との大きなちがい、あえて言えば、中華民国史が中国史上にもつ独特で大きな意味を見るべきである。

註

*1 『点石斎画報』光緒十一年七月上旬（丁一二、頁九三）。

*2 『西江政要』乾隆二十七年、民間詞訟禁刊讞語。

*3 『中国悪訟師』第一集、嚙耳（大東書局、一九二六年）。なお『中国悪訟師』は一九一九年初版であるが、上海図書館蔵本（全四集）は一九二六年刊で第一三版。平襟亜については、金曄『平襟亜伝』（東方出版中心、二〇一七年）。

*4 同前書、第一集、黠弁。

第2章
訟師有用論

1 女訟師

法律を知り、地方官を畏れさせる存在

前章で紹介した訟師のイメージからすれば、「なんだ、それならペテン師、事件師、悪徳ブローカーであって、現在の弁護士とはどこも似ていないではないか」と多くの人は思うであろう。世間に流布している訟師イメージは、たしかにこれである。しかし次章以下で見るとおり、彼らの仕事の中心は、実際には訴状を代作するという地味なものであった。先ほど出てきた「状元」と呼ばれるほどの訟師であれば、法律もよく知っており、訴状の書き手としても名手であったはずである。一例を示そう。

山西省平定州の訟師郭嗣《かくし》宗《そう》は生員であった。その父は家塾で息子たちを教育するとき、『大清《だいしん》

律例《りつれい》』をも読ませ、また訴状を作る練習を課した。さらに郭嗣宗とその兄弟とに原告と被告の立場でたがいに訴状を作らせ、みずから裁判官役としてどちらが勝ちか判定したという。その後、郭嗣宗は実際の訴訟で兄を誣告《ぶこく》したとして敗れ、生員身分を剝奪され徒刑（懲役刑）となった。刑期を終え帰郷した後も訟師を続けたが、判例によく通じていたため地方官たちにおおいに畏れられたという。

あるとき、娘が嫁ぎ先で死んだ。郭嗣宗が関係しているからと検屍は詳細を極め、地方官は剃刀《かみそり》を用いた自殺であると結論づけた。ところが彼はこれに納得せず、検屍解剖の権威書である『洗冤録《せんえんろく》』をも引用し、屍体と現場の情況から見て地方官の主張は成り立ちえないと理路整然と主張した。彼は「娘が殺害された」とその訴えで一言も言わなかった。これは彼が結果として「誣告した」と論難されることを恐れたからである、という。[*1]

この話を紹介する地方官であった著者は、郭嗣宗を訊問するときビンタ（掌責《しょうせき》）を加えつつ、「一訟師にビンタを食らわして責めるぐらい、なんのおそろしいことがあるか！」と啖呵《たんか》を切ったという。しかしこの言葉はむしろ、彼が訟師をいかに畏れていたかを物語るであろう。彼はもちろん郭嗣宗を「訟棍」と呼ぶ。しかし彼は『大清律例』を読んでいただけではなく、判例にもよく通じ『洗冤録』まで論拠にし、なにを言ったら法律にひっかけられ罪をうるのか知っていたため、地方官に畏れられた。統治される側の者が裁判を含む統治の問題に口出ししはじめると、なにが正しいかを決めるのは人民になってしまい、官僚制を用いた専制統治が機能しなくなるからである。宋代と明代には、訟学《しょうがく》という訴訟教育が民間でなされていたことを後に紹介するが、この話は清代でも家庭で訴訟教育が行われていたことを伝える。これとともに、当時の地方官にとって、民間人が法律を知り、統治に嘴《くちばし》をはさむことがいかに厭《いと》わしいものであったか、これを知る訟師をおそらくは抹殺してしまいたいと思ったであろうことをも伝えるから、ここで紹介しておく。

おでき婆さん

ここで、「女訟師」についても述べておこう。

浙江省湖州に「おでき婆さん（肐䐛老娘《ガーターラオニャン》）」と呼ばれる訴状のうまい訟師がいた。解決がむずかしい案件があると、遠近から訴状を書いてくれと彼女を頼って人びとが来ていた。夫を亡《な》くしてはいたが、高額で訴状を書いていたので、生活に困らなかった。こんな話がある。

村にうら若い女性がおり、夫を亡くした。金持ちの家である。彼女は再婚を望んだが、亡夫の父は許してくれない。当時、寡婦を含めて女性が再婚することは不道徳とされていたから、金持ちの家が再婚させたとなれば世間体に傷がつくからであろう。そこで彼女は女訟師に助けを求めた。女訟師は言う。

「お代は高いよ、千六百両でどうだい」

彼女は承知した。女訟師は一字百両、合計十六文字で次のような訴状を書いた。

　氏年十九　私は当年十九歳

夫死無子　夫は死んで子どもなし
翁壮而鰥　翁《しゅうと》のそっちはまだまだ元気　嬶《かかあ》なくしてひとり住む
叔大未娶　夫の兄弟いい年こいて　問えば連れ合いいまだなし

お上はこれを読んで危険と思ったのか、彼女の再婚を許した。[*2]

この話は『小豆棚』という雑記、伝聞を集めた書に見える。作者の曾衍東《そうえんとう》は一七九二年（乾隆五十七年）の挙人で山東省の人である。

彼女は浙江省湖州の人というから、この話も伝聞によるものであろう。しかも訴状のポイントが十六字というのならまだ話はわかるが、わずか全部で十六字の訴状というのはありえない。このような女訟師が実在したというのではなく、謝方樽と同じような笑い話であろう。しかし、ここでも訟師が訴訟にかかわって奇抜なアイデアを出すものであり、しかも貪欲であるというイメージが引き継がれている。また、なぜ彼女が「おでき婆さん」と呼ばれたかというと、曾衍東は激しい気性がおできとなって固まったからだとしている。

女性が訴状を書いても不思議はない

「おでき婆さん」と呼ばれる女訟師がほんとうに実在したかどうかはわからないが、私は女性が訴状代作をやっていたことも訟師をやっていたことも、不思議ではないと考える。明末の小説、凌濛初《りょうもうしょ》の『拍案驚奇《はくあんきょうき》』のなかでは女性が訴状を書いた話が出てくる。彼女に訴状を出す必要が生まれたとき、「彼女はもともとが儒者の娘で、文章を書くのに精通していたので、なにも訟師に代作してもらう必要はなく、すぐに自分で一枚の訴状を書いた」と、そこではじつに自然のことであるように書かれている（巻一一、行商人の死）[*3]。文章をうまく書ける女性が訴状を書くことは、自然なことであったらしい。

また一七二九年（雍正《ようせい》七年）に福建省の官僚が行った上奏では、この地の人びとがいかに訴訟好きであるかを説明して、「生員や監生《かんせい》は好んで訴訟を請け負い、女性でも訴状を書いて提出することができる」と報告している[*4]。「おでき婆さん」のように寡婦であれば、生活に困って訴状を代作することで稼いでいたことは十分に考えられる。

荘綸裔《そうりんえい》の書いた『盧郷公牘《ろきょうこうとく》』は、彼が清末の一九〇一年（光緒二十七年）のころから山東省萊《らい》陽《よう》県の知県を務めていたときの政治記録である。そのなかで彼は数十回にわたって「訟棍」を処罰したとして合計二十四人の名前を列記している[*5]。

そのなかに鄭王氏と張史氏という二人の女性の名前が挙がっている。二人とも複姓で記されるところを見ると、既婚者であるか寡婦であるにちがいない。鄭と張が夫の姓、王と史が実家の姓である。このうち鄭王氏はほかのところで寡婦であると記され、訴状は官代書に書いてもらったのだが、「生まれついてのおてんば」で、村の人びとみんなに恐がられる訴訟好きな女として描かれる[*6]。

図4　重慶市太平場の茶館風景（太平場は重慶中心部から南約40キロにある郷村市場。2013年著者撮影）

女傑・劉王氏

私はかつて、『巴《は》県檔案《けんとうあん》（同治朝）』という官庁保存の訴訟文書を使って、四川省重慶府巴県太平場《たいへいじょう》の劉王氏という女性を紹介したことがある[*7]。

彼女は劉元坦《りゅうげんたん》という生員の第三婦人、つまり妾《めかけ》であったが、もとは戴《たい》という姓の男の妻であった。彼女はむかし重慶市内で旅館を経営しており、劉元坦が科挙の受験のためにこの旅館に泊まったことが機縁となり、恋仲になって再婚したのだという。彼女は経営手腕にすぐれ製鉄所を経営したほか、夫の母に信頼されさまざまな経営に携わり、一家の対外交渉を任されていた。

一八六八年（同治七年）に劉氏一族で遺産相続をめぐる訴訟が起こると、劉王氏はその行方を定める中心人物となった。

彼女の敵方が彼女を貶めようとして出した訴状によれば、ここに至るまでの八年間に劉元坦と彼女とは合計十二回、別々の訴訟を起こし、またこれに関与しており、その多くは彼女が夫を唆してさせたものだという。

しかしこの程度の中傷に彼女は負けていない。彼女は答弁書を提出し、八年間に十二回訴訟に関与したことを否定しないどころか、相手からの攻撃の言葉をそのまま投げ返してやりこめている。すなわち、おまえが挙げているあの訴訟は、おまえも含めた劉氏一族が頼んできたから自分が起こしてやったのではないか、などと反論しているのである。

こんなことを平然と知県にたいして答弁するのだから、知県は見くびられたものであるし、彼女は図々しい。彼女は劉元坦が病気であるとして夫に代わって訴状をみずからの名前を使って出したし、夫に代わって裁判に出席し、跪《ひざまず》いて訊問を受けた。ふつう、女は訴訟してはいけない、訊問の場に出てはいけない、その必要があるときは夫か親類縁者が代わるべきだとされていたから、彼女はその逆である。訊問した知県からも、劉王氏は再婚した不徳な女であるとレッテルを貼られ、わざわざ再婚前の夫の姓を付けて呼ばれ、「戴王氏（すなわち劉王氏）は悪賢くも家長である劉元坦を唆し、こうして財産を争っていつまでたっても訴訟をやめない」、とお叱りを受けた。

劉王氏が以上のような人物であったとすれば、彼女はまちがいなしに女訟師である。彼女はみずから訴状の代作はしなかったようであるが、訴訟の筋道と戦術をよく心得ていた。また後に見るように、巴県官庁の近くで訴訟宿を経営していた。このような女訟師がいたとしても、まったく不思議はないのだが、私がむしろおもしろく思うのは、裁判に当たった知県でさえ、彼女がこの訴訟の原告と被告両方にわたる中心人物であることを知りながら、これを処罰しえなかったことである。「婦女は無知なるものであるから、これに鑑《かんが》み刑罰を加えることはゆるしてやる」という決まり文句を口実に、彼女にビンタ（掌責）ひとつの処罰さえ加えることができなかった。知県がなぜ彼女に指一本触れることができなかったかというと、そんなことをしたら彼女の手ひどいしっぺ返しに遭う、と畏れたからだと私は考えている。

2　幕友・王有孚の主張

『一得偶談』

いろいろ述べてきたが、私が訟師に関心をもったのは、このような小説に出てくる悪訟師の奇抜な所業や劉王氏のような女訟師をおもしろく思ったからではない。序章ですでに述べたように、清代の一人物が「訟師有用論」を書いていたからである。

その一人物の名は王有孚《おうゆうふ》。彼は幕友《ばくゆう》という職業にあり、幕友であったことがこのような議論を生み出した要因であった。本節では彼の主張を紹介しつつ、幕友のなんたるかについても語ることとしよう。

王有孚の「訟師有用論」は彼の『一得偶談《いっとくぐうだん》』に載っている。幕友が自分の職業体験をもとにそのありかたを説いた書物を幕学書という。この書もそのひとつである。これにたいして知県などの地方官がおのれの体験をもとに、地方官いかにあるべきかを説いたものが官箴書《かんしんしょ》である。それは地方官としての箴《いまし》めを記した書である。徐棟『牧令書《ぼくれいしょ》』はさまざまな官箴書に見えるエッセンスを集成した書物であるが、幕学書である『一得偶談』は地方官としても役立つと考えられたようで、これにも採録されている[*8]。

王有孚はまず、訟師が厳禁されるのは田舎の愚かな者を手玉に取り、善良な者を恐がらせるからだという。しかし善良な者が権勢家に騙されたり虐げられたり、あるいは冤罪を着せられたらどうするのかと問題を立てる。そして述べる。

　胸を打ち恨《うら》みを呑み、無実の罪や無念の思いを抱えたままで晴らすことができぬとき、凡庸な代書の手を借り訴状をしたためてもらって訴えるだけであれば、文章がギクシャクして真実のところを吐露できないか、そうでなければダラダラといいかげんにお茶を濁し、読む者に嫌気《いやき》を起こさせるばかりで真情を伝えることはむずかしい。

ここで言う「代書」とは次の章で述べる官代書である。それは訟師を締め出すために国家が公認した訴状の代書屋であった。

訟師とは一智能の士

王有孚は続けて述べる。

ここにおいて一智能の士を得て訴状を代作してもらい、隠れたところを指摘し悪だくみを暴いて読む者の心と魂を揺さぶってもらう。彼らは依頼者には法廷に立ったときに自分が正しいのだというしっかりした気持ちをもたせ、重要なこと以外にムダなことは言わないように教える。かくして冤罪や無念の思いが晴れて悪人が誣告の罪に問われ、人心をおおいに満足させる。これは人びとに害を与えないばかりか、じつに世のなかのためになる。

自分の郷里蘇州の老友のなかにはこのようなみごとな訴状を書く者がときどきいることはいるが、多くは見られない。（人びとのためになっているから）その子孫は繁栄し、世のなかを保つとともに立派な家をなすにいたっているのも、もっともと言うべきである。『大清律例』にも「ほかの人が愚かで無実の思いを晴らすことができずにいるのを見て、指図して真実を明らかにしてやるのであれば、罪にならない」との規定がある。地獄の閻魔さまもこのような者を罪ありとしないばかりか、善報さえ授けてくださっているのである。

このような人物にして訟師の名に恥じることはないであろう。村に住んでいる無学な者を愚弄し善良な人びとを嚇《おど》し、こうして金銀を巻き上げるような者は訟棍にすぎない。どうして師の一字を加えることができようか。訟棍は必ず取り締まるべきであるが訟師は禁止する必要がない、というのが私の考えである。

ここで言う『大清律例』とは、清朝の根本法典である。私はこれを読んで、ここに見られる訟師とは、現代のあるべき弁護士と基本的に同じではないかと思った。またここに見られる訟棍とは、現代でもいっこうになくなることがない悪徳弁護士、事件師、ブローカーと基本的に同じではないか。

王有孚は十八世紀から十九世紀にかけて生きた人であり、『一得偶談』は一八〇五年（嘉慶十年）の出版である。彼の議論にはヨーロッパの影響はまったく見られない。また弁護士制度を設けよ、などと言うのではない。王有孚は現代の弁護士が担っている役割とよく似たものを訟師に見いだした。中国の伝統のなかから生まれ、しかも狡智《こうち》と悪の権化《ごんげ》のように言われてきたこの訟師にそれを見いだしたのである。

下から目線

冤罪をどのように防ぐか、人びとから無念の思いをどうやったら取り除くことができるかという問題は、古代聖人である堯舜禹以下の政治を描いた儒教経典『書経』以来、中国で延々と論じられてきたことである。その方策は大きく言って二つあった。

ひとつは裁判に当たる天子やその代理である官僚が聖人のような人格をもち、裁判に当たっては仔細に観察し証拠をもとに合理的に判断すれば、冤罪を防ぐことができるというものである。

これは一種の精神論であると言ってよい。

もうひとつは制度論である。まず官僚が悪事を働いたり不正な裁判をして人民を苦しめたりしていないかをチェックするため、何重にも及ぶ監察制度を精密なものにすれば、これを防げるとする。また下級官庁が下した判決を上級官庁で何重にもチェックすることにより、誤った判決は防ぐことができるとする。これを滋賀秀三《しがしゅうぞう》は必要的覆審制《ふくしんせい》と呼んでいる[*9]。さらには下級審での判決が不公平だとして不満であれば、何段階にもわたって上訴できる上控《じょうこう》制度も設けられていた。

しかし王有孚の主張は、従来からあるこれら精神論とも制度論とも百八十度ちがっていた。どこがちがうかというと、これら精神論と制度論がともに国家からの目線、訊問をする天子や官僚の「上から目線」で主張されたものであったのにたいして、王有孚のそれは民間からの目線、訊問を受ける人びとの「下から目線」でなされた点である。彼は冤罪を防ぎ無念の思いを晴らす役割を天子や官僚に求めるのではなく、訟師という民間人に求めたのである。

官僚の私設秘書

訟師でもない者がここまではっきりと、訟師はなくてはならない、と主張しているのは例外中の例外である。ではなぜ、王有孚にこのような珍しい議論ができたのだろうか。

それは彼が官僚ではなく幕友であったからである。幕友とは一言で言えば官僚の秘書、実質的には私設秘書である。官僚ではなく、一民間人である。清代ではこれに敬意と親しみをこめて「師爺《シーイエ》」とも呼んだ。

幕友という私設秘書が地方官に必要であったのは、第一に彼らの多くが科挙を合格して官僚となったものの、法律知識や実務経験に乏しかったからである。法律知識もない者が、進士になってすぐに地方官に任じられ、裁判に当たらなければならない心細さを思えばよい。

清代の中ごろになると、科挙に合格していなくても捐納《えんのう》と言って政府に金銭を寄付することによって、官職を買うことが多くなる。あるいは挙人止まりの者、さらには生員ですらない者でもこの捐納によって実職を獲得した。書物にかじりつくだけで進士となり官僚となった者に比べ、彼らは酸《す》いも甘いも嚙《か》みわけることができたから、しばしば辣腕《らつわん》を揮《ふる》う者もいた。しかし、そもそも捐納する動機はといえば、官僚であるという身分保障を得ることと、官僚になって金儲けをすることにあったのだから、もっぱら保身をはかる輩が大半であった。その多くはこれまた法律知識がゆたかな秘書を必要としたのである。

第二には、地方官が赴任した現地の官庁には、胥吏《しょり》（書吏）という事務員がいて彼を助けてくれるはずであり、裁判についても一件書類を地方官に代わって精査してくれるはずであった。ところが次章で見るように、彼らは賄賂を取るなど悪事をつくし、地方官にとってまったく油断のならない人物たちであった。彼らはなにも知らずに赴任してくる地方官の能力をうかがい、隙あらばその無知、無能、不注意につけこんで悪事をはたらこうと虎視眈々《たんたん》と狙っていた。新任の地方官はこのように油断できない人物たちが取り巻くなかで、彼らを向こうにまわして戦う必要があった。

ここでポケットマネーを十分にはずんで幕友を雇えば、一件書類を精査して判決原案を作成してくれるだけでない。彼らは各案件をどの胥吏に割り当てて処理させたらよいかも決めてくれ、これによってどの胥吏がどの程度の役得《やくとく》を得られるか勘案し、彼らをうまくコントロールしてくれるのである。

第三に地方官庁で処理しなければならぬ業務が、地方官だけでは処理できぬほど多くなっていたからである。幕友が中国の歴史に登場するのは、現在のところ明代の正統《せいとう》年間、すなわち十五世紀前半までさかのぼるとされる。そのころ、明の建国者たる洪武《こうぶ》帝《てい》（朱元璋《しゅげんしょう》）が定めた諸制度がさまざまに機能不全に陥りつつあり、地方官の事務量が激増していたのである。

3　幕友も訟師も科挙の敗残者

高給を払ってでも

国家は幕友を雇う経費を基本的に出してくれなかった。ほぼすべて地方官のポケットマネーで雇う必要があった。逆に言えば自腹を切った分だけ、自分に味方し助けになってくれなくては困る。

地方官は勤務評定がすさまじく、大小の失点を重ねていけば罰俸、降格、免職どころか、重罪を背負うことになる。これではなんのために辛い思いをして科挙に勝ち抜き、官僚になったのかわからない。あるいは大金を捐納して官職を手に入れたのかわからない。幕友の大きな役目は、雇い主である地方官がこの勤務評定で失敗することのないよう、危険から防いでやることであった。

幕友の仕事はその職責によってさまざまであったが、とくに重要であったのが治安を維持し裁判をすることと、税金を規定どおり徴収することについて地方官を助けることであった。前者を刑名《けいめい》幕友あるいは刑名師爺《しや》と呼び、後者を銭穀《せんこく》幕友あるいは銭穀師爺と呼んだ。王有孚はこのうちの刑名幕友であった。

刑名幕友のもっとも重要な仕事は、地方官に代わって訴状を読み、原告や被告、あるいは胥吏らに指示を与えつつ判決原案を作ることであった。しかし幕友は法廷という表舞台に顔を出すことは憚《はばか》られたようである。表舞台の主役は、あくまで皇帝の代理として赴任している地方官その人、すなわち彼を雇った主人であったからである。

幕友の神さまでもついたての陰に

汪輝祖《おうきそ》という人物はその幕友としての豊かな経験をもとに、『佐治薬言《さじやくげん》』『続佐治薬言』という有名な幕学書を著した。浙江省紹興《しょうこう》は明代から幕友（師爺）の産地として知られ、これを「紹興師爺」と呼んだ。彼は紹興師爺の代表であり、幕友の神さまのように称《たた》えられる人物である。

その証言によれば彼は自分の幕友時代、「笞杖徒流死《ちじょうとりゅうし》の刑罰のうち徒罪以上の事案であれば、主人である地方官（裁判官）が法廷で訊問するときには、必ず法廷の後ろで心と耳を凝《こ》らして聴いており、原告と被告の供述にやや無理なところを感じると、主人に再度訊問してもらった」という[*10]。

徒罪以上の事案とは、判決確定のために上級官庁にお伺《うかが》いを立てねばならない案件である。それは笞罪や杖罪より重い懲役刑以上が科せられる重大犯罪だというだけではなく、かならず上級官庁に判決原案が送られ、そこでアラ探しの対象となった。幕友は誤審するなど問題の残る判決原案をけっして作ってはならず、これで主人の顔に泥を塗り、勤務評定に響くようなことをしてはならなかった。汪輝祖はおそらくは、裁判官である主人が坐る椅子の後ろに置かれたつ、い、た、ての後ろに身を隠し、そこで訊問のようすに耳をそばだてていたのである。

幕友はその字のとおり主人の友人であり、また幕賓《ばくひん》などとも呼ばれるとおり賓客あつかいであった。それは国家も公認する職業人であった。また汪輝祖がつ、い、た、ての後ろに隠れて主人に指示を出していたという光景から言うなら、主人はまるで操り人形のようである。しかし幕友とはあくまで裏方であり、黒子《くろこ》であり、日陰者であるというのが、厳然たる事実であった。なによりも彼が官か民かと言えば、あくまで民であった。

同じ科挙の敗残者として

民であり裏方であり、黒子であり日陰者であるという点では、訟師もまったく同じであった。訟師は幕友と違って禁圧の対象であったから、当然に法廷に立ち現れてはならなかったし、みずから公然と訟師であると言ってはならなかった。幕友が官の側にある陰の存在であったとすれば、訟師は民の側にある陰の存在であった。両方とも陰の存在でありながら、一方は地方官の黒子として、また一方は訴訟当事者の黒子として、彼らが実際には裁判を動かしていたのである。

さらに両者はその根っ子も同じであった。両者ともに科挙の敗残者であったからである。幕友のなかでも刑名幕友はその多くが、科挙で成功しなかったためにやむなく法律を学んだ者であった。王有孚が『一得偶談』でみずから語るところによれば、彼は二十歳になって「国子監に入り」、二度郷試《きょうし》を受験したのだが合格せず、このため「科挙の道を去って法律書を読んだ」という。彼は刑名幕友となる典型的なコースを歩んだのである

どうやら王有孚は生員にもなれなかったようである。「国子監に入った」とは、当時の通例で手っ取り早く郷試の受験資格を手に入れるため、捐納すなわち金銭によって国子監という最高学府の学生身分（監生）を買ったことをいうにちがいない。しかし二度の郷試に失敗したため、やむなく法律を学んだのであった。

刑名幕友と訟師とはともに科挙の敗残者であり、途中で儒教経典を捨てて法律書を学んだ点で、同じ根っ子から生まれた双生児であった。すでに紹介したように、王有孚はその「訟師有用論」で、自分の郷里蘇州の老友のなかにはみごとな訴状を書く訟師がいる、と述べている。おそらくこの「老友」とは、かつてともに受験勉強に励んだ幼なじみであろう。王有孚が「訟師有用論」を展開できたのは、その昔いっしょに受験勉強に明け暮れたがいまは訟師になっている友人が身近なところにいたからであり、自分と彼らとにはあまり距離がないという感覚があったからにちがいない。

自分は汪輝祖とはちがう……

しかしこれだけでは、彼の「訟師有用論」が生まれた要因のひとつを指摘したにすぎず、それが例外中の例外であったことを説明できていない。刑名幕友は王有孚のほかにきわめて多く、彼らによる幕学書も多く残っているのだが、そこには「訟師有用論」を見いだすことができないからである。現に汪輝祖の『佐治薬言』にも『続佐治薬言』にもまったく見えない。

それどころか汪輝祖は有名な訟師退治論者であった。彼は刑名幕友を経て知県になったあと、手荒な訟師退治をやった。黄天桂《こうてんけい》という名うての訟師を捕らえてこれを懲らしめるため、彼は法廷の柱に彼をくくりつけて自分の裁判を見学させ、ときに杖刑を加えて柱に縛り続けた。半月ならずしてこの訟師は立つこともできぬようになったが、さらに縛りつけること十日、その母が許してやってくれと嘆願しにきたので、また厳しく杖刑を加えて釈放してやったという。[*11] これでは同じ幕友でも汪輝祖と王有孚とはまったくちがう。

汪輝祖は幕友をやりながら科挙の勉強にも励み進士になった。進士になったのちも幕友を続け、その後地方官となった。王有孚は挙人どころか生員にすらなれなかった。彼には汪輝祖とはまったくちがう、深い挫折感があったにちがいない。

「幕友は官僚より賢い。官僚は幕友に及ばない」

これを思わせるのは、『一得偶談』に次のような言葉が見えるからである。

幕友は必ずしも官僚より賢いわけではない。官僚は必ずしも幕友に及ばないわけではない。

二重否定が連続し少しわかりにくいが、よく読めばこれは不遜《ふそん》な言葉である。しかも屈折しつつ正直である。というのは、これを読んだ誰もが、「幕友は官僚より賢い。官僚は幕友に及ばない」と、ほんとうは不遜なことを王有孚は言いたいのだ、と直感するからである。

『一得偶談』には、幕友は主人である官僚から独立不羈であれという主張がなんども出てくる。この主張は一見すれば現代人の価値観に近く、さわやかでさえある。ところが『一得偶談』をよくよく読めば、この主張は官僚と幕友との優劣、彼の心の深層に分け入って言うなら、どうやら官僚である主人と官僚になれなかった自分との優劣という、はなはだしいこだわりのなかから発せられたものらしいことが見えてくる。

彼はこの書の書き出しのところで、自分は天性率直すぎる、だから官僚には向いていないと言う。これは自分ひとりの見かたではないとして、幼いころに母親が、「この子は将来、官僚になることができるかもしれないが、生まれつき正直すぎる。官僚になったとしても、上司に喜ばれないよ」と言ったことまで証言として出している。

宋代以降の中国知識人、そのなかでも下級知識人の伝記や説話を読む者は、そこに科挙に失敗した者の挫折感の深さ、科挙が彼らの心に残した爪痕の深さに誰もが心をいたすであろう。これを知りたい者は、蒲松齢《ほしょうれい》の『聊斎志異《りょうさいしい》』を読んでみればよい。

蒲松齢は若くして生員になったものの、その後はなんど郷試に挑戦しても失敗の連続で、進士はもちろんのこと挙人にすら生涯なれなかった。彼も幕友となったことがあったが、官僚にはけっきょくなれなかった。『聊斎志異』に収める一つひとつの小説はおもしろいのだが、しかしそこで多くの下級知識人に託して語られる科挙コンプレックスはあまりに深刻で悲惨で痛々しい。嫌《いや》らしいほどである。

王有孚による「官僚は必ずしも幕友に及ばないわけではない」という主張、簡単に言えば「官僚は幕友に及ばない」という主張も、このような科挙の敗残者がこれを言いたくてしかたがないという心のままに記したものであると考えて、誤りないであろう。「訟師有用論」も皇帝や官僚が唱える精神論や制度論ではなく、訴訟と裁判の現場で実際のところを見透かし、これまた「率直すぎる」心のままに記した主張であったにちがいない。これらの主張はともに、誰も正直に言ってはならないことであった。官僚は皇帝の代理としての統治者だったからである。

これまた儒教政治思想のあらわれ

誰も正直に言ってはならないことでありながら、徐棟の官箴書『牧令書』でも『一得偶談』からこの一条が引用されているということは、誰も言えないこの発言に共鳴する者、あるいはそこに道理があると感じる者が、当時からほかにいたことを物語っている。

では彼の特異な「訟師有用論」は、中国のさまざまな伝統思想のどこから発せられたものなのか。

彼は法律を学びこれを生活の糧《かて》としたのだから、伝統的な分類によれば彼は「法家」ということになる。しかし『一得偶談』には商鞅《しょうおう》や韓非子《かんぴし》ら法家の著作はなにひとつ引用されていないのだから、それは法家思想にもとづく発言ではない。また先に引用した「訟師有用論」で「地獄の閻魔さま（陰曹）」と言っているとおり、彼は鬼神の存在を信じ仏教の因果応報を信じていた。しかし『一得偶談』では因果応報や冥界とこの世の連続について語る以外に、仏教についてはなにも語らないから、仏教思想にもとづく発言であったとも考えられない。そこに引用されるのはすべて儒教経典であり、尊ばれるのは仁、義、礼、孝などの儒教倫理である。もっとも崇拝されるのは孔子その人である。彼は当時にあってはごくふつうの儒教信奉者であった。

冤罪や無念の思いをどのようにしたら防ぐことができるか、という問題は、中国では儒教の徒が延々と論じてきた課題であった。王有孚の「訟師有用論」も、伝統的な儒教政治思想のひとつのあらわれであった。彼の考えが奇抜であるのは、儒教政治思想という枠の内にありながら、この課題を解決する方策を官僚ではなく民間人すなわち民に求め、さらにはその民のなかでも諸悪の根源とされてきた、ほかならぬ訟師に求めたところにあった。

註

＊1　張集馨『道咸宦海見聞録』（中華書局、一九八一年、頁四〇）。

＊2　曾衍東『小豆棚』閨妾、肐膯老娘（新文豊出版公司、一九七九年、頁九〇）。

＊3　『拍案驚奇』（辛島驍訳『全訳中国文学大系』東洋文化協会、一九五九年、第二冊、頁三六）。

＊4　『雍正硃批諭旨』趙国麟、雍正七年四月二日。

＊5　『盧郷公牘』巻二、示諭厳禁飯店包攬訟事条告文。

＊6　同前書、巻一、詳県民婦鄭王氏府控鄭之同案詳文。

＊7　夫馬進「中国訴訟社会史概論」（夫馬進編『中国訴訟社会史の研究』京都大学学術出版会、二〇一一年、頁九八）。

＊8　『牧民書』巻一八、王有孚、一得偶談。

＊9　滋賀秀三「清朝時代の刑事裁判」（『清代中国の法と裁判』創文社、一九八四年、頁二一三）。中国ではこれを重罪申報待覆制、逐級審転覆核制などと呼んでいる。

＊10　『続佐治薬言』草供未可全信。

＊11　『病榻夢痕録』巻下、乾隆五十二年。

第3章
伝統中国の訴訟制度

1　州県衙門と胥吏、差役

無訟の理念――訴訟ゼロの世界をめざせ

狡智にたけたブローカーあるいはペテン師であれば、多少経済が発達した地域なら、世界のどこにでもいるであろう。しかし、中国ではこれがとくに訟師、訟棍と呼ばれるくらいに「訴訟の世界」に数多くいた。これはいったいなぜだろうか。また、ウソをほんとうのこととすりかえて訴える連中だとされたのは、どうしてだろうか。

本章では中国の訴訟制度のなかで訟師がどのように生み出されたのかを見ることによって、この問題を掘り下げてみよう。そのためには、統治者たちが訴訟と裁判はどうあるべきだと考えていたのかと、それらの主な舞台であった県の地方官庁がどのようなところであったのかとを、先に知っておかねばならない。

歴代中国政府がもった訴訟についての理念は、孔子にまでさかのぼる。

孔子は訴訟や裁判について、「自分は裁判官としては他の人と似たり寄ったりだ。ただ自分がちがうのは、訴訟そのものをなくしたく思っていることだ」と語ったという（『論語』顔淵）。「訴訟そのものをなくす」と訳した部分の原語は「無訟《むしょう》」である。孔子は統治者が人びとをみずからの徳で感化し、彼らにも譲り合いの気持ちが自然とわきおこるようにし、訴訟がゼロの世界を作ろうとしたとされるのである。これを徳治主義と呼ぶ。

漢の武帝のときに儒教が国家の統治理念とされると、多くの官僚によってこの「無訟の理念」が実践されるようになった。これは最後の王朝清朝が終わるころまでやまなかった。『清史《しんし》稿《こう》』という史料では洋務運動があったころのこととして、次のような話を載せている。[*1]

> ある地方官が裁判において公正であったために人びとはその感化を受け、訴訟は日に日に減少し、ついには刑具は朽《く》ちはて、官庁の小使いである差役《さえき》たちは裁判がないのでは食ってゆけぬといって、その門前に座して瓜《うり》を売って自活するにいたった。

洋務運動は、中国での近代化運動の始まりに位置する。そんな時代になってもなお、訴訟ゼロの世界が目指《めざ》されていた。

国家は無訟の世界を実現するため、現実に訴訟が多発しているのに、現在の弁護士のように赤の他人が職業として、人の訴訟を助けることや代理することを認めなかった。そのような発想すらなかった。国家からすれば、有徳な者を裁判官に任ずれば冤罪は生まれないはずであったし、監察制度や上控制度を幾重《いくえ》にも設けたのだから、人民が裁判に口出しする必要がないはずであった。これが訟師の生まれた根本原因である。一件も訴訟がない無訟の世界を実現するのが不可能であるとしても、それは少なければ少ないほどよいとする国家と、人びとが訴訟するのを助ける訟師とが水と油の関係であったことは、言うまでもない。

無冤の理念――「民の父母」はどんな訴えでも聴く

無訟の理念とともに、統治者が持った重要な裁判理念は「無冤《むえん》の理念」である。冤は怨《えん》に通じる。それは冤罪や不正にたいする怨《うら》みを人びとに懐《いだ》かせてはならないという理念である。古来中国では、この理念は「民《たみ》父母裁判理念」と一体であった。統治者は「民の父母」であるから、わが子わが赤ん坊を慈《いつく》しんで育ててやらねばならない、もしかして彼らが泣いておれば、手を差し伸べてやらねばならない、それが行政だという考えである。もちろん当時は、司法も行政の一部であった。

「民の父母（民父母）」とはもともと儒教経典『書経』（泰誓《たいせい》上）に周の武王の言葉として出てくる。「天地は万物の父母」であり、人間界の最高の者が「民の父母」となるのだと言う。人間界の最高の者とは天子であり、後世の皇帝である。皇帝は「民の父母」であるから、当然、人びとのどんな無念の思いでも訴えでも聴いてやらねばならない。皇帝の代理として最前線に赴任し、人民と親しく接する地方官も「民の父母」であるから、どんな些細な不満も怨みも聴いてやらねばならないとされた。

無冤の理念が中国で延々として求め続けられてきたことは、王有孚の「訟師有用論」もそのひとつのあらわれであったとして先ほど述べた。それは正しい裁判をやって冤罪や不正にたいする怨みをなくしてゆけば、ついには訴訟もなくなるという考えだから、二つの理念は矛盾するかに見えて究極のところ一致するものであった。

人びとにとっての州県衙門

次に本書で主に述べる明清時代に即して、訴訟と裁判の現場を見てみよう。

官庁のことを衙門《がもん》と呼ぶ。訴訟を受け付け、裁判を行うのも行政の一部であるから、この衙門で行った。

中国では明清時代、周辺地域を除けば省という最大の行政区画が設けられた。司法について見れば、ふつうは中央の北京の下に、

省〔総督、巡撫《じゅんぶ》—按察使《あんさつし》〕—道〔分巡道《ぶんじゅんどう》〕—府〔知府〕—州〔知州〕・県〔知県〕

という統轄関係にあった〔カッコ内はその責任者たる地方官の名称〕。いわゆる中央集権的な統治機構である。各級にはそれぞれに衙門が置かれた。

日本の江戸時代であれば、人びとは原則一回だけしか裁判を受けることができなかったのにたいして、中国ではこれら各級の行政単位はどこでも訴状を受け付けていた。訴訟当事者が下級官

庁での判決を誤審だとするとき、あるいは下級官庁では訴状を受理してくれないときなどは、上級官庁へさらに訴え出ることができた。これは司法も財政と同じく行政の一部であるから、上級官庁は下級官庁の不正をチェックし監督すべきものと位置づけられていたからである。すなわちこの上控制度とは、中央集権的な官僚機構が「無冤の理念」と一体となったあらわれであった。

ただし、あらゆる初審案件はまず州または県に届け出る必要があった。州と県とは皇帝の勅命を受けた官僚が派遣される最前線、最下層の行政単位である。明清時代では州は県よりも領域がすこし広く、その長官である知州のほうが知県より格が少し上というちがいがあっただけで、州で担当した行政は秦漢時代からずっと県が担当してきたそれと基本的に変わらない。知州、知県は一括して州県官と呼ばれ、全官僚のなかでは一般人民と現場でもっとも親しく接するので、「親民官」と呼ばれ「民の父母官」とされた。

本書では江蘇省蘇州府太湖庁《たいこちょう》という衙門が出てくる。それはもともと太湖という湖の水利を管理するために設けられた小さな官庁であったが、のち呉県のごく一部を切り取って管轄区域とし、県と同様な行政を担わせたものである。その長官には蘇州府の同知《どうち》という副官が派遣されたが、太湖庁領域内ではあくまで知県と同じ親民官であり、民の父母官であった。

州県衙門の二重構造

県衙門、州衙門などの地方衙門は、通常、大きく言って二つの空間からなっていた。

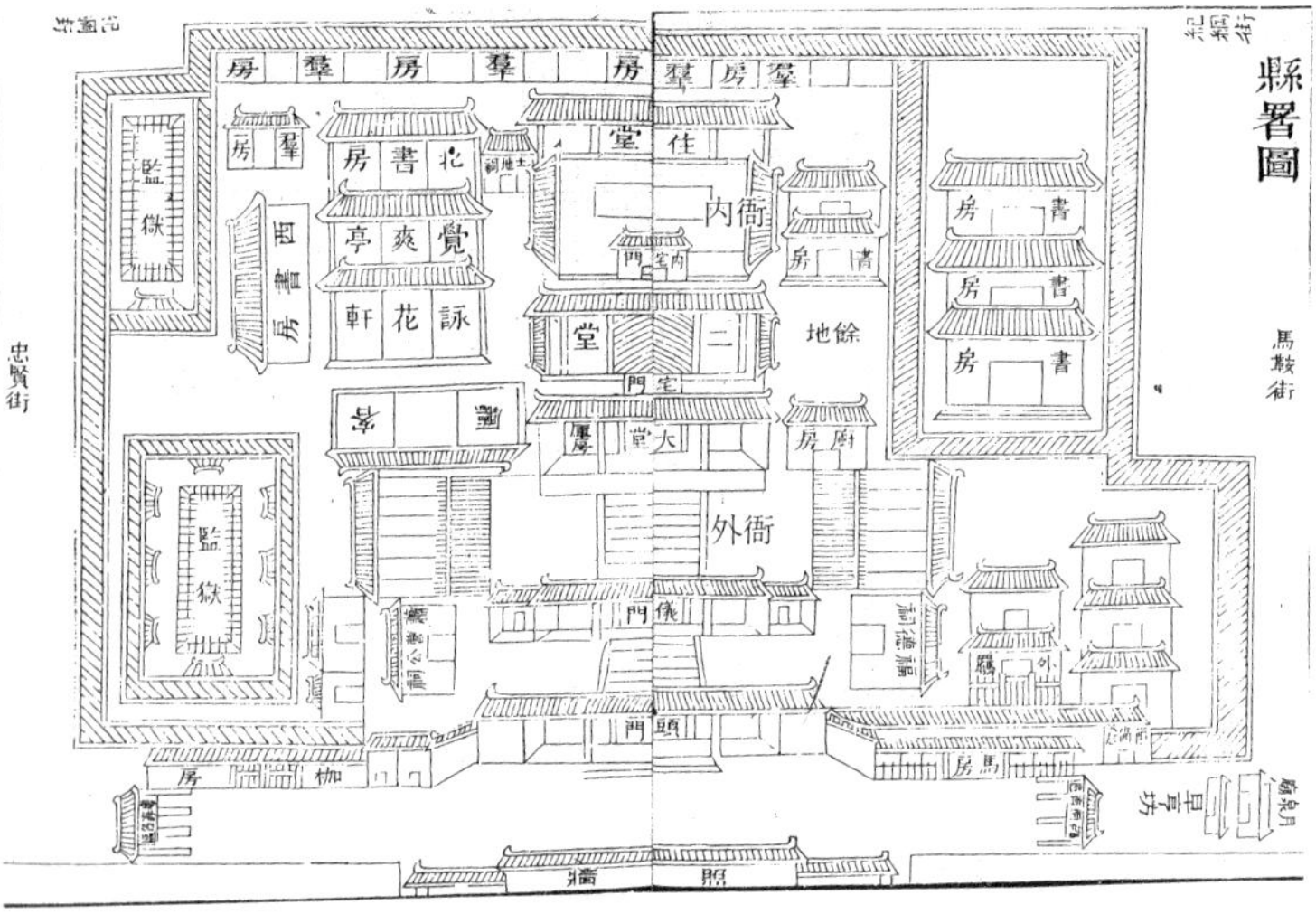

図5　県衙門の構造（『道光南海県志』　大堂と儀門の間に左右一列に並ぶのは六房など事務局）

図5を見ていただきたい。ひとつは外衙《がいが》と呼ばれる空間である。ここには知県や知州が儀式、一般事務、裁判を行う大堂を中心に、吏房、戸房、礼房、兵房、刑房、工房からなる六房《りんぼう》などの事務局が配置されていた。六房は中央北京の六部《りくぶ》に相当する。そこではセクションごとに胥吏（書吏）が通常事務を執《と》り行っていたほか、彼らを補助する下働きの者として多数の差役（衙役《がえき》）がおり、衙門内の雑務や容疑者の逮捕、裁判ともなれば関係者の召喚、刑罰や拷問などに当たっていた。

外衙にたいするもうひとつの空間を内衙といった。それは知県や知州が生活する、なかばプライベートな空間である。ここでは彼らの家族が生活していたし、彼らが雇った幕友が働いていた。内衙と外衙は宅門で遮断されている。

その空間構造は、北京紫禁城《しきんじょう》が乾清門《けんせいもん》の北

と南で厳に隔てられていたことを想起すれば、わかりやすい（図6）。紫禁城は乾清門を隔てて北が皇帝のプライベートな空間と、南が太和《たいわ》殿《でん》など公的儀式が行われる場からなり、これに天安門の南にあった六部など官庁が置かれる空間が加わっていた。県衙門や州衙門は紫禁城のミニチュア版であった。知県や知州は府以上の何重にもわたる上級官庁、これまたそれぞれに紫禁城の縮図である官庁の監視を受けながらも、統治領域のなかでは皇帝の代理として独裁権力をふるったのである。中国の中央集権的官僚制とはこういうことである。

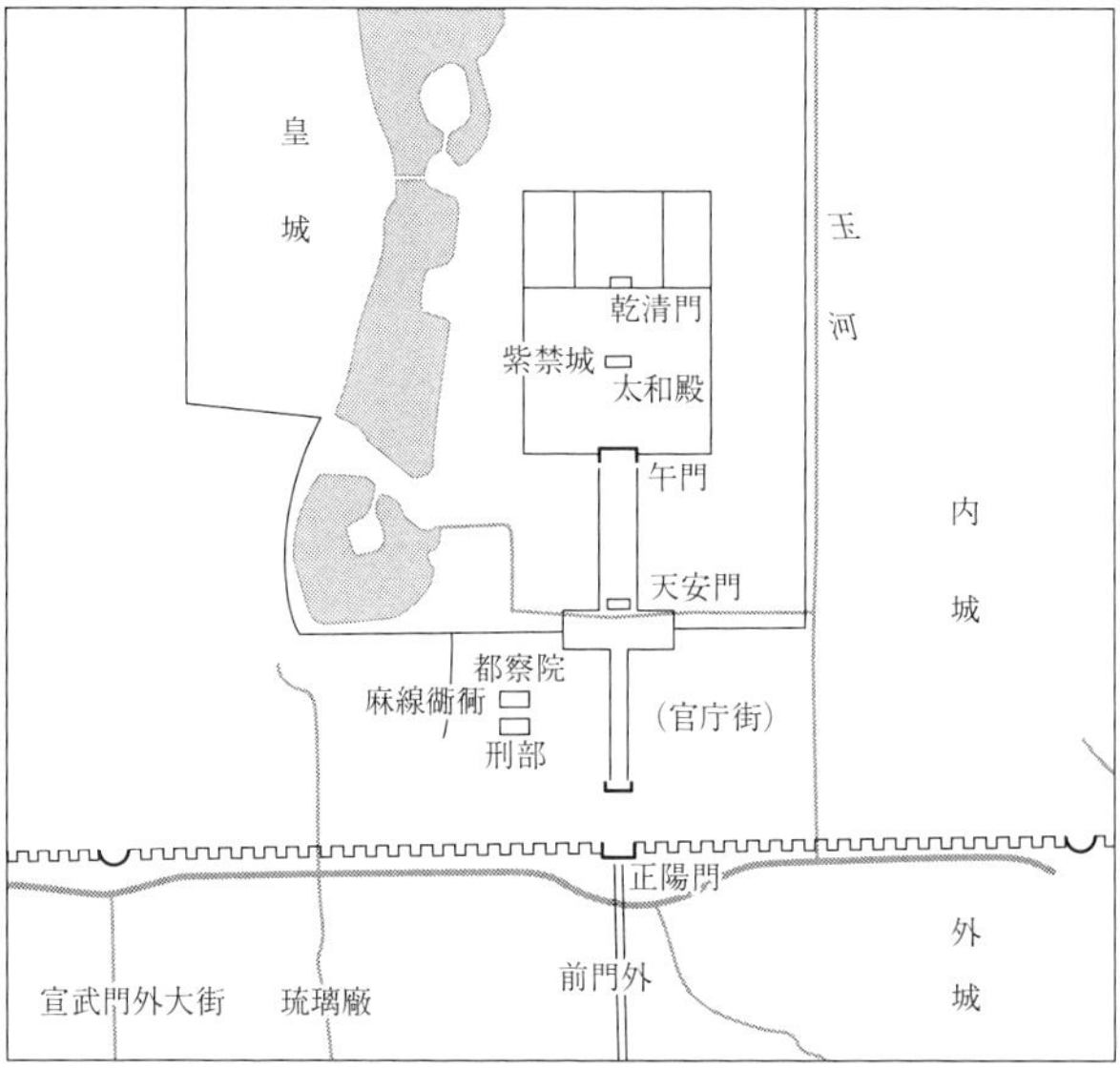

図6　清代北京紫禁城と官庁街

衙門は八の字に開きはするが……

もう一度、先に示した図5を見ていただきたい。衙門の正門は外衙の南に位置し、大門あるいは頭門と呼ばれた。

明清時代の有名なことわざに「衙門は八の字に開きはするが、道理があってもお金がなければお断り（衙門八字開、有理無銭莫進来）」というものがある。衙門の大門は南に向かって八の字に開かれ、誰をも受け入れるかのようでありながら、入るにはお金が必要だ、裁判では自分の正しさよりもお金がものをいう、というのである。衙門の実態を突くとともに皮肉をこめて笑い飛ばす、いかにも中国らしいジョークである。

民衆にとって訴訟のために衙門に足を踏み入れるとは、案件を解決してもらうためにカネをむさぼり取られることであった。明清時代、胥吏と差役には工食銭《こうしょくせん》（労賃）というわずかばかりの俸給が定員分予算化されることがあったが、予算がそのまま執行されぬうえに彼らは定員をはるかにオーバーして職にあったため、実際はほぼ無給であった。

これからしばしば出てくる四川省重慶府巴県の場合で言うと、劉衡《りゅうこう》という人物が知県（知事）となった一八二五年（道光《どうこう》五年）には、差役は定員七十人のところ七千人いたというから驚きである。ところが赴任して一年後、彼が極力裁判を減らしたため、差役のうち六千七百人から六千八百人が自分から辞めていったと自慢する。[*2] 胥吏と差役が生活費を稼ぐためには、人びとが多く衙門に足を踏み入れてくれる必要があった。

先ほど、ある地方衙門では訴訟が減ったために、差役は生きてゆくため門前に座して瓜を売るにいたったと紹介した。この訴訟を減らした地方官の伝記は、『清史稿』中の「循吏《じゅんり》伝」つまりまじめな地方官の伝記というジャンルに収められるが、彼は胥吏と差役らからはたいへんな恨みを買ったにちがいない。巴県知県であった劉衡の伝記も同じく「循吏伝」に収められるが、多くの差役を失業に追いやったのだから、これまたたいへんに恨まれたにちがいない。私は、彼が巴県に在任した一年半ほどは、ほとんど毎日身の危険を感じながら執務していただろうと想像する。

　訴訟にたいする考えかたにおいて、衙門は一方で無訟を唱えるところでありながら、訴訟を多く必要とする場であるという、相矛盾しつつ相通じる二重構造になっていた。内衙と外衙が「遮断されつつ連結する」という配置を取っていたように。

やたらに取られる「手数料」

　胥吏と差役は人びとから、なんのかんのと名目を付けて金銭を搾《しぼ》り取った。裁判が長引くほど儲けがあった。胥吏と差役は裁判が始まると、いっしょになって手始め銭（開手《かいしゅ》銭）や宴会費（酒席銭）を要求した。胥吏はスタンプ代（戳記《たくき》費）、文書整理代（掛号《かごう》費）、文房具代（紙筆費）などを要求し、差役は差役で召喚に赴いたときは靴代（鞋銭《あいせん》）や、被告や犯人を衙門に護送する時には口岸銭《こうがんせん》という宿代や飲食費を取った。

　裁判を受けるときに決まった訴訟費というものはなかったが、かわりに裁判を受ける人から取る事務的手数料、謝礼として規礼（規銀）あるいは例規と称するものがあった。これは当事者がどの程度ゆたかであるかを見てその額を決めた。合理的と言えば合理的であるが、どこまでが取ってよい謝礼であるか決まっていないのだから、高額になってゆくのは自然の勢いである。これを「陋規《ろうき》」つまり汚い規礼、汚い手数料と呼んだ。

　また、たとえば胥吏が上級官庁へ送るべき書類を作った場合も、房書規費という名の手数料を添えなければ上級官庁で受け取ってもらえなかったし、差役が上級官庁に犯人や被疑者を護送するときでも、例規がなければ引き取ってくれなかった。手数料か賄賂かはっきり区別がつかないこの規礼（陋規）なしでは、地方行政はなにもまわらなかったのである。これは地方衙門だけのことではなく、北京まで規礼（陋規）の連鎖でつながっていたのだから、この点でも中央集権であった。

州県官は任地へ赴くと、決まって胥吏と差役にたいして陋規を取ってはいけないと厳命を下す。しかしこれをまじめに受け取ってはいけない。なぜなら第一に、彼ら自身の多くが胥吏や差役に負けず劣らず陋規を取っていたからである。第二に州県官にしても、胥吏、差役らの生活費や衙門で必要な諸経費を得るためには裁判することが必要であり、上級衙門へ陋規を送るためにも、一定の訴訟件数が絶対に必要であることを知っていたからである。

また地方官が下した「陋規を取るな」という通達を読むなら、胥吏と差役が徹底して訴訟する人びとから搾《しぼ》り上げたようであるが、それはありえない。なぜなら、そんなことをすれば、訴訟するより和解や泣き寝入りをしたほうがマシだということになり、訴訟しようとする者が衙門に来なくなるからである。これでは元も子もない。これから見るように少なくとも宋代以降では、多くの地方衙門はむしろ慢性的な健訟、つまり訴訟過多に悩んでいた。そこには「どの程度搾り取るか」をめぐって、奇妙なバランスができていたのである。

2　受理か、不受理か

放告——訴状提出時には審問なし

次に訴状の提出から裁判にいたるまでのプロセスのなかで、訟師が実際になにをやっていたのかを述べることにしよう。中国の場合、訴訟が訴状の作成から始まることは言うまでもないが、訴状の代作こそは訟師がやっていたもっとも重要な仕事であるからあとで詳しく述べることとして、ここでは衙門での訴訟手続きの第一段階、訴状の提出から始めよう。

訴状の受付を明清時代では「放告《ほうこく》」と呼んだ。緊急性のない訴状であれば、農閑期である旧暦八月一日から翌年三月末日までに訴状を受け付けるべきものと決められており、しかもたとえば三八放告といえば一カ月のうち三日、八日、十三日、十八日、二十三日、二十八日に受け付けると定められていた。これを放告日という。もっとも手数料を別に払えば、ほかの日でも受け付けてくれたし、殺人事件や強盗事件であれば原則いつでも受け付けてくれた。

一回の放告でどれくらいの訴状が提出されるかは、もちろん州県のちがいと時代のちがいによってまちまちである。私が知るかぎり、信頼してよいもっとも多い訴状数は、湖南省湘郷《しょうきょう》県の場合である。一七四一年（乾隆六年）に湘郷県知県からなされた報告によれば、彼がはじめて赴任したころ、放告日に受け付けた訴状数は千五百枚以上であったが、いまは三八放告で毎回三百枚から四百枚以上を受け付けているという。[*3] ここで言う訴状とは、原告が初回に提出するもののほか、その後に提出するものや被告が提出するものも含むにちがいないが、これだけ多くの件数が提出されるのだから、この放告の段階ではいちいち審問できない。

『福恵《ふくけい》全書』は清初の一六九四年（康熙《こうき》三十三年）に自序を付して出版された代表的官箴書である。その巻一一「放告」によれば、放告の当日、訴訟当事者は衙門に入って「魚が列を作るように進み」、名前が呼ばれた順番で専用に設けられた机の上に訴状を広げて置いていった。このとき当直の胥吏が行った点検は、訴状に書かれた原告の名前を呼んで答えさせ本人確認をすることと、一件文書が合計何枚であるかを確認することだけであった。訟師が本人に代わって訴状を持ってきたとわかったときや、名前が一致しない者や挙動不審な者がいたときは、もちろん訊問を受けたが、これは例外的なことであった。

州県官は放告日を設けて訴状を受け付けるのが義務であり、そうしなければ法令違反であったが、なにかの理由があれば受け付けなくてもよかった。たとえば明代の大儒王守仁《おうしゅじん》（王陽明）がある県の知県となったときがそれである。自分はものごとに明らかではないし、体調もすぐれないとの理由で、「人命に関わり、やむをえない重大事でなければ、みだりに訴訟を起こしてはならない。……訴訟を起こす場合でも訴状が二行を超えるもの、一行で三十字を超えるものは受理しない」、と彼は治下の人民に通告している。[*4] 体調不良が裁判しない理由になった。しかしこれはむしろ良心的なやりかたで、地方官がなんの理由も示さず勝手に訴状を受け付けない場合でも、これがかえって「無訟」の実現であると賞賛されることがあった。

放告で審問した巴県知県劉衡

放告に当たっては州県官が立ち会うのが正式であるが、彼らはしばしば典史とよぶ訴訟と裁判を担当する部下に「やっておけ」と命じた。逆にこのとき、政務にはげむ州県官であれば、椅子を堂内から軒先まで引き出して坐り、目の前の机の上に訴状を置いてゆく一人ひとりを疑い深く見つめ、怪しいと見ればその場で訊問を加え略式の「判決」を下すこともあった。清代中ごろに四川省巴県の知県であった劉衡がその代表例である。

劉衡については、赴任して一年後に七千人いた差役のうち六千七百人から六千八百人を辞職に追いやった人物として、すでに紹介した。彼が差役を減らすことができたのは、ひとつにはそれまで被告を召喚するために差役を派遣していたのをやめて、かわりに原告にそのむねを郷里の世話役である郷約《きょうやく》に伝えさせ、それを通じて被告に知らせるという方法をとったからでもある。しかしそれよりも、この放告の段階で無実の者を誣告するためにやってきたのではないかと疑われる原告に目を付け、これに略式裁判をすることによって不受理とし、本式の裁判を開くに至ることなく、したがって被告や証人を召喚する必要をなくしたことによる。

彼がその手法として詳細に記すところによれば、怪しいと睨《にら》んだ原告に「真実」を吐かせるため、彼を衙門内の密室にひとり閉じこめ、知県みずからがそこへ出かけて行って、ときに大声を出し、ときに机をバンバン叩いて脅しをかけ、さらにときには杖刑《じょうけい》を受けて手かせ首かせをはめ

図7　召喚令状に加えられた劉衡の花押（サイン）と印章（四川省檔案館蔵『巴県檔案（道光朝）』no.6157）

られた囚人たちを引きずり出してこれを見せ、震え上がらせよという。こうした上で唾を小皿に吐かせて唾がほとんど出ないようであれば、それは虚偽の訴えであることほぼ間違いないという。また彼によれば、この訊問のときには原告にできるだけ自由にしゃべらせよという。なぜなら原告が喜んであれこれしゃべっているうちに、あらかじめ訟師と相談してきた約束事をすっかり忘れて、ほんとうのことを言うからだという。[*5]いかに誣告を減らし裁判を減らすためであったとしても、手荒なことをしたものである。

劉衡は訴訟をどれくらい減らせたか

さいわいなことに現在のわれわれは、四川省檔案館所蔵の『巴県檔案』という史料を使うことができる。私は現存する巴県檔案に即して、一七三六年（乾隆元年）から一九〇八年（光緒三十四年）までのあいだに、受理された訴訟事案が毎年少なくとも何件あったのかを調査したことがある。

そこで、劉衡が放告の際に行った原告にたいする脅しと略式裁判により、受理した訴訟件数がどの程度減少したのかを見てみよう。彼は一八二五年（道光五年）九月または十月から一八二七年（道光七年）二月または三月にかけて巴県知県であった。残存檔案に即して、その赴任前年からの受理事案件数を調べると、

一八二四年……六百七十三件
一八二五年……七百九十六件
一八二六年……四百五十二件
一八二七年……六百七十八件
一八二八年……六百十九件

であった。[*6] これによれば、彼がまるまる巴県知県であった一八二六年はたしかにその前年の三分の二に激減しているから、劉衡による訴訟減少策は効果があったと見てよいであろう。

しかし興味深いのは、彼が離任するや、すぐに事案件数はもとに戻っているということである。これは彼の後任者が、放告時に原告を訊問するという面倒なことをせず、ふつうの知県のやりかたに戻り、原告たちには次々に訴状を机の上に載せてゆかせるだけであったことを物語っている。劉衡のやりかたが老猾《ろうかい》な地方官にしてはじめて可能であったこと、ふつうの地方官には不可能であったことは、のちの時代の官箴書、方大湜《ほうだいしょく》の『平平言《へいへいげん》』で指摘されている。[*7]

そもそも、この放告の段階では、訴状に書かれた案件の内容については、基本的にいっさい審問が行われないのがふつうであった。訴状に虚偽や誣告が記されていたとしても、後に述べる代

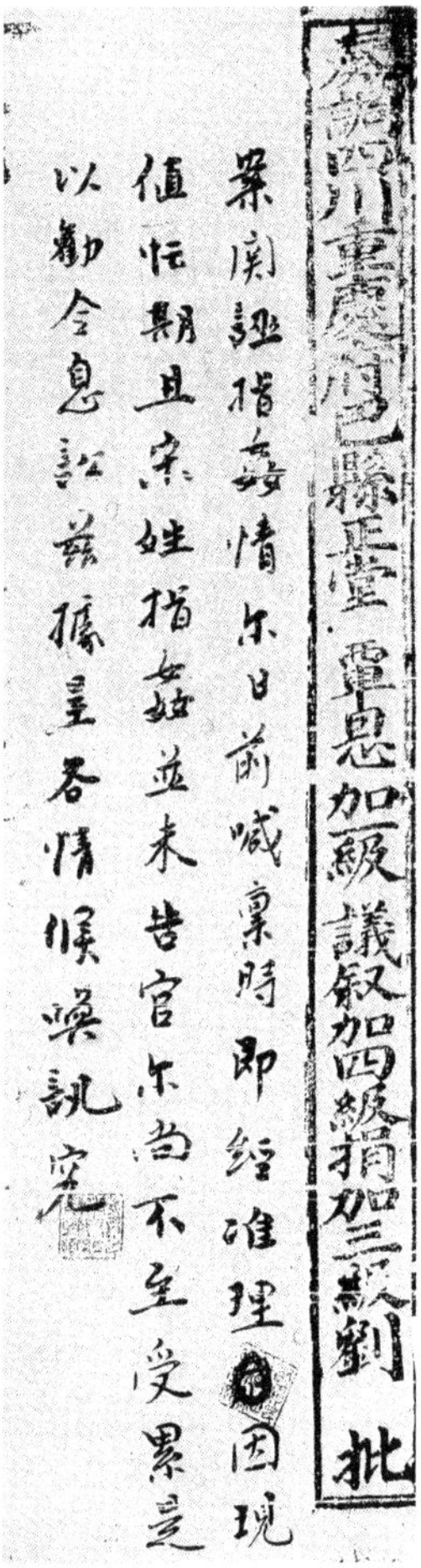
四川重慶府巴縣正堂覃恩加級議叙加四級捐加三級劉　批
案関誣指姦情尓日前喊稟時即經准理因現
值忙期且系姓指姦並未告官尓尚不至受累是
以勸令息訟茲據呈各情候喚訊究

図8　劉衡による批示（印章は彼の花押に加えられたものと同じ。四川省檔案館蔵『巴県档案（道光朝）』no.99/4）

書戳記《たくき》が捺《お》されているなど形式的に整っていれば、すべてひとまず受け取るものとされていた。この点で日本の江戸時代の訴訟手続きにおける第一段階「目安糺《めやすただし》」とはまったく異なる（第10章参照）。これが中国独特の訟師を生み出しつづけ、訴訟を増加させる制度的な要因のひとつであるから、記憶にとどめていただきたい。

批閲――内衙での訴状の審査と批示

机の上に置かれた訴状は、その後まとめて外衙から内衙へ運ばれた。『福恵全書』は次の段階を「批閲《ひえつ》」と呼んでいる。内衙で知県、知州あるいは彼らの秘書である幕友が訴状を一つひとつ閲読し、衙門として案件をどのように処理すべきか、当事者はなにをすべきかその訴状の余白部分に批示《ひじ》を加えてゆくからである。批示とは訴状の内容を批判しつつ、指示を与えることである。これはいわゆる書面審理のひとつであり、原告から出された訴状に批示が与えられることにより、一度も裁判を開いて審問することなしに、一件落着することもあった。

　原告から初めて提出された訴状については、これを正式に受理し原告、被告、証人らを召喚のうえ訊問裁判するかどうかが決定された。受理することを「准《じゅん》」といい、受理しないことを「不准」といった。

「准」する、すなわち受理するとは、原告が訴えてきたのが殺人案件や傷害案件であれば、検屍検傷の専門家を派遣すると指示すること、あるいは土地問題など現代で言う民事案件であれば、関係者を召喚し訊問し裁判すると指示する、または案件を民間で調停して返答せよと郷里の世話役などに命ずる、実情を確認するため胥吏、差役を派遣するなど、公権力として案件を処理するためになんらかの行動を起こすと宣言することである。また、案件が解決するまで衙門が責任をもつと宣言することである。

　これにたいして「不准」とは、この案件に衙門として関与しないと門前払いすることである。これは訴えには道理がないと論駁批示し、実質的には原告敗訴の判決である場合がある。

「准」と「不准」の中間段階として「未准」という批示がある。これは訴えに一理あることは認めるが、衙門ではただちに審理しない、かわって訴訟当事者本人が親類縁者、証人や郷里の世話役に頼んで自分の力で解決せよ、などと批示したものである。しかしこれはまさしく「未《いま》ダ准トセズ」であるから、「不准」であることでは同じである。

受理と不受理の別は州県官の自由裁量

放告で受け付けた訴状のうち、どの程度の数を受理しどの程度を不受理にするかは、州県官の自由裁量であった。国家はある種の訴訟に限って裁判するなとか、どの程度の数量を受理せよとか、統一的な法令を出すことはまったくなかった。つまり同じ内容の訴状でも、あるときある衙門では受理されて裁判にまで行き、あるときある衙門では受理されず裁判もされなかったのである。

ところで、当時の官箴書を読むと、「訴状をどれもこれも受理するなど、してはならない」という戒めがしばしば見える。できるだけ裁判を多くするな、と戒めるのである。これらのなかにあって、明末十七世紀中ごろに編纂された官箴書、佘自強《しゃじきょう》『治譜《ちふ》』巻四では「訴状を多く受理しても問題ない（准状不妨多）」と主張している。

これはどういうことかというと、当時、訴訟を多く受理し裁判をするのは衙門が金儲けをするためだ、という考えが官界に広くあったため、逆に少ししか受理しない者が「清官《せいかん》」だ、金儲けに励まない清廉な地方官だと虚名を得たからである。佘自強は州県官の善し悪しは正しい裁判をするかどうかで決まるのだから、訴状を多く受理したとしても正しい裁判をすればよい、と至極まっとうなことを主張したにすぎない。

この主張は「どれもこれも受理するなど、してはならない」とする主張とともに、どの程度の案件数を受理するかは州県官の自由裁量に任されていたことをよく伝えている。

もちろんすべてが完全に州県官の自由であったはずはない。多くの場合、実際には衙門が抱える胥吏と差役の人数を勘案して調節したであろう。明代の衙門では裁判の結果として刑罰を科する代わりに、金銭をもって贖罪させることが広く行われていた。その収入を贖銀《しょくぎん》、贓贖銀《ぞうしょくぎん》と呼ぶ。これは一般には地方経費にまわされ、比較的自由に使えることになっていたようで、経費不足にあえぐ地方衙門にとっては貴重な収入源であった。それを自分勝手にむやみに裁判する数を減らして、実入《みい》りを減らすことはできない。一方どれだけ受理し裁判するかを決めるに当たっては、当時の官界における一般的雰囲気も読んだであろうし、知府、巡撫ら上官から指令が下されれば、これも無視できなかったはずである。

ともあれ、訴訟の受理件数が州県官の自由裁量であったことは、次に述べるように訟師を暗躍させる重要な原因であった。これも記憶にとどめておいていただきたい。

訴状の向こうには訟師がいる

訟師にとっての勝負どころは、この批閲の段階で「准」（受理）を勝ち取るような魅力的な訴状を書くことであった。「魅力的な」と言えば聞こえがよいが、ときに誣告に当たるような刺激的で大げさな表現を用い、訴状を読む者の心をつかむのである。訟師はもちろん内衙へ入り込んで批閲に立ち会うことはできない。しかし訟師と州県官あるいは幕友との最も熾烈《しれつ》な闘いが、ここでくりひろげられていた。

内衙まで持ち込《こ》まれる訴状は後に述べる代書戳記が捺されているから、原理的には訟師が書いたものは紛れこんでいないはずである。ところが州県官や幕友は、ときに訴状の向こうに訟師がいるものとして読んだらしい。たとえば一知県はある婦人が提出した訴状にたいして、次のような批示を加えて論駁している。

> 子どもをわがままに育てて非行に走らせておきながら、なおこのようにゴタゴタ並べて訴えてきておる。お上がお見とおしであるか節穴《ふしあな》の目をしているか、おまえに騙されるかどうかわかっておらん。こんなことで訟師をつとめることができるか。愚かな男女から無意味に紙代だ筆代だと言って巻き上げているだけだ。腹立たしいきわみである。[*8]

批示は訴状を出してきた婦人にたいするもので、たしかに途中まではそうである。ところが途中から急に、訟師にたいする攻撃に変わっている。

原告にとっては「准」を勝ち取るだけでまず勝利であり、「准」にまでもちこめば、訟師はそれだけで鼻高々であった。訟師は自分が書いた訴状にたいしてどのような批示が書かれるのか、准にするのか不准にするのかを見て、知県や知州の能力を判断したという。

「幕友とは官訟師」

内衙で訴状を処理する州県官と幕友と、これにたいする訟師との三者関係について、孫鼎烈《そんていれつ》という人物は、その著書『四西斎決事《しせいさいけつじ》』（一九〇四年〈光緒三十年〉）の序文のなかで、おもしろいことを言っている。この書は二十世紀に入って、彼が浙江省紹興府会稽《かいけい》県の知県などを歴任したあと著したものである。彼はいっこうになくならない訟師をどうやって訴訟界から締め出したらよいのかを問題にし、結論として幕友を訴訟界から締め出せばよいのだ、かわって地方官が自分で案件の処理をすべてやってしまえば、訟師も締め出すことができると主張する。

いま幕中（内衙）のなかで裁判や徴税などの処理をやっている者は、すべて官訟師である。そこには文書が山と積まれ、彼らは訟師と筆墨のあちらとこちらで勝負を争っており、訴訟する本人と裁判する地方官とは蚊帳の外である。

幕友は訟師を訴状の向こうにまわして闘っていた。秘書である幕友を「官訟師」と捉えたのはみごとである。訴訟当事者は訴訟能力に欠ける自分を守るために訟師を雇った。州県官は裁判能力に欠ける自分を守るために幕友を雇った。この点ではまったく変わらないからである。

じつは訟師自身が当時これと同じことを考えていた。清末の上海で発行されていた新聞『申《しん》報《ぽう》』によれば、訴状に凝《こ》った用語が使われているので怪しいとにらみ、ある「訟棍」を捕まえたところ、彼は訊問の席でもまったく悪びれることなく、「民間に訟師がいるのは、ちょうど官衙門に幕友がいるようなものだ。官衙門で幕友を用いることができるのに、民間でなぜ訟師を用いてはいけないのか」と平然として抗弁したという。[*9] この「訟棍」は下級知識人あるいは庶民レベルの平衡感覚で、地方官の無能さと裁判機構の不平等さをこれまたみごとに見破っている。

3　判決までと判決の後

包攬詞訟——胥吏、差役の稼ぎ口

内衙で批示を受けた訴状は、各案件を六房のどの事務局で処理するかが決められ、外衙へ戻される。そのあと胥吏と差役はこの批示にしたがって実務を行ってゆくのである。

不受理の批示を受けた原告は、ここで訴状を書きなおして再度提出するか、裁判にまでもってゆくのをあきらめるか、決めねばならない。一方、受理するという批示を得たものは、衙門の胥吏と差役に渡りを付ける必要があった。ひとつには裁判するとなれば、先に述べたようなさまざまな手数料、つまりは賄賂をどの程度にするか交渉せねばならなかったからである。またひとつには衙門にある訴訟情報を聴き出すためである。もうひとつは自分に有利になるように不正行為をしてもらうか、少なくとも不利にならないように彼らに取りはからってもらうためであった。ここでもこれを代理でやってくれる訟師は便利な存在であった。

訟師の不正行為を示す代表的な言葉は「包攬詞訟《ほうらんししょう》」である。包も攬も他人の仕事を請け負うこと、詞訟とは詞《ことば》による訟《うったえ》、つまりは訴訟である。「包攬詞訟」には広い意味で訴訟案件を判決まで丸ごと請け負うこと、すなわち依頼を受けた段階から判決が出るまで、訴訟戦術を練り訴状を代作し、衙門に出入りして胥吏や差役と交渉するなど、すべてを請け負うことや、「包准《ほうじゅん》」といって「准」となること、受理されることを請け負うことも含まれているが、狭い意味では胥吏や差役との交渉を代理することを言ったらしい。[*10]

たとえば被告は原告の訴状（告詞、告状）が受理されたと聞いたなら、さっそく相手がどのような内容で自分を告発しているのかを知って、これをもとに防御反撃し答弁書（訴詞、訴状）を書いて提出する必要があった。このとき包攬詞訟する者が外衙へ入りこみ、情報を仕入れるとともに、胥吏との交渉で相手の訴状を書き写させてもらった。原告も被告が出した訴状について、これを胥吏を通して書き写させてもらった。

胥吏にとってはこの相手側の訴状を書き写させるのがよい稼ぎとなったらしく、胥吏の賄賂徴収を防ぐ一手段として、訴状は外衙に置いておくのではなく内衙に置いて管理すべきだというのがある。ここまで胥吏は信用されていなかったのである。ひどい胥吏になると、担当案件の書類をすべて自宅へ持ち帰り、訟棍に自由に読ませていたという。[*11]

審訟――公開か非公開か

外衙で批示に沿って案件の処理が進み、差役を派遣し訴訟当事者たちを召喚したあと、いよいよ裁判が始まる。この段階を『福恵全書』では「審訟」と呼び、別の官箴書では多く「聴訟《ちょうしょう》」「聴審《ちょうしん》」と呼んでいる。

ふつう、裁判は非公開であったが、能力自慢の地方官であれば自分がいかに公正な裁きをするかを治下の民衆に見せつけ、かつ悪事を働けばこんなひどい目に遭うぞと教育するため、これを公開した。汪輝祖がその一例である。彼は開廷日には天候を問わず公開し、つねに三百人、四百人が裁きの場を取り囲んで見物したという。ときとして観衆のなかに、きょうの判決はまちがっていると言う者もあれば、これにたいし「自分らのお上《かみ》」汪輝祖さまに誤審なんてあるものか、と弁解してくれる者もいたし、敗訴した者に上訴せよと勧める者もいれば、いや「自分らのお上」でもこう判決されるのだから、ほかへ訴えたって無駄なことだと弁護してくれる者もあったと伝える。[*12] もっとも観衆にとってみれば、公開裁判ではその場で刑罰を受ける者の阿《あ》鼻叫喚《びきょうかん》を聴くことができるのだから、劇場へ行って見る裁判劇よりはるかにリアルでおもしろく、おおいに娯楽になったであろう。

官箴書『平平言』を著した方大湜も裁判を公開した。彼は汪輝祖にならって捕まえた訟師を法廷の柱にくくりつけて立たせ、これを観衆に見せつけて辱《はずかし》めた。訟師は衙門の外では自分の才能を誇って威張っていたから、こうやってその面目をつぶしたのである。[*13]

安徽省六安《ろくあん》州知州であった高廷瑤《こうていよう》もまた裁判を公開した。公開される日には裁判を見物するために数百人が集まったという。彼は赴任の直後には、朝食をすませてから一日に二、三回大堂で案件を審理したが、しばらくして一日に七、八回から十一、十二回審理するようになったという。[*14]

州県官は親民官なのだから人民とつとめて親しく接触し、裁判だけではなく大堂での執務なども公開にすべきである、これによって腐敗を防止する一助とすべきであるとの考えもあった。[*15] しかし多くの地方官は外衙の大堂で裁判することを好まず、内衙で審理することを好んだ。という

図9 『清俗紀聞』に見える審訟（聴訟）の様子（中川忠英著『清俗紀聞1』孫伯醇・村松一弥編、衙門聴訟、平凡社、1966年）

のは大堂での裁判は一種の儀式であって、ここでやるとなれば威儀を正し背筋を伸ばして着座せねばならぬのにたいして、内衙であればふだん着のままで、気楽に裁判できたからである。[*16] しかもこれなら、監視の目もなかったから、勝手気ままであった。内衙で夜に訊問がなされることもあった。この程度のことは、皇帝に代わって独裁的に訊問裁判する州県官に問題なしに黙認されていたのである。

当事者は「壁の上から眺めているだけ」

訟師はたとえ見物人としてでも、法廷へ行くのは危険である。その代わり訟師は、原告あるいは被告が訊問の場でなにをどのように供述すべきか、教えこんでおいた。王有孚が言うとおり、「依頼者には法廷に立ったときに自分が正しいのだというしっかりした気持ちをもたせ、重要なこと以外にムダなことは言わないように教える」のである。このとき、訴状を代作した訟師は誰かときつく問い糾《ただ》されても、訊問を受ける者は堅く口を閉ざして答えず、しばしば代わりに「道行く占い師に書いてもらった」などと答えた、と多くの史料に見える。厳しい訊問にもかかわらずこう答えられては、訟師を摘発することはそれ以上進まなかったらしい。

また訴訟は実際には訟師がやっているから、表面を安易に信用してはいけない、「聴訟」とはじっくり当事者本人の言うことを聴いて訟師の手垢を案件からぬぐい去り、ほんとうのことをそこから聴き出すことだ、とも言われた。[*17]

原告が著名な訟師を雇えば、被告も名うての訟師を雇ったことは当然である。そうなったとき、原告と被告は金銭を払うだけで、訴訟戦術を立てることから胥吏、差役との交渉にいたるまで、訴訟の実際は訟師と訟師のあいだで争われていた。当事者はともに二人の訟師の争いを「壁の上から眺めているだけ」であったという。[*18] ところが原告と被告が裁判になりいざ訊問を受ける段になると、訟師から教えられたことを十分に暗記できず、うまく答えられなくて刑罰を受けることがあった。このような場合、訟師たちは当事者たちを咎《とが》め、訟師としての自分の名声を損なったと責めたということである。

以上は、訟師が現在の弁護士のような働きを半ば行いながら、これが制度として認められないところに生まれた悲喜劇である。

不服であれば

取り調べののち調書が作成され、最後に判決（堂諭《どうゆ》）が出される。原告と被告はこれに承服したと誓う承諾書（甘結《かんけつ》）を提出することもあれば、提出しない場合もあった。原告と被告はこの案件を担当した胥吏のところへ行って、判決文を書き写してもらい証拠とした。こうして訴訟は一件落着する。

以上で州県レベルでの訴訟と裁判は終わる。判決に不服であれば、翻告といって裁判をやりなおしてくれと訴えなおすことができた。また、すでに述べたように上級衙門に訴え出ることができたし、初審衙門で審理が順調に進まない場合でもこれができた。これを上控、上訴という。

上控は県から府へ、府から省の按察使司または按察使司の出先機関である道の分巡道へ、按察使司、分巡道から巡撫へなされ、北京へ行って都察院、歩軍統領衙門に上控することをとくに京《けい》控《こう》といった。袁守定《えんしゅてい》の官箴書『図《と》民録《みんろく》』では、「州県で終審となる訴訟（自理詞訟《じりししょう》）のうち判決が出たあとで上控されるものは、誤りが多くの場合官の側にある」と言い[19]、幕友であった万維翰《ばんいかん》の『刑銭指南』でも、「訴訟をあれもこれも受理してはいけないと言う者がいるが、それはおおよそ自分の仕事に怠慢なだけだ。下情が上達しなければ、結局は必ず上控されるものだ」と言っている[20]。

上控や京控となれば、州県に住む訴訟当事者にとって、訴訟が困難さを増し訟師をいっそう必要としたことは当然である。彼らは州県から北京までつながるネットワークを持っていたからである。しかし上控の問題はここではいっさい省略し、このうち京控については第8章で一部取り上げることにする。

註

＊1　『清史稿』巻四七九、循吏伝、楊栄緒伝。

＊2　『蜀僚問答』先審原告例有専条。

＊3　『湖南省例成案』刑律訴訟、巻八、告状不受理、代書毎詞紙給銭十文。

＊4　『王文成公全書』巻二八、告諭廬陵父老子弟。

＊5　『蜀僚問答』先審原告取供之法。

＊6　第2章註7、頁二一四。

＊7　『平平言』巻二、放告収詞不必当堂批示。

＊8　呉光燿『秀山公牘』巻二、余田氏呈覇索難甘批。

＊9　『申報』一八七八年（光緒四年）三月三十日、厳懲訟棍。

＊10　夫馬進「明清時代の訟師と訴訟制度」（梅原郁編『中国近世の法制と社会』京都大学人文科学研究所、一九九三年、頁四五三）。

＊11　廖潤鴻『官蒲被参紀略』巻上、通稟弁理地方情形稿。

＊12　『病榻夢痕録』巻下、乾隆五十六年。

＊13　『平平言』巻三、訟師已獲須傷其顔面。

＊14　『宦游紀略』巻上。

＊15　裕謙『勉益斎続存稿』巻五、頁二三。

＊16　汪輝祖『学治臆説』巻上、親民在聴訟。

＊17　『牧令書』巻一七、袁守定、聴訟、凡聴訟。

＊18　『湖南省例成案』刑律訴訟、巻一〇、教唆詞訟、厳禁棍徒唆訟包訟。

＊19　『図民録』巻二、審後上控、誤多在官。

＊20　『刑銭指南』巻中、詞訟。

第4章

訴状への虚偽と誣告の書きこみ

1　デタラメなところがなければ訴状にならない

官代書の設置

さていよいよ、訟師たちの中心的な仕事について語らねばならない。すでにこれまでなんどか、官代書と代書戳記について触れた。官代書を設置したのは、訟師が訴状を代作することを禁じるためであったから、まずこれについて述べておくのが便利であろう。

官代書の制度が定められたのは清代の一七二九年（雍正七年）である。それは国家が公認した証拠として、官代書には州県官の花押《かおう》や彼の信条、命令などが刻まれた戳記（木製スタンプ）を下げ渡し、訴状を衙門に提出しようとする者は必ずそこで戳記を捺してもらわなければならない、というものである。彼らは各衙門で訴状を作成する能力があるかどうかチェックを受けて選抜さ

図10　代書戳記（戳記は劉衡が代書の張継旭に与えたもの。四川省檔案館蔵『巴県档案（道光朝）』no.12969）

れ、衙門の付近に店を開いていた。これを単に「代書」とも呼んだが、以下では私設の代書、すなわち訟師らと区別するため官代書と呼ぶことにする。

　これより四年前の一七二五年（雍正三年）、訟師を厳罰に処する法令が出された。そこでは「訟師のうち訴訟を教唆し、および訴状を代作するときに罪を実情より過大もしくは過小に言って（増減情罪）人を誣告し、ならびにデタラメな言葉で越訴《えつそ》する」者は厳重に処罰すると定めている。[*1]「増減情罪」とはもと『大明律《だいみんりつ》』『大清律例』「教唆詞訟」の条に出てくる言葉である。日本の荻生徂徠《おぎゅうそらい》はその著『明律国字《みんりつこくじ》解《かい》』のなかで、「増減情罪」を「自分の情罪を減じて相手の情罪を増すことである」と解釈しつつ、「この訴状づくりのことを、異国（中国）では訟師という」ととくに注釈を加えている。この注釈から見れば、彼もどうやら、訟師を日本にはいない中国特有なものと考えていたらしい。そして彼らの主な仕事は、情罪を増減し人を誣告する訴状を代作することである、と考えていたようである。

　官代書の設置はこの法令と連動したものである。衙門に提出できる訴状は官代書が書いたものだけとし、もぐりの代書である訟師の根絶を図った。官代書は訴状を自分で書けない訴訟当事者のためにこれを代作するとともに、すでにできあがった訴状がもちこまれた場合でもこれをチェックし、清書しなおすことになっていた。というのは、この段階でももちこまれた訴状の草稿が自作によるのか誰かの代作によるのかが問いただされ、訟師が書いたとなれば清書もせず戳記も捺さなかったからである。

自作であれば自作と書かれ、誰か親しい者に代作してもらった草稿であれば、その名前が訴状に書きこまれねばならなかった。これなら訟師が代作した訴状では役に立たない。これが法令どおりに実行されれば、訟師は訴訟プロセスから締め出されるはずであった。

清末新聞が伝える訟師と官代書

ところがそうはならなかった。

官代書の制度が国家レベルで始められてから百七十年近くたったころ、上海の新聞『申報』一八九七年（光緒二十三年）六月二十七日には、次のような指摘が見える。

> 民間の訴状のうち官代書が代作し提出するものは極めて少ない。なぜなら各地にはどこでもいわゆる訟師や歇家《けっか》がいるからである。訟師と歇家とは名は二にして実は一であり、たいていは州県の文士がなっている。
>
> だから州県の人が訴訟をしようとすれば、必ず先に親戚や知人のつてをたどって訟師や歇家を探す。訟師や歇家はそこで訴状を作り、これを官代書に送って戳記を捺してもらい、手数料若干が支払われる。……官府も提出されてきた訴状が代書によって作られた本物ではないことを、よく知っている。

訴訟しようとする者は代書を探すのではなく、必ず先に訟師や歇家を探し、どうするのがいちばんよいのか相談する。あれこれ弥縫《びほう》し不足を補い、相手につけ込む隙を与えなくしてもらう。訴状のできが悪いために、正しい者が敗訴することもあるし、逆に訴状が巧みなことによって虚を実に転じてもらい、正しからざる者が勝つこともある。[*2]

なんとしたことか、官代書を設けても、まったく訟師を排除できなかった。現存する檔案によるかぎりで言うなら、訴状には代書戳記が捺されているのに、原稿が自作であるとも誰かの代作であるとも、記されないのがふつうである。官代書は自分が代作したものだとし、衙門も見て見ぬふりをしたのである。ここで言う歇家とは、日本の江戸時代で言えば公事宿《くじやど》に当たる訴訟宿であるが、両者のちがいについては後に述べる。

かりにこの『申報』に見える報告が本当だとしたら、国家はなんのために官代書の制度を設けたのかわからない。『申報』ではこれを「訴状のできが悪いために、正しい者が敗訴することもある」からだと説明する。また「訟師有用論」では、「凡庸な代書の手を借り訴状をしたためてもらって訴えるだけであれば、……読む者に嫌気を起こさせるばかりで真情を伝えることは難しい」からだと説明する。

奇妙なことわざ

『申報』で言うことも「訟師有用論」で言うことも、もちろんそのとおりであるが、ただ両方とも説明がきれいごとに過ぎる。というのは、『大明律』『大清律例』「教唆詞訟」や一七二五年の訟師禁止令で言う「訴状を代作するときに罪を実情より増減して人を誣告する」ことに、これらはまったく触れないからである。

中国にはこれに関わる奇妙なことわざがあった。それは「デタラメなところがなければ訴状にならない（無謊不成状）」である。

この言葉は、一七八五年（乾隆五十年）に書かれた汪輝祖『続佐治薬言』中の「核詞須認本意」の項で、当時ことわざになっていたことを伝えるが、私が知るかぎり、遅くとも清代初期の一六八三年（康熙二十二年）に書かれた于成龍《うせいりゅう》『于《う》清端政書《せいたんせいしょ》』ではすでに、事件を偽装し、すりかえて訴状とした者にたいして、なぜそんなことをしたのかと詰問したところ、その返答のひとつとして「デタラメなところがなければ訴状にならない（無謊不成詞）」と嘯《うそぶ》かれたと伝えている。[*3]

さらにその少し前、明末十七世紀前半の地方志『崇禎外岡志《すうていがいこうし》』では、次のように言っているのが注目される。

> そもそも訴状は、真情を伝えようとするものである。自分の正しさが認められないと怨《うら》みを懐く弱い民は、訴状にかりて伝えようとする。当然、浮言巧語《ふげんこうご》を必要としない。だから官府はつねに命令を下し、真実に基づかぬ訴状を禁止し、代書人を選んでその真情を開陳させているのである。ところが、その文章が質朴で飾らず、読む者の耳をそばだたせたり目を見張らせたりすることがないために、多くは捨て置かれて審理されない。民はそこでこれを訟

師に謀《はか》り、田土《でんど》問題であるのに殺人事件だと誣告し、殴りあいなのに強盗だと誣告せざるをえないのである。[*4]

さらにもう少しさかのぼるなら、これと同じことを一五八五年（万暦《ばんれき》十三年）に刊行された『万暦将楽県志《しょうらくけんし》』では次のように言っている。

小民が訴訟を起こそうとするとき、必ず訟師に訴状を書いてもらう。訟師は小さなことでは読む者の注意を引かないと言って、必ずあることないことを捏造する。訴状がひとたび准（受理）となると揚々と得意になり、訟師に感謝する。[*5]

于成龍の見かたもまったくこれと同じである。彼は訟師とは、「受理されないようなどんな訴状でも、目立つようにして受理されるようにしてくれる」受理請負人であると言う。やはり「つまらぬ口げんかであるのに、殺傷事件だ人命事件だと偽り、受理せざるをえないような言葉を用いて相手を誣告する」人物だと述べる。

奇妙な話である。訴訟とはもともと、自分の正しさを「訴状にかりて伝えようとする」もので、そこには「当然、浮言巧語を必要としない」はずであった。ところがこれが逆なのだと言う。正直なだけの訴状では目立たず受理されないから、逆に浮言巧語や誣告をそこにまじえざるをえないのだ、と言うのである。これでは健訟社会を超えて誣告社会である。

単なる土地争いでも「一網打尽に殺された」

現代日本の訴訟しか知らない者は、明清中国の訴状ではなぜこのようなデタラメを書く必要があったのか、理解に苦しむであろう。なぜなら、現代日本の民事訴訟では、裁判でなにを請求するのか、なぜそれを請求するのかを訴状に明確に記せばよいだけだからである。そこに虚偽や誣告を記したとしても、あとでひかえる審理の場でそれがばれると、むしろ自分のマイナスにしかならない。ところがかつての中国の場合、訴訟には自分がいかに不当な目に遭っているか、相手を懲らしめてほしいと「民の父母」に泣きつく側面があった。そこでは最大限の言葉で相手がいかに悪辣《あくらつ》かを訴えねばならない。しかしより大きな原因は、これから述べるように訴訟件数が多くなると、衙門ではつまらぬ争いと見れば、訴訟を不受理として裁判してくれなかったからである。

李《り》陳玉《ちんぎょく》『退思堂集《たいしどうしゅう》』讞語《げんご》は、彼が一六三〇年代（崇禎《すうてい》年間）に浙江省嘉興《かこう》府嘉善《かぜん》県知県であったとき、その下した判決、および上控案件について上級官庁からもう一度審理し直すよう命じられ、その返答のために書いた判決原案である。『崇禎外岡志』などと同じころの史料である。この史料には当時、単純な田土問題、殴り合い、金銭トラブルについて、訴状のなかでどのような浮言巧語や誣告の言葉を用いていたのか、その実例を数多く載せている。

たとえばある案件は、異母兄弟による単なる土地争いであるのに、「一網打尽に殺された（罟《こ》殺《さつ》）一件」という表題で訴えている。しかしもちろん誰一人として殺されていない。またある案件は兄弟が「掠奪《りゃくだつ》して殺した（劫殺《きょうさつ》）一件」、「目下である弟が目上の兄を殺した（弑兄《しいけい》）一件」という表題でたがいを訴え合ったものであるが、実はこれも単なる遺産相続をめぐる争いであって、やはり誰も殺されていない[*6]。

ほかにも「骨の髄まで吸い取られた（吸髄）」「掠《かす》め取り力ずくで自分のものにされた（勦佔《そうせん》）」「むごたらしく殺された（劇殺）」など、人目を引くどぎつい表現、ありとあらゆる刺激的でオーバーな表現が用いられている。これらどぎつい浮言巧語を用いた訴状は、後に紹介する訟師秘本、すなわち当時爆発的に出版された訴訟のためのマニュアル本に満載されているし、清末の『巴県檔案（同治朝）』でもしばしば見られる。

知県李陳玉は、訴状に実際とはかけ離れた虚偽が記されているのを当たり前のことと考えていたらしい。当然のごとくそれらを受理し判決を下しただけでなく、誣告について特段の処罰を加えたようにない。

世界の訴訟史のなかで、このように奇妙な訴状が大量に作られていたことが、ほかの文明地域であったのであろうか。

2 国家が生んだ鬼子

あえて禁を犯す者

つまらぬ土地争いや口げんかであるのに、これを殺傷事件だと偽り、必要もないのにそれを訴状に書きこむなどということは、ふつうの世界では多くはありえない。よほど相手を恨んでいて、無理やり大きな案件にすりかえて相手を逮捕し拷問してもらうなどのいやがらせをするか、大きな訴訟を起こすぞと脅《おど》し、強請《ゆす》りたかりを謀るかくらいであろう。

第一、国家もこれを重大な犯罪だとし、現代日本でも刑法において虚偽告訴罪、つい先年まで誣告罪と呼ばれた一条を設け、現代中国でも刑法で誣告陥害罪を設けている。中国の場合さかのぼるなら、漢代の法律『漢律』「告律」で誣告罪を定めていたし、当然これは秦代にもあった。[*7] 法律どおりに処罰されるとしたら、秦漢時代からすでに大罪を得ることになった。ところが少なくとも明清時代の中国では、「デタラメなところがなければ訴状にならない」から、訟師がこれを人に代わってやっているというのである。

訟師がなぜ必要とされるのかにたいする解釈は、『万暦将楽県志』、『崇禎外岡志』、『于清端政書』ともに同じである。訟師禁止令で国家は、訟師とは訴状に実情より誇大な言葉を書きこみ、人を誣告するものだと非難した。だからこれを処罰するのだとした。ところがこれらの解釈によれば、因果関係は逆であった。

国家はもちろん逆の因果関係など認めない。国家は正しいからである。

訟師という中国独特のものが生まれ、長く続いた根本的な原因は、もちろん訴訟が多発する世界で赤の他人が職業としてこれを手助けすることを禁止したからである。しかし明末以降、少なくとも十六世紀以降では、もうひとつ大きな原因が加わる。それはこの時代に起こった訴訟過多というはなはだしい健訟情況のなかで、あえて禁を犯す者を必要としたからである。

南宋時代にさかのぼる可能性

じつはこれに類することは、南宋時代の文献ですでに少なくとも四つ集中してあらわれる。南宋の陳淳《ちんじゅん》は、生員など健訟な者が書く訴状では「つまらぬ問題を大事件であるかのように見せかけ、傷を受けていないのに命をほとんど落とさんばかりであるかのように装い、本当のことを一つ書いて九の虚偽をそこに入れこみ、切実なことを一つ書いて九のどうでもよいことで飾る」と言う。[*8] 黄榦《こうかん》も、江西の健訟を言い、「墓場の木を一本切っただけで墓荒らしだと訴え、男と女の間で争いがあれば強姦だと訴え、道端で病死した者については殺されたのだとし、夜中に忍びこんだ者を強盗だとして訴えて」いたという。[*9]

同じく南宋の官箴書『昼簾緒論《ちゅうれんしょろん》』では、「殴られたら殺傷されたと書き、金銭を求められたら掠奪されたと書き、人が家に入ってくれば窃盗しに入ったと誣告し、墳墓を侵せば墓荒らしをしたと誣告した」という。[*10]『州県提綱《しゅうけんていこう》』でも、「白中に路上で殴り合いがあれば必ず強奪されたと誣告し、人が家に入ってきて争いになれば必ず強盗に入られたと誣告し、女性と争えば必ず強姦があったと誣告し、墳墓の境界を争えば必ず遺骸を発掘されたと誣告する」とあり、このような架空の訴えを彼らは「訴訟ではふつうのことと考えている」と言っている。[*11]

現代を含めたふつうの世界では多くありえない奇妙な現象が、すでに南宋には「ふつうのこと」になっていたという。そうだとすれば、「デタラメなところがなければ訴状にならない」ということわざも、少なくともこの時代にまでその始まりをさかのぼって考える必要がありそうである。

ここに至ってわれわれは、中国に生まれた特有の訟師を長く続かせたもの、すなわち訴状を代作してそこに虚偽や誣告を入れこむという仕事を彼らにさせたのは、もしかしたらほかならぬ国家ではないのか、正直なだけの訴状では受理されないという訴訟制度を維持した国家そのものではないのか、との疑いをもって、考えを進めてゆかねばならないようである。

「殴られた傷でいまにも死にそうだ」

すでに述べたとおり、清代で訴訟手続きの第一段階である放告では、訴状の内容をほとんどチェックすることなく基本的にすべて受け付けるが、次の批閲の段階になって州県官の自由裁量によって、受理するものを絞りこんだ。この第二段階が、強力な訴訟制限となった。原告が初めに出す訴状では、「小さなことでは不准（不受理）となるのを恐れ、努めて大げさに書いておき」、受理された後で補足の訴状を改めて出し、そこで初めてほんとうのことを書くという策略もおこなわれた。[*12]

次に具体例を『巴県檔案（同治朝）』に見えるひとつの事案に取って見てみよう。

一八六二年（同治元年）八月二十九日、六十四歳になる寡婦李呉氏はおおよそ次のような訴状

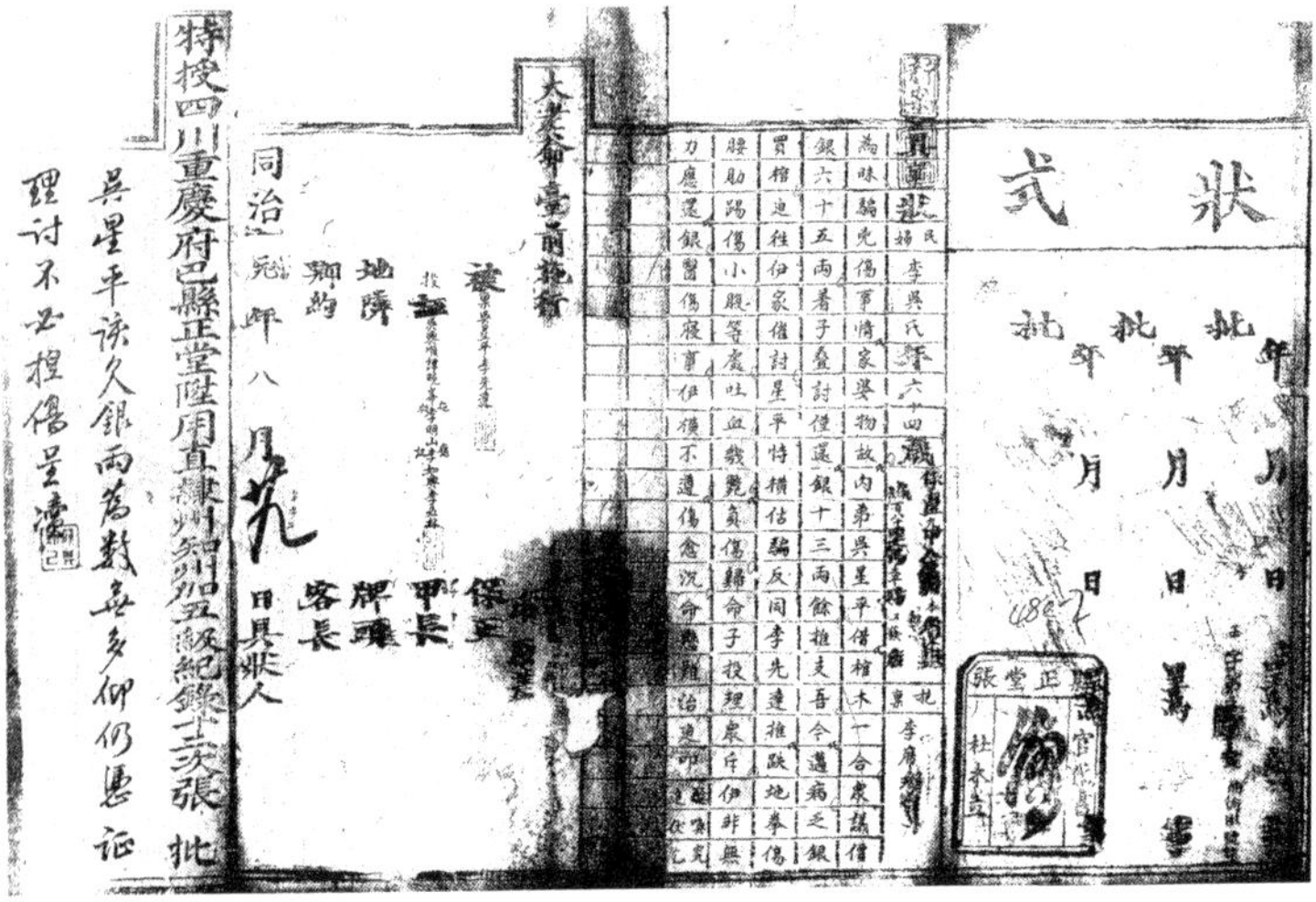

状式

批　年　月　日

批　年　月　日

批　年　月　日

民婦　李呉氏　年六十四歳

為昧騙兇傷事情家婆物故内弟呉星平借棺木一合衆議價
銀六十五両着子盈討僅還銀十三両餘推支吾今遭病乏銀
買棺迫往伊家催討星平特横估騙反同李先達推跌地拳傷
腰肋踢傷小腹等處吐血戮斃負傷歸命子投理衆斥伊非無
力應還銀醫傷寝事伊横不遵傷愈沉命懸難治[illegible]

大老爺臺前施行

被
証

保正　甲長　牌頭　客長　地隣　郷約

同治[illegible]年八月　日具状人

特授四川重慶府巴縣正堂加陞用直隷州知州加五級紀録十次張　批

呉星平該欠銀両為数無多仰仍憑証理討不必捏傷呈瀆

図11　李呉氏の訴状（一部省略。四川省檔案館蔵『巴県档案（同治朝）』〈借貸〉no.3480）

を提出した。

　実家の母が亡くなったため、李呉氏の弟は彼女から棺木ひとつを銀六十五両の評価額で借りた。彼女によれば、この棺木は自分の葬式のために買ってあったものだという。ところが弟は十三両を支払っただけで残りを返済しない。そこで彼女みずから催促におもむいたところ、押し倒され、腰や肋骨部分を殴られたうえ小腹を蹴られ、血を吐き死にかけた。ついては、検傷し究明し取り戻していただきたい。[*13]

六十五両のうち十三両は返却されたというから、彼女が求めたのは弟からさらに五十二両返してもらうことである。訴訟手続きの第一段階である放告で、この訴状は代書戳記が捺されているから、問題なしに受け付けられた。これにたいする知県の批示は、「弟の未払いの金額は多くないから、保証人に頼って道理に従って要求してもらえ。傷を負ったとデタラメを言ってつまらぬ訴えをしてくるな」という、不受理（未准）とするものであった。これは訴訟過程の第二段階、すなわち「批閲」で訴訟制限をかけていたことを示している。

　彼女としては「自分の棺木を買い直すために弟から五十二両返してほしい」と正直に書くだけでは、「弟の未払いの金額は多くないから、保証人に頼って道理に従って要求してもらえ」という批示が返ってくるにちがいないと見越して、弟に殴られて死にそうだと偽装したのであろう。彼女が弟を傷害罪で罪に陥《おとしい》れようとして訴えたのではないことは、言うまでもない。ところが知県は弟に殴られたというのがウソであることを簡単に見抜き、衙門としては裁判を開かない、自分の力で保証人を通じて取り戻してもらえ、と批示した。

　これにたいして彼女は閏八月二十五日、あらためて次のような訴状を出した。

> 批示のとおりに保証人を通して要求したのだが、やはり返済されなかった。弟は先の知県の指示が「未准」、つまり案件を今のところは受理しないというものであったのをいいことに、わたしが百回訴えても受理されはしないぞと吼《ほ》えたてている。弟が自分に冷水をあびせかけたため、自分は風邪をひき、前に殴り蹴られた傷がぶり返し、飲食も進まずにいまにも死にそうだ。銀数十両が生死の分かれ目だ。自分は好訟なわけではけっしてない。ほかにどうしようもないから訴えるのだ。

大げさな言葉をならべたものである。

このため知県はしかたなく、「検傷役人を派遣して検傷させ、実情を調査し処理するから、それまで待て」という新しい批示を出した。すなわち不受理（未准）であったものがこんどは准（受理）に変わったのである。知県の新しい批示は閏八月二十五日に訴状の後ろに書きこまれ、これが胥吏に送られ、九月十日に一件文書として立巻（立案）つまりブッキングされている。

けっきょく裁判にいたらず

その後この案件がどうなったかというと、次のようであった。

十月五日、知県が検傷役人から受けた報告によれば、彼女の傷はすでに平復しており検傷報告を書けない、というものであった。簡単に言えば、彼女が半死半生のけがを受けたというのはウソであった。そこで彼女は同日、次のような訴状をまた出した。

> 弟は召喚され裁判にならぬのをいいことに、検傷役人が帰ったのを機に多くの者を率いてわが息子を捕らえにきた。息子は難をのがれたが、自分は傷が治らず起きあがることもむずかしい、云々。

これにたいする知県の批示は、「検傷役人の報告によれば傷はすでに平復したとのこと、先の批示どおり保証人に頼って清算してもらえ。なんども訴えてくるのはやめよ」というものであった。「保証人に頼って清算してもらえ」というのだから、この案件は紆余曲折の末、もとの不受理（未准）へ戻ったのである。この寡婦はどうやら三度平気でウソをつき続けたものの、三度目の批示で未准に戻ったことによって、これ以上訴訟を続けても裁判してもらうのは不可能だとあきらめたらしい。これに続く文書は残っていない。

「受理」を得るのは何パーセント？

李呉氏の場合、結局、裁判は開かれず貸した金はもどって来なかったのだから、彼女が取った訴訟制限にたいする方策は大失敗であった。

どうやら金銭貸借に関わる案件で、どのような訴状を書けば必ず受理されるのかは、当時の人びとには名案がなかったらしい。と言うのは、『巴県檔案（同治朝）』のうちで〈借貸〉と分類された金銭貸借に関わる檔案を調べてみると、李呉氏の場合のように未准を含めて不受理と批示されたものが少なくないからである。また、もともとは単なる金銭貸借なのに傷害を受けたと訴えたものが数多いからである。

そこで簡単な統計を取ってみた。サンプルは『巴県檔案（同治朝）』〈借貸〉に収められた合計七百四十件ほどの檔案のうち、連続するもの、すなわち主観を排して選んだ合計百二十一件である[*14]。これらはすべて金銭トラブルをめぐる案件であるが、ただ金銭貸借にまつわる案件だけではなく、売掛金の未払い、小作料や借家賃の未納、土地売買での金銭トラブルなども数多い。

このうち残存する檔案が不完全であるため、新しい案件として原告が提出した訴状にたいして、知県がどのような批示を下したのかわからないものが三十八件ある。これを除けば統計に取れるのは合計八十三件である。このうち、検傷を命ずることなしに准すなわち受理するとされたものが二十六件、未准としてやんわり不受理とされたものが九件、明確に不准つまり不受理とされたものが三件、未准と不准とあわせて不受理とされたものが合計十二件、それに検傷を命じたものが四十五件であった。割合にすれば、検傷なしで受理するとしたものが三一パーセント、未准と不准とあわせて不受理としたものが一五パーセント、検傷を命じたものが五四パーセントであったことになる。

統計に取れる案件に限っているとはいえ、検傷を経ることなしにそのまま受理されたのが三割でしかないことは驚くほかない。また検傷が命じられた結果として受理されたものが半分程度というのはさらに驚くべきことである。これには李呉氏のように、殴られてもいないのにウソをついているものも含まれる。正直なだけの訴状ではなかなか受理されないのだから、これでは借金取りに行って実際に殴られなければ、貸した金は裁判では戻ってこなかったのではないかと思われる。

実際に『巴県檔案（同治朝）』〈借貸〉を読んでいると、これはわざわざ自分から殴られに行ったのではないかと思われる事例が出てくる。たとえば孫徳禄の妻がそれである。彼女は夫の代わりに幼児と兄嫁を連れて借金取りに出かけた。座り込みの末に兄嫁が暴力を振るわれて精神不安となってその後死亡し、さらに幼児も突然死亡した。二人の死によって案件はやっと受理され債権の一部が回収された、というのである。[*15]

訴訟制限に効果あり

現存する『巴県檔案』は衙門に提出された訴状のすべてではない。原告が新しい案件として提出した訴状のうち、不准あるいは未准として処理されたものは、しばらく衙門の倉庫で保管された後に廃棄された。百二十一件のうちはじめ不准あるいは未准として処理されたにもかかわらず檔案として現存しているのは、李呉氏の場合のようにその後に提出された訴状によって准（受理）に変更され復活を遂げ、その結果としてブッキングされたものに限られる。

不受理とされ廃棄された案件がどれくらいの数であったのか、まったくわからないが、百二十一件のうち少なくとも十二件が復活を遂げて残存していることは、復活を遂げることなくそのまま廃棄されたものが、ほかに大量にあったことを推測させる。『巴県檔案（同治朝）』〈借貸〉に収録され現存する案件は、放告段階で受け付けられたものの総数のなかで見るなら、ほんの氷山の一角なのかもしれない。

残存する檔案に即して割り出した、殴られることもなく受理された案件が三一パーセントを占めるというのも、廃棄された檔案をサンプルとした残存檔案に含めて計算するなら高すぎるものであり、実際の受理率はこれよりはるかに低いものであったにちがいない。そうだとすれば、批閲の段階でなされる訴訟制限は、有効にはたらいていたと言ってよいであろう。またなかなか受理されないと聞いた多くの原告は、訴状を出すこと自体をあきらめたであろう。この抑止効果を含めるなら、この訴訟制限は大きな効果をもったにちがいない。

3　民事では埒が明かない

区別がなくてある世界

このような偽装によって訴訟制限を突破する方策について、民事案件と刑事案件というわれわれが現在用いる概念をあてはめて、いま一歩考えを進めてみよう。

現代の日本でも中国でも、訴訟と裁判は刑事案件と民事案件に分けて審理される。土地争いや金銭トラブルであれば民事案件であり、傷害事件や殺人事件であれば刑事案件である。ところがかつての中国では刑事と民事の区別はなかった。

明朝も清朝も笞《ち》杖徒流死《じょうとりゅうし》の五刑という隋唐時代に始まる刑罰体系を採用した。そのうち、比較的軽微な案件は州県で笞か杖かを科して結審することができ、府以上へ再審査を求める必要がなかった。これを「州県自理の案」と呼んだ。土地争いや金銭トラブルなどがその代表であり、「戸婚田土の案」（戸籍、税役、婚姻、土地案件）、「尋常訟案」（普通の訴訟案件）と呼ぶものが、おおよそこれに当たる。

「戸婚田土の案」は当時でも殺人や強盗案件を言う「命盗案」と区別されるから、現代の法制史学界でもこれらは「民事的な事案」として説明される。しかし、ときには笞か杖が刑罰として科せられること、さらに軽い場合には掌責（ビンタ）が科せられることもあるから、この説明はもちろん便宜的なものである。また現代日本でたとえば傷害罪といえば刑事案件についていうが、『大明律』『大清律例』「闘殴」によれば、同じ傷害とはいっても相手に与えた傷害の程度によって笞罪から流罪にいたるまでが科せられる。すなわちそれは「州県自理」の範囲にとどまるものからこれを超える「刑事的な事案」にいたるまで、幅広いものを含んでいる。

　李呉氏の場合を見てもわかるとおり、初め単なる金銭トラブルであると見た巴県知県はこれを現代でいう民事案件とみて不受理としたが、彼女がしつこくひどい傷害を受けたと訴えたため、同じ案件なのに現代でいう刑事案件に切り替えて受理とし、検傷役人を派遣した。これはかつての中国では刑事と民事の区別がないにもかかわらず、ある場合にはその区別があったことを示している。

　このようなことがなぜ起こるかといえば、放告の段階では金銭トラブルと傷害事件や殺人事件とはともに内容にわたる審問を受けることなく、区別することなく受け付けたからである。金銭トラブルのような単純な民事案件であれば、おそらく不受理となると予想されるから、李呉氏は傷害事件が起こったと訴状に書くことにより、刑事案件として取りあげてもらうことを願ったのである。

偽装さまざま

李呉氏のように金銭貸借の案件を傷害事件であるとすりかえるほか、現代でいう民事案件を刑事案件、あるいはこれを超えた案件に偽装する方法はさまざまであった。

ある案件はこうである。

もともと寺の財産をめぐって、寺側と寺に財産を寄付してきた檀家側との間で争いがあった。そこにたまたま住職が死去したので、原告である寺側は被告側が住職を殺したかのように訴状に記し、これを前面に押し出して訴えた。

単なる財産争いであれば受理されるかどうかわからないところ、殺人事件となれば受理されるのは当然である。ところが知県の判断により、住職は足を滑らせて転倒死したという結論になったのだが、被告である檀家側にたいして寺の財産は寺側へ返還せよと判決が下りている。寺側のみごとな勝訴である。[*16] これはもともと民事的案件であったものについて、人が偶然死んだのを借りて刑事案件に偽装したものである。

こんな案件もある。

親族間で金銭貸借をめぐってトラブルが起こったが、原告側は被告側の者が原告側の者を賭博に誘いこみ、巨額の借金を負わせたからトラブルが起こったのだと訴え出て、みごとに受理された。これも金銭問題だけではなかなか受理されないため、問題をすりかえてみずから賭博をしたと犯罪を自白し、「肉を切らせて骨を断つ」戦法に出たものと思われる。[*17]

民事的案件を行政案件にすりかえることも、しばしば行われた。とくに十分な証拠もないのに、案件に胥吏や差役が関与していると書きこめば、受理されやすかった。胥吏や差役、さらには官僚が悪事に関係しているとなれば、綱紀と監察に関わるから州県官が当然取りあげねばならなかったからである。一七〇〇年（康熙三十九年）のある上奏文では訟棍の訴訟手口として、「衙役（差役）を引きずりこんで告発し、多くの人を罪に陥れ、訴状が受理されるための巻き添えとする」と言う。[18] また、ある幕学書では、「なんども訴状を出してきて承服せず、そのなかに官僚や胥吏を告発して関係あるものについては、それがほんとうかどうかにかかわりなく、すべて受理して訊問したうえで、真実を得るべきである」と教えている。[19]

民事的案件を倫理案件にすりかえることも行われた。

ある寡婦は亡夫の姪《おい》に田地などを奪われた、殴られ衣服を破かれたと訴えたのだが、「事案は細微である。自警団か一族の者に解決してもらえ」という不受理（未准）とする批示を受けた。そこでこの寡婦は一カ月後、殴られたことなどおくびにも出さず、こんどは自警団と一族の者に訴えたが解決しなかった、姪が立場の弱い寡婦を強制再婚させて追い出し、私が受け継いだ亡夫の遺産を奪おうとしていると訴えなおし、みごとに受理されている。[20] 国家は一人の夫に貞節をつくして独身を通す寡婦を貴いものとし顕彰していたから、これに庇護《ひご》を与える必要があったからである。この寡婦が初めに出した訴状は、はじめから不受理になることを予測して出した「捨て駒」であったのかもしれない。

これらは檔案に記された実例だから、訟師は出てこない。しかし民事的案件の訴訟戦術は、どのような訴状を出したら受理されるかを策謀することから始まるのだから、私はこれらのどれにも訟師の影を感じる。

地方官を信用するより訟師に頼れ

当時のある史料は言う。単純な「戸婚田土」案件であれば、正直な訴状ではなかなか取りあげられない。このため、豪強な者に虐げられ衙門に訴えて裁判してもらうしかないとき、「地方官が審理してくれるのを待て。訟師の言うことをけっして聴いて信じてはいけない」と命じられているのに、人びとは訟師に頼り、「人を驚かせるようなことを言ってでも聴き取ってもらおうとし、その場しのぎでも受理されんことを願い、訊問審理になってから後に、かえって誣告の罪に問われることを考えない」と。[*21]

受理されないと予測して初めから訴状を出さないか、訟師の手を借り虚偽を含んだ訴状でもとりあえず出しておいて、訊問審理の場で実情を正直に言えば、「民の父母」は自分がそうせざるをえなかったことを理解してくれるかもしれないと考えるかは、当事者によってその判断がわかれるであろう。不受理と処理されることが多い情況のなかで、明清時代の中国では、後者の判断をする人びとがけっこう多かったということである。このため、訴状十枚のうち八枚、九枚が「小さな問題を大きな問題であるかのように装い、虚偽をもって実情であると捏造したものである」と言われるほどになった。[*22]

もちろんこれにも、誇張が含まれているであろう。実際に『巴県檔案』を読むなら、なんの虚偽も誣告もそこに感じられない訴状も数多いからである。しかしそれは、虚偽や誣告を含むと簡単に見抜かれる訴状であれば、その多くが批閲の段階で不受理とされて「洗浄」され、檔案として現存しなくなっているからかもしれない。受理される段階で、賄賂などが贈られたのかもしれないが、もちろんこれは檔案に記されない。また、もともと刑事的案件であれば、なにも訴状に大きな虚偽や誣告をまじえる必要はないのである。

ふたつの理念のはざまで

無訟の理念を掲げる国家は、多発する訴訟を減らすためになんらかの対策を講ずる必要があった。ところが国家は一方で、無冤の理念を掲げていた。皇帝、あるいはその代理人である州県官は「民の父母」として、人民の争いや無念の思いはなんでも聴いてやる必要があった。放告の段階で案件を基本的にすべて受け付けたのは、これである。

州県衙門は受け付けた案件をすべて処理し終えることができなくなったとき、治安と秩序に関わる殺人や傷害など現代でいえば刑事案件、さらに行政案件、倫理案件などの処理を優先し、土地や金銭案件など現代でいえば民事案件の処理を極力あとまわしにした。しかも国家は無冤の理念を掲げていたから、法令として作為的な訴訟制限をいっさい設けることなく、その処理を州県官に丸投げしたのである。

全国の州県では訴訟が少ないところも多かったから、統一的な訴訟制限をせずに個々の州県に丸投げするのが合理的でもあった。丸投げされた地方官も訴訟が多発する州県を統治する場合、

図12　『点石斎画報』に見える不准の問題「勤求民隠」（説明によれば、胥吏と差役は訴状が受け付けられるまで賄賂を取るなど妨害するし、幕友も無訟の美談を得ようとする州県官に従い、訴状に「不准」の二文字を書いて突き返す。そこで江蘇省甘泉県のある知県は、衙門門前に木箱を置いて自由に訴状をそこへ入れさせ、毎日自分で箱を開き准と不准に分けた。これによって、人々は逆に訴訟しなくなったという）

民事的な訴状をできるだけ多く不准または未准（不受理）とすることによって、無訟という美名を勝ち取るとともに、処理すべき案件数を減らすことができた。私はここに、中国独特の訴訟制限が生まれた根本原因を見る。またここに、人びとにとってはこれを突破するため訟師が大量に必要であった根本原因を見る。

国家はこのようにして、大量の鬼子を生み出した。裁判理念と訴訟制度を変えないかぎり、当然、大量の鬼子が生まれ続けたし、訴状には大量の虚偽や誣告が書きこまれ続けた。そこで国家が取った対策は、これまで述べた批閲段階での訴訟制限を除くならほとんど唯一、「悪いのは訟師である」として、彼らを厳罰に処することであった。引き続き次章で、これを見ることにしよう。

註

＊1 『光緒欽定大清会典事例』巻八一九、教唆詞訟。また巻一一二、厳禁訟師。
＊2 『申報』一八九七年六月二十七日、書安徽臬憲収用白稟牌示後。
＊3 『于清端政書』巻二、請禁健訟条議。
＊4 『崇禎外岡志』巻一、俗蠹、訟師。
＊5 『万暦将楽県志』巻一、土風、巡按監察御史楊四知諭民息訟告示二道。
＊6 『退思堂集』讞語一、頁一二、二九、三五。
＊7 冨谷至編『江陵張家山二四七号墓出土漢律令の研究　訳注篇』（朋友書店、二〇〇六年、頁八四）。籾山明「秦漢時代の刑事訴訟」（『中国古代訴訟制度の研究』京都大学学術出版会、二〇〇六年、頁六〇）。
＊8 『北溪大全集』巻四七、上傅寺丞論民間利病六条。
＊9 『勉斎集』巻六、復江西漕楊通老。
＊10 『昼簾緒論』聴訟篇第六。
＊11 『州県提綱』巻二、誣告結反坐。
＊12 『福恵全書』巻一一、批閲。
＊13 『巴県檔案（同治朝）』〈借貸〉no. 3480。
＊14 同前書、no. 3471 〜 3548, no. 4169 〜 4210。このうち、ある一件は二件を含む。
＊15 第2章註7、頁八九。
＊16 『巴県檔案（同治朝）』〈命案〉no. 1695。
＊17 同前書〈賭博〉no. 14162。
＊18 郭琇『華野疏稿』巻二、請禁八弊疏。
＊19 『刑銭指南』巻中、詞訟。

＊20　『巴県檔案（同治朝）』〈地権〉no. 2137, 2138。

＊21　『湖南省例成案』刑律訴訟、巻一〇、教唆詞訟、暁諭健訟保甲逞兇恃強軽生囤積各欵、乾隆八年六月十四日。

＊22　同前書、巻八、告状不受理、代書毎詞給銭十文、乾隆六年十二月十八日。

第5章
私代書の容認から処罰へ

1　訴状を代作しても問題なし

唐代から一貫した法律規定

明清時代、訟師のもっとも代表的で重要な仕事が訴状を代作することであったこと、以上のとおりである。これからすれば、訟師とは民間に潜んでいた私設の代書屋つまり「私代書」であったと言うことができる。

訴訟が増えすぎてその減少策が図られたとき、国家が取ったもっともふつうの方策は、私代書としての訟師を取り締まることであった。本章ではこの私代書にたいして歴代政府がどのような対策をとってきたのか、これをまず宋代から明代中ごろに焦点を合わせて語ることにしたい。

国家は当然、文字を書けない民衆にとって代書が必要であることを知っていた。金銭を払って訴状を代作してもらうことも、少なくとも唐代から許されていた。

『大清律例』「教唆詞訟」の条文は、一部分が許容規定からなる。それは「ほかの人が愚かで無実の思いを晴らすことができずにいるのを見て、指図して真実を明らかにしてやる、および人のために訴状を書き、そこに罪を実情より増減して人を誣告したところがなければ、罪にならない」というものである。法文どおりとすれば、自分一人で無実を晴らせないでいる者の訴訟を助けることは、問題なかった。訴訟が少ない世界を前提にしたとき、国家もこのような行為を正義であると認めていたからであろう。王有孚が「訟師有用論」を主張するに当たって、これを根拠としたことはすでに見た。また虚偽や誣告がそこに書きこまれないかぎり、訴状を代作することもまったく問題なかった。

『大清律例』のこの条文は『大明律』「教唆詞訟」の規定をそのまま踏襲したものであるが、その趣旨は清代より約千年前、唐代に編纂された『唐律疏議《とうりつそぎ》』「闘訟《とうしょう》」の一条、「人のために訴状を代作し、実情より大げさにする（諸為人作辞牒、加増其状）」という条文と、基本的に変わらない。唐代でも不正な訴えでないかぎり訴状の代作が認められていた。さらには人を雇って訴状を書いてもらうこと、つまり赤の他人に金銭を払って代作してもらうことも、それが不正な取得（贓《ぞう》）であると見なされないかぎり問題なかった。『宋刑統《そうけいとう》』によれば五代の後周では、訴状を自分で書いたときには自作と書くべきこと、人を雇って書いてもらったときにはその代作者の姓名と住所を書くべきことをはっきり定めていた。[*1] 宋代でも同様であって、『宋刑統』に記される訴訟関連の規定は、『唐律疏議』をほぼ踏襲したものであった。

文章を十分に作れない者が多い社会にあって、しかも訴訟するにあたって訴状の提出を前提とする制度の下で、金銭を払って人にこれを書いてもらうことは、きわめて自然である。ほかの手段を講ずることなくこれを禁じることは、「無冤の理念」に背《そむ》くことであり、儒教に則《のっと》って正義を実現することを標榜《ひょうぼう》する国家にとって、これはみずからを否定するに等しかった。清朝に官代書を設置したのも、私代書を取り締まる代わりにこれを保証したものであった。訴状の代作、さらにいえば金銭の交換をともなうそれは、中国では千年以上にわたって、少なくとも唐代から清代に到る国家の根本法典で、一貫して承認されていたのである。

社会の大変化にもかかわらず

ところがここでも、中国史は宋代で大きく変わるから注意する必要がある。問題は大きく言って二つあった。

第一に健訟の発生である。唐代中期以降になると、たとえば土地の私有制が確立し、土地の売買が自由になるなど、大きな変革の時代を迎える。官僚とともに一般の人びとでも土地を私有するようになると、その所有権や境界をめぐって、あるいは親属の内で行う土地の相続、すなわち家産分割をめぐって、多くの訴訟が起こった。中国では兄弟均分が原則だったからである。また商業も発達し、商取引をめぐり訴訟が多く生まれるようになった。社会は大きく変わった。

第二に、訴状の代書屋が激増した。宋代以降になると科挙が実質的に開かれたものとなり、受験勉強に堪える経済力をもつ者は誰もがこれに参加できるようになった。ところがこれによって、文章を作ることができる下層の知識人が大量に生まれた。そのうち貧しい者は科挙に打ち勝つためにアルバイトとして訴状の代作を行い、健訟を支えた。また、けっきょく成功しなかった落ちこぼれは、専業としてこれを職業とした。訴状の代作は下級知識人にとって、比較的手っ取り早く生活費を稼ぐことができる仕事であったから、科挙をめざさずに初めからこれを職業とする者もいた。ここに訴状を書くことで生計を立てる職業人、生員などでありながら一方で生業として訴状を書く私代書が大量に生まれたのである。

ところが国家は、社会が大きく変わったにもかかわらず、訴訟制度を大きく変更しなかった。その制度はあいかわらず、訴訟が少ないことを前提にして設計されたものであった。代わって国家が取った方策は、訴状の代作を許可するという大法は維持しつつ、私代書が大量に生まれることを取り締まり、さらにはこれを禁止していくことであった。

統治者にとって「民が法を知ること」はプラスか?

訴訟が激増すると、民間で訟学教育が行われるようになった。北宋時代の十一世紀にはすでに、『鄧思《とうし》賢《けん》』という名の訴状の書きかたや、訴訟で相手に勝つやりかたを教える書物があり、村校で生徒に教えられていたという。[*2] 村校とは日本の江戸時代でいえば寺子屋、現代でいえば学習塾である。

これは民間の塾であるが、江西省では州学や県学のような州や県の教育拠点である官立学校でも法律を教えていた。宋代の州はおおよそ明清時代の府にあたる。それは県の一級上に位置する。

一〇〇六年すなわち北宋時代の景徳《けいとく》三年に江南西路（江西省）袁州《えんしゅう》知州として赴任した楊侃《ようかん》によれば、「袁州の人びとの間では訴訟を学ぶことが風習となっており、州の学校では法律を教えることを仕事としていた」と伝える。[3] また訴訟になれば、人びとは「法律の条文を引き例文を示しつつ主張した」という。これは宋代が始まってまだ半世紀も経たないころのことだから、訴訟はまだ後世に比べればはるかに少なく、「訟学」にたいしても国家はまだまだ寛容であったのだろう。

楊侃はまた当時、袁州では「民が法を知る」ことを統治者としてプラスと考えるかマイナスと考えるか、二つの考えかたがあったことを伝えて興味深い。

一般的な考えは、法律を学ぶ風習が人びとを狡猾にして統治しにくいものとする、またこれが訴訟を増やす原因であるとしてマイナス評価するものであったが、これにたいして楊侃は、「民が道理に暗く無知なのが治めにくい原因である」とし、何をやったら法律に背くのかを知るのだから、「袁州の民がみな法を知ってしまっている」ことは統治しにくい原因にならないと主張している。当時、楊侃がこのように主張できたのも、これまたその後に比べるなら訴訟はまだ少なく、訟学教育にたいしてもなお寛容でありえたことを物語っている。

訴訟教育の禁止

しかし一〇八六年（元祐《げんゆう》元年）になると、「生徒を集め訴訟文書を教授するものを徒刑（懲役刑）にあてる」法律が中央政府で立てられた。[4] 北宋時代末期にはすでに、政府は訟学教育をはっきり危険視し禁止するにいたっていた。

南宋時代になると、訟学教育を禁止した法令のひとつとして一一三七年（紹興《しょうこう》七年）、家学として訴訟のやりかたを教習することを禁じたものが出されている。また一一四三年（紹興十三年）には、教書夫子《ふうし》が児童を集めて訴訟用語を教えることを禁じている。教書夫子とは児童にイロハを教える先生と考えられる。

彼らは『四《し》言《げん》雑字』という訴訟用語を盛った書物を教科書として使っていた。『四言雑字』とは明清時代に流行した訟師秘本、訴状を書くときのマニュアル本でも見える、四字からなる訴状で用いる定型用語を盛ったものであろう。十一世紀、十二世紀に児童を対象として訴状の書きかたや訴訟用語を教えていたとは、驚くほかない。これらの禁令はいずれも、現在の江西省で下されたものである。[*5]

やはり南宋時代から元代にかけての江西省では、民間で「訟学」が開かれ、どこでも数百人が勉強していた。そこではたとえば、AとBとを向き合って問答させ、大げさで好戦的な言葉を教えていたという。これは現代の法科大学院、ロースクールで弁護士らを養成するためにやっている教育、学生を原告側と被告側とに分けて対決弁論させる練習を彷彿させるものである。

少なくとも南宋時代の江西省では、国家の統制下に置かれない代書屋がすでに広範に存在していたらしい。国家は正直な訴状であれば誰が書いても問題なしとしながら、訴訟が増加することとこれをもたらす訴訟の専門家が増加することにたいしては、明らかな嫌悪感と警戒心を懐き、これを禁止し処罰しはじめたのである。

ただ訟学教育のなにが悪くて禁止するのか、その禁止令は国法で私代書を容認していることと矛盾しないかどうかについては、そこでは明確に記されない。国家が懐いた嫌悪感と警戒心は、袁州知州の楊侃が伝える「民が法を知る」ことにたいするマイナス評価、すなわち人民を統治しにくくし、訴訟を増やすという危惧と似たものであったにちがいない。先に示したように、清代に山西省平定州で活動していた訟師の郭嗣宗は法律を学び、判例や解剖書をも熟知していたために、地方官たちにおおいに畏れられたという。これは人民が法律を知ることによって、統治される側にある者によって官僚および官僚制の自律性と閉鎖性が破られ、攪乱されるからであろう。

訟学教育がなぜ悪いかは、法令で明確に示されない。じつはここに見える曖昧さや矛盾は、これから千年近くにわたって続くのであって、その最たるものが清代乾隆年間に作られた「積慣《せきかん》の訟棍」処罰令であった。またこれが最終的に解決されるのは、ヨーロッパの影響を受けて新しい法学教育が始められ、弁護士つまり中国でいう律師が公認されはじめた清末民国初期であった。

2　宋代の書舗

訴訟を助ける者は悪報を受ける

訟師という言葉が中国の文献に初めて登場するのは南宋時代後期である。[*6] 訟棍という言葉は宋代にはまだなく、訟師に似た者を「健訟の人」「騒動屋（譁徒《かと》）」などと呼んだ。
『名公書判清明集《めいこうしょはんせいめいしゅう》』（『清明集』）という史料は、この時代の訴訟と裁判の実態を記す史料として貴重である。それは名公つまり「名裁判官」たちの判決集である。

そこには「訟師」という言葉が三回出てくる。このうち二つでは両方とも、生員などなんらかの特権をもつ者が、衙門に出入りして胥吏とグルになり、傍若無人にふるまい訴訟裁判を牛耳る者として描かれる。[*7] これら宋代の文献によるかぎり、当時「訟師」と呼ばれる者は、「健訟の人」のなかでもよほど大物であったらしい。このような訟師像は、大なり小なり清末まで各史料で出てくるが、とくに『清明集』を中心とした宋代史料で顕著である。

ただ健訟の人らがやっていたもっともふつうの仕事は、やはり訴状を代作することであった。南宋時代から清末にかけて、訟師など人の訴訟を助ける者は悪報を受ける、と官民をあげて宣伝された。[*8] それらのうちで圧倒的に多いのは、訴状を代作したために悪報を受けた、という説話である。南宋に作られた勧善懲悪の書『楽善録《らくぜんろく》』でも、ある男の父が悪報を受けるにいたった原因は、その父が「前世で訴状を書く人」であったからだとされている。これは宋代でも、訴訟裁判に関わる仕事のなかで、訴状を代作することがもっとも代表的なものと考えられていたからであろう。訟学で『四言雑字』が教科書とされたのも、訴状作りのために定型句を覚える必要があったからである。

福建省漳州の「自訟斎」

南宋の人陳淳《ちんじゅん》の『北溪《ほくけい》大全集』「上傳寺丞論民間利病六条」は、生員たち健訟な者が訴状を針小棒大な表現で書いていたことを示す史料として、すでに前章で紹介した（本書九八ページ参照）。そこではさらに、彼の郷里である福建省漳州《しょうしゅう》の訴訟情況を次のように記している。

> 漳州には健訟な者がおり、衙門の胥吏らを手下にして訴訟裁判を牛耳っている。ある官僚が漳州知州に赴任してきて、訴訟を助ける者たちを退治しようとして州衙門の後園、おそらくは先に述べた内衙中の庭園に「自訟斎《じしょうさい》」という建物を置いたという。自訟とはもと『論語』に見える言葉で、自責することと反省することである。だからこれは訴訟の片棒を担いだことを反省させる軽監獄である。
>
> 自訟斎とは知識人専用の反省房であって、彼らをここへ監禁して『論語』などを教材として読ませている間は訴訟を幇助《ほうじょ》できない。彼らを一年中ここへ監禁し帰宅させなかったところ、翌年になるとこれによって訴状の提出は一日三十枚にも満たなくなった。ところが次に赴任して来た知州が自訟斎を廃止したから、訴状の提出は一日四百枚から五百枚にはね上がったという。

訴状を代作する者を一年間監禁しておけば、提出される訴状が大幅に減少するのはあたりまえである。訴訟の多発が訟師あるいは健訟の人らによる訴状の代作と密接な関係にあったこと、生員など下級知識人が多くこれになっていたこと、訴訟の多発を憂える統治者が彼らを目の敵《かたき》にしていたこと、これを漳州における「自訟斎」はみごとに物語っている。

案件処理能力が限界に?

先に私は、清代には「デタラメなところがなければ訴状にならない」ということわざがあったことを紹介した。さらに南宋時代の史料を四つ挙げて、このことわざも、少なくとも南宋時代にまでその始まりをさかのぼって考える必要がありそうだ、と述べた。南宋時代にすでに、訴訟が県衙門、州衙門の処理能力を超えるほど多くなっていた可能性があるからである。

誣告がなぜ多くなされるかというと、『州県提綱《ていこう》』では、これによって相手に迷惑をかけ強請《ゆす》りたかりを図るためだとされる。ところが『昼簾緒論《ちゅうれんしょろん》』では、なぜ殴られたら殺傷されたと訴状に書き、金銭を求められたら掠奪されたなどと書くかと言えば、これによって「お上が必ず相手を召喚し処罰してくれるのを願う者も多い」からだと説明される。

そうだとすれば南宋時代でも、小さな案件として訴えるだけであれば、その訴状は不受理とされることがあったのかもしれない。

ただ宋代の史料では、批閲の段階で案件の多くを不受理にしたという記録がほとんど見当たらない。その代わりに宋代の史料では唐代のそれに比べて、未決案件がたまりにたまっている、優秀な地方官が赴任して来てこれらを綺麗に処理してしまった、その在任中は未決案件を残さなかったなどという記事が格段に増えてくる。

そうだとすれば、人びとが誣告まがいの手段を使ってでも「必ず召喚し処罰してくれるのを願う」のは、宋代では衙門で案件を多く不受理にしたからというよりも、そこで未決案件を数多くためこんでおり、しばしば審理を迅速に進めてもらえなかったからかもしれない。
そのいずれにしても、宋代、少なくとも南宋時代には訴訟が多くなりすぎ、多くの衙門では案件を処理しきれる限界を超えつつあったようである。

書舗

宋代には公認の代書屋が設けられていた。清代の官代書によく似たものが、宋代にすでに置かれていたのである。

官代書に当たるものを宋代では「写状鈔《じょうしょう》人」などと呼び、彼が開く店舗を「書舗《しょほ》」と言った。これについては北宋の史料、一一一七年（政和《せいわ》七年）に書かれた官箴書『作邑自《さくゆうじ》箴《しん》』巻五に、比較的詳しい記述が見える。これによれば書舗には看板（木牌）と木印とが衙門から与えられ、これを掲げなければ営業できず、またそこで代作した訴状には木印を捺すべきことが定められていた。つまり書舗とは官許の代書屋であり、官庁の帳簿に登録され、規定に違反すれば官許が取り消された。木印には写状鈔人の住所と姓名、「官押」が書きこまれていたという。官押とは当該官僚の花押であろう。そうだとすれば、清代の代書戳記とそっくりである。

訴訟当事者たちが書舗で木印を捺してもらわなければ訴状を衙門に提出できなかったかどうかは、『作邑自箴』では記されない。しかし南宋時代に地方官をやった朱熹《しゅき》（朱子）が作った規定では、「官人、進士、僧侶・道士、公人（職役つまり衙門を助けて労役に当たる民間人）」は自分で訴状を書いてもよいが、一般人民は書舗で訴状を書いてもらってから衙門へ提出すべきもの、と定めていた。[9] 朱子の弟子である黄震《こうしん》も、これとよく似た通達を出している。

行政サービスの提供

このように宋代の書舗と清代の官代書とは、一見すればよく似ている。しかしそれを設置した目的が大きくちがっていたようである。

清代に官代書を置いた目的は、なによりも訟師を訴訟のプロセスから締め出すことにあったが、宋代に書舗を置いた目的は、ひとつには住民にたいする行政サービスであり、ひとつには衙門で訴状を受け付ける前に訴訟の内容について初歩的な審問をさせるためであった。このため宋代の書舗は、清代の官代書よりもはるかに強い官庁補助機関としての性格をもっていた。

書舗を経営する者を「写状鈔人」と称したこと、すでに述べた。「鈔」とは納税証明書である。[10] 書舗がここでやっていたのは訴状を代作することだけではなく、納税者の名前や納税額、納税年月など必要事項を書きこむことでもあった。

これから見るなら、宋代に書舗を置いて訴状の代作をさせていた大きな目的のひとつは、文字が書けないために自分では訴状を作れず、また納税証明書を受けとる者のために、国家が手助けをしてやることであったと考える。

『作邑自箴』の規定によれば、書舗に下げ渡される木印には、その書舗が「都市のどの街、どの郷村にあるのか」、書きこむことになっていた。清代の代書戳記にはそのようなことは書きこまれない。清代の官代書といえば、都市の衙門の門前近くに店を構えるものと決まっていたからである。

宋代の書舗は郷村にも置かれていた。その目的は、訟師を排除するためではなく、そこに住む人びとにたいして、彼らも訴訟できるよう行政サービスを提供するためではなかったか。『唐律疏議』や『宋刑統』で、一般人民が他人に金銭を払って訴状を代作してもらうことを許している以上、書舗の設置は納税のために便宜を図るのと同じく、国家がとった当然の措置ではなかったかと考えられる。

書舗を置いたもうひとつの目的は、衙門で訴状を受け付ける前に案件についてそこで初歩的な審査を行わせ、それが受理されるにふさわしいものかどうか、簡単なチェックをさせることであった。『作邑自箴』巻八には、書舗のなすべき仕事として「人びとが訴状を書いてもらいに書舗へ来たら、書く前に仔細に審問しなければならない」と定めている。明清時代には訴訟プロセスは放告、批閲そして審訟（聴訟）の三段階からなり、案件を受理するかどうかの判別は批閲の段階でなされていた。宋代では放告（受詞）の前段階で、受理するかどうかの判別も、一部書舗に行わせていたのである。

元代には

元代の史料では、書舗は状舗《じょうほ》とも呼ばれ、写状鈔人は書状（書状人）、写詞状人として出てくる。『元典章《げんてんしょう》』巻五三、訴訟、籍記吏書状によるかぎり、状舗は官庁補助機関としての性格を依然として大きくもっていた。このような性格から来るのであろう、状舗は一種の独占企業であったから、なんのかんのと手数料つまりは賄賂を依頼者に要求し、これに応じて彼らの有利になるよう、逆に不利になるよう書きわけていた。このため一三〇七年（大徳十一年）、民間人を選んで状舗で代書させるのをやめ、胥吏のなかから書状人を選抜することにしている。これから見るなら元代でも、南宋と同じく書舗（状舗）で作成された訴状でなければ、衙門は受理しなかったようである。

また『元典章』聴訟、至元《しげん》新格の一条では、民間の訴訟では婚姻や田土問題のものがはなはだ多いとして、各地の官庁は「写詞状人にはどのような案件を訴訟すべきで、どのような案件を訴訟すべきではないかを知らせなければならない」と定めている[*11]。これによればこれまた元代でも宋代と同じく、書舗（状舗）の書状人には訴状の内容について初歩的な審問を行わせ、それが訴訟すべき案件かどうかをチェックさせていたようである。

3　明代の里老裁判制

庶民自身に裁判させる

宋代から清代に至る歴代政府のうちで、訴訟減少策としてもっとも抜本的な方策を打ち出したのは明朝であった。里老《りろう》裁判制がそれである。

それは簡単に言えば、訴訟案件を「戸婚田土」案件つまり民事的案件と「命盗」案件つまり刑事的案件にわけて、前者は州県衙門が指導して庶民自身に裁判させ、後者だけ州県衙門で裁判するものであった。元代の文献でも「民間の訴訟では婚姻や田土問題のものがはなはだ多い」と言っているのだから、この新しい制度によって膨大な民事的な訴訟案件がスッパリ切り取られ、郷里に留め置かれて州県衙門に上げられる案件は激減したはずである。

明代の郷村統治は里甲《りこう》という組織を基礎としていた。それは比較的富裕な十戸の里長戸と一般農民百戸の甲首戸、これに付属として何戸かを加え、合計百十戸余りからなる組織である。一里長戸は十甲首戸を率いて、一年ごとに順繰りに国家の定めた徭役《ようえき》（労役）に当たった。

訴訟と裁判についても「戸婚田土」案件であればつとめてこの里甲の内部で、あるいは数里を束ねた行政単位としての都《と》で、さらに数都の上に置かれる郷《きょう》という単位の内部で判決を出すように命じ、郷の上の州や県にまで訴訟を直接持ちこむことを禁止した。この際に裁判に当たる者として定められていたのは、「老人」という職役《しょくえき》に当てられた庶民自身であり、これに「里長」などの職役にある者が協力した。

中国の前近代には民事法廷はなかったという主張がある。しかし戸婚田土案件を民事的な案件であるとするのであれば、中国でも里老裁判制という国家が定めた純然たる制度として、まちがいなしにそれはあった。

役得がなければやっていられない

職役とは、地方政府の公職を庶民の労役としたものである。庶民が庶民を裁くのだから、一見すればそこでは民衆法廷が開かれていたかのようである。ヨーロッパで、たとえば古代アテナイでも、裁判は市民が市民を裁く民衆法廷で行われていた[*12]。ところが古代アテナイの場合、裁判人となった市民には俸給が与えられていたので多くのものがこれになりたがったのにたいして、老人にしても里長にしても裁判に当たることは職役であり、徭役つまりは強制的な義務労役であったから、多くこれから逃れようとした。

老人や里長となることは、税糧《ぜいりょう》（年貢）を州県衙門や南京、北京まで運搬したり、堤防工事のためにつらい労役に駆り出されたりするのとなんら変わりがない。誰もがいやである。いやいや駆り出されたのなら、なんらかの役得《やくとく》を代わりに取らねばならない。そこでの裁判は公平さと適正さを欠くものとならざるをえない。

永楽《えいらく》年間を過ぎたころになると、老人が私腹を肥やす、公平な裁判をしないという批判が相次ぎ、里老裁判では決着がつかず州県衙門に「上控」されるもの、あるいは里老裁判を経ることなく直接に「越訴《えつそ》」される案件が増えていったのは当然であった。こうしてついには、民事的案件でも直接に州県衙門へもちこむのが普通な、宋元時代と同じ情況に戻ってしまったのである。

徽州文書に見える「郷里の状」

しばらく前に安徽省徽州《きしゅう》地方で発見された古文書が整理公開され、明代史研究は大きく進展した。徽州文書のなかに訴状を県に提出する前にまず里甲（里長）、老人に提出したと記す文書がいくつか残っている。[13] これを「郷里の状」「都中の状」などと呼んだ。ここで言う郷里、都とは、県の下にある郷―都―里―甲の郷里あるいは都である。つまり里老裁判であっても口頭で訴えるといった簡便なものではなく、わざわざ訴状を書いて訴えていたのである。となれば、「郷里」には訴状の代作者が数多くいたはずである。

図13　安徽省黄山市歙《しょう》県の律師（弁護士）事務所（清代徽州府衙門があった附近。1998年著者撮影）

宣徳《せんとく》年間つまり十五世紀前半になると、況鐘《きょうしょう》という蘇州府知府の報告に、「自分が復任した当初は、毎日訴訟する者が一千余人を下らなかった」と言うほど、府にもちこまれる訴訟は多くなっていた。[14]

先に私は、幕友が史料で初めて登場するのは明代の正統年間、十五世紀前半にまでさかのぼるとし、これが必要となったのは地方官の事務量が激増したからだと述べた。正統年間とは宣徳年間の次である。このころ郷村から州県にもちこまれ、さらには州県から府へ上控される訴訟案件が激増しており、里甲制の崩壊とこれにともなう里老裁判制の機能不全こそが幕友を必要としたと考えるからである。ではこの里老裁判制のもとで、訴状は誰が書いていたのだろうか。これを示す史料として、王臬《おうげつ》『遅菴《ちあん》先生集』をまず紹介しよう。

郷村の「ずる賢いやから」

一五二七年（嘉靖《かせい》六年）、山東省東昌《とうしょう》府知府として任地に到着した王臬は、訴状の代作にかかわるお触れを出した。このうち二条を要約すれば次のとおりである。

（一）ずる賢いやからが郷村に潜り住み、人にかわって訴状を捏造して書いている。彼らは身銭がほしいだけで、訴えの内容がほんとうかどうかを考えない。提出されてくる訴状が多いのは、すべて彼らのせいである。そこで東昌府下の州と県に申しつけて老人や里甲の人に次のことを命じる。すなわち、その区域内で訴訟や裁判によく通じており、訴状を書くことができる者すべてを州県に通報させよ。彼らのうちから日ごろの行いが正しい者を一州一県ごとに二人か三人選び、彼らには官印を押した証明書（印帖）を与え、州県衙門の門前に順繰りに住んで訴状を代作するのを許可する。訴状一件につき代書代は銭十文とする。官印を押した証明書なしで勝手に訴状を書くのを禁止する。これを見つけければ律に依って厳しく処罰する。

（二）最高学府の学生（監生）、生員、胥吏（吏典）、僧侶・道士は自分で訴状を書くことを許すが、一般庶民は官印を押した証明書を持つ者に代書してもらわなければならない。さらに写状人（代書人）の姓名を訴状の後に書かねばならない[*15]。

これによれば当時、都市だけではなく郷村にも私代書たちがいっぱいいたらしい。と言うより、王臬はこれを郷村の問題だとしている。このころには里老裁判制が機能不全を迎えながらも、まだ十分に生きていた。だからこそ王臬は、老人や里甲の者にたいして、郷村で訴状を書いている者を通報してこいと命じたのである。洪武、永楽の時代であれば、先に述べた「郷里の状」「都中の状」は、彼らが書いていたにちがいない。『徽州千年契約文書』に収められた一四六九年（成化五年）の訴状は徽州府祁門県衙門に提出されたものであるが、そのなかでこの案件の訴状はもと「里老に提出した」と述べている[*16]。

つまり当時は私代書が郷村に数多く住んでおり、彼らは一方で「郷里の状」「都中の状」を書き、一方で州県衙門へ提出する訴状をも書いていたのである。とすれば彼らは官代書か私代書かと言えば私代書であるが、後の訟師と違って「郷里」で公認されていたはずである。

図14　1469年（成化五年）徽州文書の訴状（祁門県衙門へ訴え出るまえに、里老に訴状を提出した、との文言が見える。成化五年祁門謝玉清控告程付云砍木状紙［『徽州千年文書』第一冊、頁186］）

支離滅裂なお触れ

公認されている数多くの私代書をなぜ取り締まるのか。

王臬がこのような通達を出したのは、「提出されてくる訴状が多い」という情況をなんとか改善し、これを減らそうとしたからであった。そのためには訴状を代作する者を取り締まるのが手っ取り早い、と考えたのである。

ところがこれを取り締まる口実が、訟師へのそれとはまるでちがっていた。

訟師を取り締まる口実は、彼らが訴状を代作するとそこに虚偽や誣告を入れこむからだ、というものであったが、ここで王臬が非難しているのは、郷村の私代書たちは訴訟当事者たちが言うとおりに訴状を書くだけで、「訴えの内容がほんとうかどうかを考えない」からだ、というのである。言い換えれば訴状を捏造するのは依頼者当人のほうであり、私代書ではないのである。

かつて宋代では、書舗を営む公認の代書は「人びとが訴状を書いてもらいに来たら、書く前に仔細に審問しなければならない」と義務づけられていた。これにたいして明代に郷村で私代書をやっていた者は、依頼者が言うとおりに書くだけであった。里老裁判制の下での彼らの役目はもともと、審問を加えることではまったくなく、訴訟当事者の訴えをそのまま文字にするという、質朴なものであった。

王臬は一方で、「ずる賢いやからが訴状を捏造して書いている」と言いながら、一方で、彼らは「訴えの内容がほんとうかどうかを考えない」と言っており、そこに矛盾があることに気づいていない。では、なぜこのように支離滅裂な通達を彼は出したのか。

それは州県衙門へ提出されてくる訴状を減らそうとして、それまで里老裁判制の下で代書をしていた彼らにたいし、なんらかの難癖をつける必要があったからである。

「提出されてくる訴状が多いのは、すべて彼らのせいである」と王臬は言うが、郷村に住む私代書は公認され、明代初めからいたはずである。とすれば、彼らの存在が州県衙門へ提出されてくる訴状を増やした根本の原因であるはずがない。彼らがいなければ、「郷里の状」や「都中の状」の書き手がなく、里老裁判は成り立たない。彼らがかりに質朴で正直な訴状を書いていたとすれば、私代書を容認する国法『大明律』から見て、これを取り締まることはまったくできない。だから王臬は、彼らが「訴状を捏造している」という口実をもちだしたのである。

項喬のお触れ

王臬による通達が出されたのと同じころ、江西省撫州府《ぶしゅう》で出されたお触れが残っている。項《こう》喬《きょう》『甌東政録《おうとうせいろく》』に見えるものである。

項喬は一五三五年（嘉靖十四年）に江西省撫州府知府となって赴任すると、ただちに「訟師を禁止してその職を取りあげ、各地を安全にする件」というお触れを出した。それはおおよそ次のような内容であった。


撫州府下の臨川《りんせん》県など六県では、各家庭で教師を招き子どもの教育に当たってもらっているが、読書を大切なこととは考えず、もっぱら訴訟のやりかたを勉強して将来これで生計を立てようとしている。だから教書の人はその多くが訴訟に関係した者どもである。一軒で一人に来てもらう場合もあれば、三軒で一人に来てもらうなどさまざまであり、これを「教書夫子」と呼んではいるが、じつのところは訴訟を教えているのである。

　このように民間人の子弟に若いときから訴訟のやりかたを学習させるから、彼らは大きくなっても自分がまちがったことをやっているなどとはまったく気づかず、もっぱら訴訟をもって生活している。ちょっとした不平でも重大事件だと捏造し、やたらと訴えてやめない。（当事者たちは）問い詰められてウソがばれると、「この訴訟をやっているのは教書先生です」、と暴《あば》き立てる。


　このような実情をもとに、項喬は次のような命令を下している。

第一に、各県の知県はこのような教書夫子を探し出し、彼がさかんに訴訟することで有名であれば、十日間の内に逮捕し撫州府へ護送しなければならない。

第二に、教書夫子をやっている者を集めて県でテストし、善良な者は教育に従事させるが、そうでない者は教書夫子を止めさせよ。[*17]

　これによれば、江西省撫州府では、明代中ごろになっても、訟学教育のために家庭教師を付けていた。「教書夫子」とは宋代の一一四三年（紹興十三年）に法令が出され、「江西の州県には教書夫子と称する者がおり、児童を集めて『四言雑字』などを教えている」と指摘され、禁止されていた人びとである。

　あれから四百年近くが経過していたが、江西省では教書夫子があいかわらず訟学教育をやっていた。そこでは明初に里老裁判制が敷かれても、依然として独特な訴訟文化が土着文化として生きつづけていた。ただ宋代とちがって、項喬は教書夫子のように訴訟界の大物でもない者をも、「訟師」とはっきり呼び替えている。おおよそこの時代から、訴状を代作するだけの者でも訟師と呼ぶようになる。

訴訟文化の隣省への伝播

　このような独特の訴訟文化があったからだろうか、ここでまたしても、「戸婚田土や殴り合いのようなつまらぬことを殺人だ強盗だと誣告して、お上の注意を引く。お上は殺人や強盗であれば受理しないことなどあろうか」と項喬は述べている。江西省では十六世紀前半にすでに訴訟件数が多く、民事的案件は受理されにくくなっていたようである。

　江西省の「教書夫子」文化は、隣の省にも伝播した。魏校《ぎこう》『荘渠遺書《そうきょいしょ》』によれば、江西省と境を接する広東省南雄では、「戸籍不明の外省の者が省境の山脈を越えて教書に来ており、もっぱら子弟に法律を読ませており」、訴訟を教唆しておおいに民の害となっているから、これを重罪に当てよと述べている[*18]。「省境の山脈を越えて南雄へやってくる」と言えば、江西省からやって来たものにちがいない。魏校がこの文章を書いたのは一五二二年（嘉靖元年）であるから、江西省撫州府における教書夫子の活動を伝える史料とほぼ同じ時代である。

これは広東省南雄《なんゆう》だけのことではなく、たとえば安徽省（南直隷《なんちょくれい》）徽州など江西省と境を接する地方も、隣省から訴訟文化の影響を強く受けたであろうことを示している。徽州はすでに宋代から健訟の地として有名であった。

註

＊1 『宋刑統』巻二四、越訴。

＊2 宮崎市定「宋元時代の法制と裁判機構」（『宮崎市定全集』第一一巻、岩波書店、一九九二年、頁二〇六）。

＊3 『正徳袁州府志』巻一三、新建郡小庁記。

＊4 『続資治通鑑長編』巻三七四、元祐元年四月癸巳。

＊5 『宋会要輯稿』刑法二の一五〇。

＊6 戴建国「南宋基層社会的法律人――以私名貼書、訟師為中心的考察」（『史学月刊』二〇一四年第二期、頁一一）。

＊7 『名公書判清明集』（中国社会科学院歴史研究所宋遼金元史研究室点校、中華書局、一九八七年、頁四七三、四八一）。

＊8 尤陳俊「〝訟師悪報〟話語模式的力量及其複合功能」（『聚訟紛紜：清代的〝健訟之風〟話語及其表達性現実』北京大学出版社、二〇二二年、頁三五七）。

＊9 『朱文公文集』巻一〇〇、約束榜。

＊10 陳智超「宋代的書舗与訟師」（『劉子健博士頌寿紀念宋史研究論集』同朋舎［京都］、一九八九年、頁一一三）。

＊11 『元典章』（陳高華・張帆・劉暁・党宝海点校、中華書局・天津古籍出版社、二〇一一年、頁一七四八）。

＊12 アリストテレス『アテナイ人の国制』（『アリストテレス全集』19、橋場弦・國方栄二訳、岩波書店、二〇一四年、頁一七六）。

＊13 中島楽章「明代後期、徽州郷村社会の紛争処理」（『明代郷村の紛争と秩序――徽州文書を史料として』汲古書院、二〇〇二年、頁二三八）。

＊14 『況太守集』巻八、請給通関勘合及禁詞訟牽告奏（江蘇人民出版社、一九八三年、頁九〇）。

＊15 『遅菴先生集』文集、巻二、公移、知東昌到任榜文。

＊16 王鈺欣・周紹泉主編『徽州千年契約文書』第一冊（花山文芸出版社、一九九一年、頁一八六）。

＊17 『甌東政録』巻上、巻二、一、禁諭士民事。

＊18 『荘渠遺書』巻九、右仰南雄府抄案転行各州県遵行。

第6章
積慣の訟棍

1　清代の訟師撲滅作戦

『醒世姻縁伝』

前章では、もともと国法で認められていた私代書が取り締まりの対象となる情況について、これを明代中ごろまで追った。

本章ではまず小説を史料として使ってみたい。西周生《せいしゅうせい》著『醒世姻縁伝《せいせいいんえんでん》』である。『醒世姻縁伝』の舞台が、山東省西部であることは明らかであるが、西周生とは『聊斎志異《りょうさいしい》』の作者でもある蒲松齢《ほしょうれい》のペンネームなのかどうか、書物となったのは明末の崇禎年間なのか清初の順治《じゅんち》・康熙年間なのかなど、この書が胡適《こてき》による大胆な仮説によって有名なものとなってからすでに一世紀近くが経つが、いまだに定説を見ない。ただそこに醸し出される雰囲気からすれば、

図15『醒世姻縁伝』挿絵（翟冰校点、斉魯書社、1994年本）

これは明末の世相を描いたものだというのが、私の感触である。

　ここで『醒世姻縁伝』を取り上げるのは、そのなかに五人の訴状の代書屋が出てくるからである。代書屋は「写状」する者と書かれるが、代書と書き換えられる者もいる。五人のうち一人は、訟師とも書き換えられる。それは第八十九回に出てくる人物で、ほかの四人は名前が記されるが、彼一人は名前も伏せられている。おそらくは山東省繡江《しゅうこう》県（これも架空の地）県城内で営業しているようであるが、これも伏せられている。これはおそらく、作者による意図的な描写である。[*1]

　小説後半の女主人公薛素姐《せつそじょう》は、仲の悪い夫を亡き者とすべく、「夫は妾《めかけ》とともに国家を転覆せんと企てている」と衙門に誣告しようとする。そこで彼女は「訟師」の家を訪れ、訴状を作ってもらおうとした。

　彼女から訴えの内容を聴いた訟師は、ただちにこれは怪しい、完全な誣告ではないかと疑った。そこで彼女に、「デタラメだとわかれば、あんたが誣告罪になるだけではなく、訴状を代作した私も捕まえられて打たれますよ」と告げた。しかし薛素姐は「夫が謀反を企てていると妻が自首して出てきたんだから、ほかになんの証人や証拠が必要ですか」と言う。訟師はこんな訴状を書きたくなかったが、書いてくれれば一両はずむよという彼女の甘言に誘われ、大胆にも筆を執《と》った。

訴状を読んだ知県は、はたして荒唐無稽なことと疑った。謀反の計画について彼女を訊問しても意味がないと考えた知県は、訴状の末尾に書かれている「代書」の名前を手がかりに、この代書を呼び出し、「なぜデタラメな訴状を書いたのか」と問い詰めた。

代書つまり訟師はこれにたいして、自分もデタラメな訴えだと思ったが、ひとつには妻の自首であること、二つには国家にたいする謀反という大事件であるから書かざるをえなかった、と答えた。知県はこの返答をもっともと考え、代書にたいして処罰は加えなかった。

話とはおおよそ以上である。

私代書登録制度では訟師も公認代書

さてこの話、訟師がむやみと虚偽や誣告の訴状を代作するのではなく、逆に依頼者が誣告しようとしていると見抜いて諫めているのが興味深い。ほかの四人の代書も、みな依頼人の言うとおり訴状を代筆しただけで、彼らが意図的にこしらえた虚偽や誣告は書いていない。

また、この訟師の場合、訴状の末尾に「代書」の名前が記され、これによって訴状を代作した者をたぐり出せたという。どうやらこの訟師は、「代書」という肩書きで県衙門にその名が登録されていたらしい。衙門で彼は訟師ではなく「代書」であったから、衙門で取り調べられたあとでも、なんの処罰も受けなかった。

また第七十四回に出てくる趙先の事例がある。

彼は武《ぶ》生員《せいいん》でありながら、済南府衙門の前で店を開き、訴状を代作して暮らしていた。彼は新式訴状の書き手として目立ちたく思い、新奇な書式でこれを書いた。ところが逆に知府には生意気だと睨《にら》まれて不興を買い、このため「代書という職を辞めさせる」処分をうけたという。『醒世姻縁伝』が書かれたころには、代書は衙門に登録されており、不始末をしでかせば呼び出され、登録を抹消され職を取り上げられていたのである。これから見れば、私代書登録制度が行われていたと見てよい。

明末崇禎年間に出版された陳龍正《ちんりゅうせい》『幾《き》亭《てい》全書』では、訟師を解散させてこれをテストしたうえ、官代書人とすべきこと、訴状は彼らが書いたものでなければ受理しないことを提言している。[*2]

清代の康熙年間にはすでに、各地でそれぞれ官代書が置かれ代書戳記が用いられていた。雍正年間に官代書の制度が行われるようになったのは、このような私代書登録制度や各地ですでに行われていた官代書制度を統一し、国家レベルで始めたものにほかならない。

いちだんと厳しくなる私代書の取り締まり

清代の訟師対策は明代のそれに比べてはるかに厳しいものとなった。一七二五年（雍正三年）の訟師禁止令、一七二九年（雍正七年）の官代書設置命令、一七四二年（乾隆七年）の訟師秘本禁書令と続き、とどめは一七六四年（乾隆二十九年）に「積慣《せきかん》の訟棍」にたいする法令が出されたことであった。これらは一連の動きである。

一七二五年の訟師禁止令では、あわせて訟師を畏れて取り締まらなかった地方官を処罰すると定められたが、いっこうに訟師を退治できなかった。このため一七三六年（乾隆元年）には、吏部《りぶ》がより明確な法令を打ち出し、勤務評定をより厳しくして訟師を畏れてその退治に尻ごみする地方官を降格処分とすることにした。

このときの議論によれば、清代の吏部官僚たちも宋代『清明集』の「名公」と同じく、「訴訟がいっこうに減らないのは人民（小民）が訴訟好きだからではない。じつに訟師が人民を訴訟に導くのだ」と、訟師をやり玉に挙げた。彼らが「受理（准）されるようにしてやるぞ、訴訟に勝たせてやるぞと請負い金もうけを図るから、つまらぬ問題でも連年訴訟が続くことになるのだ」と、訴訟が頻発する責任はすべて訟師にあるとしたのである。[*3]

これまで私は、人民（小民）は国家が取る訴訟制限策のなかで訴状がなかなか受理されないのに困り果て、その代作を訟師に頼まざるをえなかったことを、当時の地方志や地方官の証言、さらには檔案による統計などをもとにして述べてきた。ところが彼ら官僚たちはこの現実をいっさい無視した。彼らは昔からある政治思想と訴訟制度を基本的に引き継ぎ、抜本的な改革を図る代わりに、「そもそも訟師とは生まれつき狡猾な徒である」とし、これを厳重に取り締まることこそ、もっとも有効な訴訟減少策だとしたのである。

常習犯を死刑一歩手前の重罪に

ところが地方官を降格処分にするぐらいでは、私代書つまり訟師を退治できなかった。そこで取られたのが彼らを「積慣の訟棍」と見なし、これを死刑一歩手前の重罪に処するという思いきった政策であった。こんどは刑部である。

一七六四年（乾隆二十九年）、「積慣の訟棍」にたいする法令が定められ、これが『大清律例』「教唆詞訟」の律文に例文として加えられた。「積慣の訟棍」とは「常習犯としての訟棍」「常習犯としての訴訟幇助者」である。

その内容はおおむねこうである。

> 訴訟を審理して教唆に当たった中心人物を究明した場合、罪状が重くて不正な取得が多く、実際に死刑を受ける死罪の判決を受けた者、およびたまたま人のために訴状を代作し実情と異なる（情節不実）ことを書いた者については、もとからある律文に照らして調査し処罰するほか、積慣の訟棍で、胥吏と気脈を通じ、田舎の愚かな者を丸めこみ、金銭を巻き上げ、審問の結果これを実際にやっていたとわかれば、「棍徒が悪事を生み害を与えた」という条例に準拠して、雲南、貴州、広東、広西省の極辺か煙瘴《えんしょう》の地に発して充軍させる刑に問う。

煙瘴の地とはマラリアなど風土病が激しい土地である。煙瘴の地への配流《はいりゅう》はその後、郷里から四千里離れた極辺への配流と改められ、この場合、「積慣の訟棍」には「煙瘴改発」という入れ墨がその顔に彫りこまれた。充軍とは明代に、流刑より重い死刑一歩手前の刑として加えられたが、清代では流刑とほとんど変わらない。ただし極辺か煙瘴の地あるいは四千里離れた地に発して充軍させるとは、通常の流刑のうち最も重いものが三千里であるから、これよりより重い死刑の一歩手前である。

この法令は『光緒大清会典事例』の「教唆詞訟」の条に載っているから、これが編纂された一八九九年（光緒二十五年）まで続いていたことはまちがいない。

「積慣の訟棍」条例の曖昧さ

この法令は「胥吏と気脈を通じる」以下にいくつかの条件が付けられているから、対象となる法令違反者ははっきりしているかのようであるが、けっしてそうではない。

第一に疑問となるのは、「積慣の訟棍」には正直な訴状、つまり虚偽や誣告のないものを何枚も書いた者でも含まれるのだろうか。

『大清律例』「教唆詞訟」の本来の律文には、偽りのない訴状を代作した場合には罪にならないとはっきり記してあるのだから、正直な訴状であれば何枚書いても「積慣の訟棍」ではないはずである。また「積慣の訟棍」を禁じるこの例文の出だしでは、「たまたま人のために訴状を代作し実情と異なる（情節不実）ことを書いた者については、もとからある律文に照らして調査し処罰するほか」、と除外規定を定めている。だからこれに続く「積慣の訟棍」の規定は、虚偽や誣告を訴状に書きこんだ者を除くはずであり、正直な訴状を数多く書いたのだが胥吏と気脈を通じるなどの不正行為があった者だけを示しているかのようである。しかしはたしてそうなのか。

第二に、「積慣の訟棍」とは、いま述べたとおり「常習犯としての訟棍」であるが、では何回ぐらい訴状を代作した者を常習犯と見なしたのだろうか。

じつはこの二つの点が曖昧であったことが、後に見るようにあれも「積慣の訟棍」、これも「積慣の訟棍」と認定する大問題を生み出すことになるのである。

2 曖昧なレッテル

何回訴状を代作したら「常習犯」とされるのか

何回ぐらい訴状を代作した者が「積慣の訟棍」と見なされたか、そしてこれがなぜ曖昧になったかについては、この法令が定められたときの議論が参考になる。刑部はこのとき、江蘇按察使の銭琦《せんき》による上奏文によりながら、乾隆帝に原案を上奏した。

銭琦の提案は以下のようなものだった。

> 初犯が発覚したときに、

すでに三回か四回の事案で訴状代作……杖刑に枷号《かごう》二カ月を加える
五回の事案で訴状代作……百の杖刑に加えて徒刑つまり懲役刑三年
六回以上の事案で訴状代作……「積匪猾賊」にたいする条例に準拠して、充軍の刑を科す

枷号とは首に枷《かせ》をはめて衙門門前などでさらし者にする刑罰である。

これにたいして刑部の上奏は、「五回以上であれば枷号、杖刑、徒刑に分けて処罰し、六回以上であれば充軍に処罰するというのでは、狡猾なやからは姓名を変えて法網をくぐるだろうから」、回数については条例としてはいけないと論駁しつつ、「積慣の訟棍」と見なせる者については銭琦による原案どおり充軍の刑に処してはどうか、と提案するものであった。乾隆帝はこれを承認し、回数については取り消したうえで、先に示したような法令となっ

図16　枷号（『点石斎画報』厳懲槍替）

たのである。[*4]

すなわち「積慣の訟棍」とは六回以上の事案で訴状を代作した者のことである、と刑部でおおよそは承認されながら、以上のような事情で回数については例文から削除され、曖昧なものとなった。

では実際に、何回ぐらい訴状を代作した者が「積慣の訟棍」と認定されたのか。また虚偽や誣告を混じえない訴状を代作した場合でも、「積慣の訟棍」と見なされたのであろうか。さらに言うなら、「胥吏と気脈を通じる」などの不法行為がない場合でも、彼らは「積慣の訟棍」と見なされることがあったのであろうか。この点については次章において実例を取り上げて詳しく述べることにするが、ここではそこで紹介する以外の事例をいくつか示しておこう。

結論を先取りすれば、いま紹介した銭琦による原案が内々で生き残ったらしく、六回程度訴状を代作すれば充軍の刑が科される「積慣の訟棍」と見なされた。ただ原案では六回の事案とあったものが、六枚程度の訴状と解釈しなおされている。また虚偽や誣告のない正直な訴状を代作した者でも、六枚以上を代作すれば「積慣の訟棍」と見なされたのであり、さらには「胥吏と気脈を通じる」などをしていないのに、「積慣の訟棍」と見なされることが多くあった。大問題を生んだと言うのはこれである。

徐学伝の場合

清代の判例集『刑案匯覧《けいあんわいらん》』には、次のような判決事例がある。

徐学伝《じょがくでん》という七十歳を越えた男が「人に代わって訴状を五枚書いたが、どれもみな尋常の案件つまり民事的案件で、まったく胥吏と気脈を通じたり、田舎の愚かな者を丸めこんだり、金銭を巻き上げたりした形跡がない」ものであった。にもかかわらず彼は「訟師である」とされ、その罪は「積慣の訟棍を充軍に当てる」という法規にしたがって、これから一ランク刑罰を減じ、徒刑としてはもっとも重い三年の懲役刑に当たるとされた。[*5]

訴状を五枚書き三年の徒刑となったというのだから、銭琦による原案どおりと言ってよいが、ただここでは案件数ではなく代作した枚数によっている。しかも「胥吏と気脈を通じる」「田舎の愚かな者を丸めこむ」などの不正行為はいっさいなかったのに、「教唆に当たった中心人物」である、「訟師である」とされ処罰されているのであるから、金銭をもらって訴状五枚を書いたことだけが徒刑三年に当たる「不正行為」であったことになる。

ただこの場合、五枚の訴状のなかで虚偽にわたる部分があったから罪に問われたのだろう、『刑案匯覧』にはそれが記されないだけであろうと推測する者もいるかもしれない。しかし次のような史料はどう解釈したらよいのか。

四川総督琦善による上奏文

一八二九年（道光九年）、四川総督の琦善《きぜん》によってなされた上奏によれば、彼は他人の訴状の底稿を書き写しただけの者や、訴状の代作を一、二回したことはあるが実情よりオーバーに偽って（情節を増減して）いない者であれば、枷号に杖刑を加えたという。[*6] なんの実情を偽っていない訴状でも、これをわずか一回、二回代作したというだけで、枷を付けて衙門門前でさらし者にし、杖刑を加えたのである。

　これは明らかに「積慣の訟棍」の例文を処罰の根拠としたものであるが、そこでは訴状代作回数とこれに対応する処罰規定が盛りこまれなかったことが、総督によって悪用されている。ここで処罰された男は、実情と異ならない訴状を代作したのだから、『大清律例』「教唆詞訟」の律文そのもの、すなわち「訴状に罪を実情より増減して人を誣告したところがなければ、罪にならない」に該当する。明文規定があるにもかかわらず、総督みずからが例文を使って律文本体を無視し踏みにじったのである。

　また琦善によれば、この年に審問した「訟師」李《り》培才《ばいさい》は、初犯として逮捕されたときにはすでに訴状四枚を書いていたから、枷号に杖刑を加えた処罰を下されたという。これまた銭琦による原案が、初犯が発覚したときにすでに三回か四回の事案で代作していたときには杖刑に枷号二カ月を加える、というものであったことを踏まえるであろう。ここでもやはり事案数は訴状枚数に解釈しなおされている。先の一回、二回訴状を代作した者にたいする処罰と四枚代作した者にたいする処罰とが同じ程度であるのは、どの程度の常習犯にどの程度の処罰を加えるかを曖昧にしたことから生じたのであろう。

　ところがこの李培才という男、一八二七年（道光七年）以降また訴状を十回代作したため、こんどは「積慣の訟棍」の例文どおり、煙瘴つまり風土病がひどい極辺の地へ配流すると問罪された。ちなみに同じ上奏文のなかで糾弾されている者のうち程賛沅《ていさんげん》は十五回以上訴状を代作して

「積慣の訟棍」例文に照らして煙瘴の地へ配流となり、蕭儒林《しょうじゅりん》は十一回代作して同じ刑に問罪されている。潘鼎《はんてい》は六回代作し、そのすべてで実際よりオーバーに書いている（増添情節）のだが、いずれも相手方がどんな悪事を実際に働いたとするのか明確に指摘していないので誣告罪には当てがたい、よって「積慣の訟棍」として煙瘴の地へ配流する刑から一等を減じて徒罪にすると問罪された。

最後の事例は訴状を代作した者への処罰として、『大清律例』に定める「誣告」の律文を適用するか、「教唆詞訟」の律文に例文として加えられた「積慣の訟棍」の条を適用するかで、区別があったことを示している。またこれは銭琦による原案を踏まえて量刑がなされたことをも示している。潘鼎の場合、その訴状でどの程度実際よりオーバーに書いたのかわからないが、誣告罪には当たらないとされた。それでも徒罪三年とされたのである。張古眼《ちょうこがん》と戴鵬九《たいほうきゅう》とはともに三回代作し、すべての訴状で「オーバーに書いて（増添情節）人を誣告している」から、通例どおり杖刑を加えて流刑とするとされた。

虚偽や誣告がなくても「積慣の訟棍」

同じ上奏文のなかで、潘鼎については誣告罪に当てるほどではないが、「実際よりオーバーに書いている」と記され、張古眼と戴鵬九については「オーバーに書いて人を誣告している」と指摘されているのにたいして、李培才、程賛沅、蕭儒林の三人についてはいずれも何枚の訴状を代作したかということだけが「罪状」として挙げられ、実情よりオーバーに書かれ虚偽や誣告がそこに記されていたかどうかは、問題にすらされていない。

これから見るなら、この三人については、その代作した訴状に虚偽や誣告が書いてなかったと読み取るのが自然であろう。四川総督琦善による上奏としてはじめに見たように、訴状の代作を一回でも二回でもした者は、その内容が実情よりオーバーに偽って（情節を増減して）いないにもかかわらず、「犯罪」とされ枷号と杖刑が加えられたことが、この推測を補強する。

そうだとすれば先に『刑案匯覧』に見える事例として示した徐学伝の場合も、「胥吏と気脈を通じたり、田舎の愚かな者を丸めこんだり、金銭を巻き上げたりした形跡がない」だけではなく、訴状には虚偽も誣告も記されていなかったと推測するほうが、より自然である。なんの虚偽も誣告もない訴状を代作した者でも「積慣の訟棍」と見なされ、「訴状を代作して生計を立てているから積慣の訟棍だ」とされたと考えられる。さらには北京へ直訴のためにやってくるものをもっぱら宿泊させた宿屋の主人や、お客をそこまで運んだ車夫まで、彼ら自身がなんの訴状の代作をしていないのに「積慣の訟棍」とされた。これはのちの第8章で見るとおりである。

国家の意図

「積慣の訟棍」の法令は、一見すれば法文として整い、訴訟に関わる悪事を禁止したもののようである。それは『大清律例』「教唆詞訟」の律文を補強するために設けられたかに見える。

しかしこれまでに見た、あるいは次章以下で見ることになる檔案などの諸史料によれば、この法令が実際に適用された事例では、代作した訴状に虚偽や誣告を含んでいるかどうかは必ずしも問題にならず、「胥吏と気脈を通じた」かどうかもふつうは問題にされない。問題になるのは、訴状を代金いくらで何枚書いたか、あるいは代作による収入はいくらであったかと、どの程度に人の訴訟を手助けしたかとである。

その法令では「田舎の愚かな者を丸めこみ、金銭を巻き上げる」ことを罪状として掲げているが、これまで見た事例とこれから見る事例によるかぎり、その多くは訴訟当事者のほうから「積慣の訟棍」に訴状の代作など、手助けを自発的に求めている。そうだとすれば、彼らの行為は、『大清律例』「教唆詞訟」の許容規定で定めるとおり、まさしく「ほかの人が愚かで無実の思いを晴らすことができずにいるのを見て、指図して真実を明らかにしてやる、および人のために訴状を書き、そこに罪を実情より増減して人を誣告したところがない」のであるから、「罪にならない」はずである。

じつはこの罪にならない行為をする者をも含めて、彼らに「積慣の訟棍」という曖昧な表現のレッテルを貼り、金銭を取って何枚も訴状の代作をするのは悪事である罪であるとし、これをする人物こそ「教唆に当たった中心人物」であるとすることが、この法令の目的であった。「積慣の訟棍」法令は、法文という言葉と概念の世界では、いかにも『大清律例』「教唆詞訟」の律文と調和し補強するもののようでありながら、実際にはこれと矛盾し対立するものであった。

3 「反坐」の呪縛

「唆訟の輩」が百人以上

これより少し前の一七四一年（乾隆六年）、湖南省湘郷県から上級官庁の長沙《ちょうさ》府にたいして、おおよそ次のような報告と申請がなされた。湘郷県には従来四人の官代書がいたという。

> 官代書は訴状に代書戳記を捺すだけでこれを代作せず、すべて無業の游民《ゆうみん》のうちいくつかの文字を知っている者が他人に代わって訴状を書き生活している。
>
> 訟師を逮捕すべしとの禁令があるのだが、彼らは訟師のような能力は持ち合わさず、ただわずかな生活費を稼いでいるだけである。
>
> 原告も被告も訴状を提出する期日が来ると、必ず「唆訟《さしょう》の輩」にお願いして代作してもらう。こうした輩は都市にも郷村にもおびただしくおり、かならずや百人以上である。

湘郷県には当時、「訟師」と呼ばれる者のほかに数多くの「私代書」がいた。湘郷県知県は彼らを「唆訟の輩」と呼び、百人以上いるという。

湘郷県では当時、訴状を受け付ける日には、毎日三百枚から四百枚を下らない数を受け付けていた。現有の官代書四人だけではとてもすべてを代作することができないから、「唆訟の輩」のなかから三十人を選考し、彼らを官代書に組み入れ、取り締まりたいというのが知県の申請であった。これにたいして長沙府知府は、三十人は多すぎる、十五人を官代書に組み入れよと命じた。[*7]

「積慣の訟棍」規定はこの報告ののち二十数年後に発令された。この法令は常習的に訴状を代作する者、まさしくここで言う「他人に代わって訴状を書き生活する」「唆訟の輩」も、その処罰対象であったはずである。しかし、ひとつの県で訟師に加えて百人以上いるとされる彼ら「唆訟の輩」を「積慣の訟棍」だと見なし、彼らを一網打尽に充軍や流罪の刑にできるはずがない。なぜなら次に述べる必要的覆審制がある以上、充軍や流罪に当てるためには、案件を「州県自理」の範囲内で止めておくことができないからである。州県から府、府から道あるいは省の按察使へ、さらには巡撫、総督をへて中央刑部にいたるまで、何度も何度も案件を送り審理をくりかえさなければならない。司法制度も中央集権であるから、彼らすべてを充軍、流罪の刑に当てるとすれば、とてもその繁に堪えないのである。この法令は訟師や「唆訟の輩」をときどき摘発し、彼らに強い恐怖感を与えることによって、その抑止効果をねらったものと考えるべきであろう。

必要的覆審制

「積慣の訟棍」という法例は、その内容と実際の運用とに矛盾がある。『大清律例』の律文と実際には対立するものである。このような奇妙で無理なところのある法律を新しく作る代わりに、訟師がそんなに多くの誣告を含む訴状を書くというのであれば、国家は『大明律』『大清律例』にそれまでからある「誣告」を適用して取り締まればよいではないか、と誰もが思うであろう。

誣告した者にたいする処罰を「反坐《はんざ》」という。反坐については『大明律』『大清律例』「誣告」に定められているだけではなく、これまた『漢律』「告律」、『唐律疏議』「誣告反坐」などにさかのぼる。それは誣告した者にたいして、誣告された相手が当てられた刑罰と同程度か、これより重い刑罰を科することである。『大清律例』の規定によれば、たとえば人を死刑に当たる罪を犯したとして誣告し、当人がすでに処刑されていれば、逆に誣告した本人に死刑が科せられる。

誣告した者を反坐にせよとは、訟師退治を図る多くの議論に見えるところであり、また健訟にたいする対策としてもしばしば言われた。ところが、この誣告反坐の法を実際に適用するのは、ほとんど不可能であった。それはなぜか。

すでに南宋の『州県提綱』巻二「誣告結反坐」では、おおよそ次のように説明する。

> 人を殺したと人を誣告した場合、県衙門はこれを「杖一百」の刑罰に止める。法律どおりに「誣告反坐の法」を適用してしまえば、殺人だと誣告した犯人は徒刑以上であるから、県衙門は必ず判決原案と誣告犯人を上級官庁である州（郡）衙門に送って、原判決が正しいかどうか、再審査を仰がねばならない。
>
> そんなことをすれば、県衙門では計り知れない労力と費用がかかるし、それだけではなく上級官庁でさまざまにあら探しされ論駁され、かりに原判決がまちがっていれば、自分が誤

審した罪に問われる。人を殺したと人を誣告しても「杖一百」に止めるのは、これなら「県自理の案」の範囲内であるから、州衙門へ上申する必要がないからである。

『州県提綱』では、誣告が多いにもかかわらず、杖一百に止めて反坐の法に問わないから、誣告の風習がいよいよ盛んになっている、と言っている。

反坐が必要だとは誰でもわかっていた

誣告を防ぎ健訟を防ぎ訟師の跳梁を防ぐためには、反坐の法を用いればよいことは誰にもわかっていた。しかしそれができなかった。

明末の人曹于《そうう》汴《べん》も、「誣告には必ず反坐で処罰せよとは、正しい法律条文である。しかしながら訴状を多く受理してしまっているのだから、一つひとつ反坐するのに耐えきれない。少ししか受理しないのがよいのだ」と言っている[*8]。訴訟が増えたため、訴訟当事者は訟師の手を借りて、受理してもらうためには誣告の言葉を混じえざるをえない。ところが衙門では「訴状を多く受理してしまっているのだから、一つひとつ反坐するのに耐えきれない」、結局は訴状の受理そのものを減らすしかないと言うのである。

つまり「あれも誣告、これも誣告」という情況のなかで、誣告反坐の法にしたがい、これまた法規どおり必要的覆審制にしたがうならば、官僚、胥吏、差役の仕事量と経費が膨大なものとなってしまい、煩瑣に耐えきれなかったのである。

清代になっても、情況はまったく変わらなかった。

一七二六年（雍正四年）、湖南巡撫の布蘭泰《ぶらんたい》は「反坐の法令」を厳しく適用して訟棍を厳しく逮捕せよ、という命令を統治下の地方官に下した。ところが当時の情況について、訟棍を捕まえても「誣告の罪には軽い処罰で決着し、法律どおりに反坐に処することはまったくない。だから悪者が多くこれはしめたと思い、面倒なことがいよいよ起こるのだ」と指摘している。[*9]

訴訟の多発が誣告反坐の法を適用できなくし、誣告反坐の法を適用できないことが、また誣告の混じった訴訟を多発させる。実際、州県官によって書かれた判決文を見るなら、律文に従って解釈すれば誣告罪に当たるとみずから判断する案件について、彼らは律文をそのまま適用してしまえば家族倫理が軽視されることになるとし、「兄弟のあいだでは情は法より重い」などなんのかんのと理由を付けて杖一百に罪を軽減し、州県自理のうちに止めている。[*10] 布蘭泰はこれだけわかっていながらなお、問題を解決できる抜本的方策は、「訟師を捜査逮捕し、ふたたび命じて反坐を厳しくするほかない」と州県官に命じるのだから、完全なお手上げ状態だったのである。

言いわけとして持ち出される「情」

ところで中国法制史家のあいだでは、かつての中国の裁判ではその判決に国法が必ずしも適用されないことがしばしば問題とされる。国法に従うならば徒罪以上に判決されてしかるべきところが、しばしば州県自理の範囲内、すなわち杖一百に枷号を加える程度に止《とど》められていたことも、すでに指摘されている。[*11] ところがそれらの議論では、訴訟の多発にともなう誣告の多発がこれを導く現実的で重要な原因であったことは、ほとんど指摘されない。また誣告反坐の法がすでに南宋時代から適用しにくいものとなっていたことも、指摘されない。

かわってそれらの解釈では、現在われわれの世界でも行われているのと同様な「起訴便宜《べんぎ》主義（起訴猶予《ゆうよ》処分）」が、かつての中国でも行われていたからであるとされることがある。起訴便宜主義とは検察が刑法に従うなら起訴すべき案件であっても、被疑者をめぐる様々な情状を考慮して、起訴を猶予することが許されることである。あるいは、州県官は重大犯罪でも杖刑までの軽い刑罰に止めることによって、「紛争以前の人間関係の調和を取り戻させたい」と願ったからであるとか、彼らは法の一般的規定を適用することなく、「情を衡《はか》り理を酌んで、個別具体的に正しい結論を導き出そうと」したからである、と解釈される。また、法律にもとづかない判決をした州県官は、これにもとづいた判決をするよりもそれが管轄下の人民にとって「利益になる、と確信していたからであろう」、と解釈される。

しかし私には、それらの説明と解釈がいずれもはなはだわかりにくい。これらに比べるなら、先に紹介した『州県提綱』以下の説明と解釈のほうが、はるかにわかりやすいしすっきりしている。もちろん法律にもとづかない判決がなされるのは、誣告に関係した案件だけに限ったわけではないが、その多くがやはり誣告に関係したものであることは注意されてよい。重大犯罪でも、州県官が「兄弟のあいだでは情は法より重い」などの理由を持ち出し、杖刑に止めていることを先に示したが、誣告が多いにもかかわらず反坐の法をめったにしか適用できないという当時の情況から見るなら、これらの理由づけは州県官が国法に自ら背くことにたいして持ち出した言いわけであり、また案件を覆審する上級官にたいして免罪符《めんざいふ》を求めるものであったと言ってよい。

健訟のなかでの「法治」

「積慣の訟棍」という法令は、訟師をなんとしても根絶できないという手詰まり情況と、誣告反坐の法を実際にはほとんど用いることができないという深刻な情況のなかで生まれた。

中国の専制統治を支える官僚たちは、単なる精神論だけで訴訟を少なくすることができるとは、もちろん考えなかった。訟師を退治するのにも法律を必要とした。この点で、彼らもまちがいなしに「法治」主義者だった。かりに彼らが現代の用語を知っていたとするなら、彼らは清朝中国とは徳治を重視する「法治国家」だと言ったであろう。

ところが彼らは、誣告反坐という古くからある法律が、必要的覆審制という別の行政法規があることによって、もはや使いものにならない時代に生きていた。必要的覆審制という行政における「法治」と、誣告反坐という司法における「法治」のどちらを優先させるべきかとなったとき、彼らは行政機構を護り維持するために当然のごとく前者を優先させた。その結果として生まれたのが、「積慣の訟棍」という奇妙な法令であった。

『大清律例』に定める訴状の代作を罪なしとする律文を相対化し、実質的にこれを否定するため、別の法律を必要としたのである。「積慣の訟棍」規定といういかにも法のようなものがあれば、以上で示し以下で見るように、あとはこれをどのようにでも運用できた。

必要的覆審制も中央集権的行政の中で何重にもわたって厳重に行われる奏銷《そうしょう》制度、すなわち会計監査制と同じである。官僚の腐敗不正や誤審をチェックするとともに、理念の上では正しい裁判を行い冤罪を防ぐための厳重で完備したシステム。それがかえって機能不全をもたらし、同時に悪法を生むというマイナスにはたらいていたのである。

註

＊1 西周生『醒世姻縁伝』（左並旗男訳、兄弟舎、二〇〇二年、頁六四四）。ただし、原文で「訟師」と記す一人物についても、「代書屋」と訳される。

＊2 陳龍正『幾亭全書』巻二〇、詞訟、用訟師。

＊3 『唐明清三律彙編』教唆詞訟（田濤・馬志冰点校『中国珍稀法律典籍続編』第八冊、黒竜江人民出版社、二〇〇二年、頁六〇五）。

＊4 同前書、頁六〇七。

＊5 『刑案匯覧』巻四九、教唆詞訟、為人代作呈詞五六次、安撫。

＊6 中国第一歴史檔案館蔵檔案、硃批奏摺、04-01-01-713-35。また録副奏摺、03-62-3746-13。

＊7 『湖南省例成案』刑律訴訟、巻八、告状不受理、代書毎詞給銭十文。

＊8 『仰節堂集』巻八、復馮慕岡、息訟。

＊9 『湖南省例成案』刑律訴訟、巻一〇、教唆詞訟、厳拏訟棍起滅詞訟並申厳反坐之令。

＊10 中村茂夫「清代の判語に見られる法の適用——特に誣告、威逼人致死をめぐって——」（『法政理論』第九巻第一号、一九七六年、頁一一五）。

＊11 滋賀秀三「判決の確定力観念の不存在」（第二章註9、滋賀著書、頁二四七）。本章註10、中村論文、頁四三。佐立治人「旧中国の地方裁判と法律－法律に従わない判決が持つ意味－」（『東洋史研究』第五六巻第二号、一九九七年、頁一一〇）。寺田浩明『中国法制史』東京大学出版会、二〇一八年、頁二二八）。

第7章

名士と犯罪者のあいだ

1　義俠の人、張正常

刀筆の仕事

本章では実在した訟師二人を主に取り上げたい。

とはいうものの訟師は日陰者であったから、肖像画どころかその伝記すら残っていない。何人かについて伝記スタイルで記すものもあるが、それらはほぼ第1章で見た謝方樽と似たようなフィクションである。そこでここでは偶然に残ることになった一訟師の記録と、一人は「犯罪者」調書をもとに述べてみる。

初めに焦点を当てるのは、丁樹誠《ていじゅせい》（丁《てい》治《ち》棠《とう》）の筆記『仕《し》隠斎渉筆《いんさいしょうひつ》』巻二、「義俠《ぎきょう》」に出てくる訟師、張正常《ちょうせいじょう》である。『民国合川《ごうせん》県志』巻四七、「郷賢《きょうけん》」にも『仕隠斎渉筆』に記す伝記をほぼそのまま採録する。訟師が義俠伝や郷賢伝中の人物として出てくるのは、きわめて珍しい。

張正常は清代で言えば四川省合州の人、現在の重慶市合川区の人である（本書一七五ページ、図17参照）。『民国合川県志』によれば、彼は一八九八年（光緒二十四年）に四十四歳で世を去ったというから、一八五五年（咸豊五年）の生まれということになる。丁樹誠は挙人となり、ある県の儒学訓導という教職に就いたことがあった。張正常より二十歳ほど年上であるが、心より尊敬していたようで、みずから彼を親密な良友と呼ぶ。

張正常は科挙のスタートラインである生員にすらなれなかった。なんどかテストを受けて失敗したため、「ついに遁《のが》れて刀筆《とうひつ》の仕事に入った」という。また「その筆舌によって一州を震え上がらせ恐れさせたが、道理にもとづいて訴状を書き、道理に背くことは大金で誘《さそ》っても承知しなかった」という。

彼は純然たる訟師であった。しかし彼の名誉を思ってか、『仕隠斎渉筆』でも『民国合川県志』でも彼が訟師であったとは一言も言わない。かわって「刀筆の仕事に入った」と表現する。刀筆とは古代中国では木簡、竹簡といって筆で木や竹の簡《ふだ》に文字を書きこみ、書き損じたときに刀で削って書きなおしたから、広く胥吏つまり文書を書く事務員を言うが、民間人で「刀筆を習う」と言えば訴訟文書を代作することで、ズバリ訟師を指した。

張正常は官職に就いたことがなく、合州で生まれこの地で死んだ。中央官庁の官職を金銭で買って手に入れていたが、これは多少裕かな庶民なら多くがやっていたことで、実職に就くためではなく身分保障、箔付けとして買ったものであろう。丁樹誠は彼の人となりを「濁世《だくせい》を軽やかに生き」、「生まれつき用心深く、世情に洞達《どうたつ》しており、一歩歩むのにも百回あれこれ考えた。弁舌に巧みで古今のことを話すとなると、滔々たる急流のような勢いであった」と述べる。弁舌のさわやかさが彼にこれから述べる危機を招いたのだが、持ち前の用心深さが彼を救ったと考えられる。

訟棍として逮捕される寸前で逃亡

合州には六政局《ろくせいきょく》という公局、つまり公益事業のための事務局が設けられており、これは合州民間人のなかの有力者たちによって運営されていた。六政とは捨て子を育てる施設の運営など、六つの地方行政である。中国ではこのような事業を「善挙」「義挙」と総称し、清末になるとその運営は多くの場合、州県官が地元の有力者に委託し、その資金も衙門からの公費のほか州県官と有力者との寄付金によった。

　合州での六政局は一八三四年（道光十四年）に始められたが、ここでも間もなく腐敗が始まる。局紳、局士と呼ばれる在地の有力者がこれを私物化し、経営は乱脈をきわめた。張正常はこれを州衙門にしばしば訴えたが、州衙門の官僚と局士はグルになってかばいあった。六政局には公然と娼婦が引っ張りこまれる始末である。張正常はこれに腹を立てたのだが、なんともできなかった。

　ところが六政局の事務員が局士と仲違いをして、その帳簿を張正常に渡した。不正経理の証拠を得た張正常はこれをもって知州にふたたび訴えたのだが、知州は局士と一蓮托生だからとんと聴いてもらえない。逆に局士によって「張正常は訟棍だ」との汚名が加えられる始末である。

逮捕の直前に張正常は逃亡し、初めは上級官庁である重慶府へ訴え、ついでさらにその上級官庁である川東道《せんとうどう》へ訴えた。川東道も重慶に衙門を置く。幸いこの川東道の長官が彼の訴えを取り上げてくれた。長官は言う。

「局士と官僚とはグルになっているが、ちょうどいま、知州代理の徐君が合州へ着任したところだ。彼は屈強な人物で賄賂によって頼みごとを受けたりしない。自分はこの件について彼に手紙を書いて指示しておく。彼はけっして悪事に加担しないから、急いで合州へ帰り審問を待つがよい」。

まさしく危機一髪である。

歴史の闇に消えずにすんだのは……

そこで張正常は合州へ帰り、訴え出て審問を受けた。新任知州は川東道長官からあらかじめ手紙を受け取っていたから、帳簿をもとに六政局の収支を計算し、局士らに不正な取り込みをしたと認めさせ、これを彼らに賠償させたという。

ここで合州知州代理として赴任していたのは、『民国合川県志』によれば徐金鏞《じょきんよう》であったと考えられる。彼は一八七五年（光緒元年）に赴任しているから、この事件はこの前後に起こったものにちがいない。張正常がまだ二十歳のころのことである。

訟師が地方の政治に首を突っこみ、訟棍だと見なされ処罰されることは史料にしばしば出てくる。彼らは嘆願文書や申請文書を民衆に代わって書くことができたから、地方政府ににらまれる。張正常もここで「訟棍」と見なされて逮捕され、犯罪調書にその名が載せられたまま歴史の闇に消え去った可能性はきわめて高い。ところがそうならなかったのは、彼が用心深い性格で逮捕直前に逃走できたこと、重慶府では聴いてもらえなかったが川東道では運よく訴えを聴いてもらえたこと、さらにたまたま代理知州として着任していた官僚が川東道長官の命令を聴き入れる人物であったという、いくつもの幸運が重なったからにすぎなかった。

豚肉業者との交渉

義俠伝、郷賢伝では張正常が関わった訴訟および地方行政として、合計八件が記される。ここではあとひとつ、彼が死の直前に知州の依頼を受けて、臨時税の徴収について豚肉業者と交渉したことだけを紹介しよう。

一八九六年（光緒二十二年）、四川省総督は各州県にたいして団練《だんれん》を強化して治安に資すべきことを命じた。当時は太平天国による反乱のあとであり、匪賊が各地でなお暴れまわっていたからである。団練とは正規の軍隊ではなく、各地各地で組織された自警団である。

問題は経費であった。合州知州の張熙穀《ちょうきこく》は豚肉に臨時税をかけ、一匹の豚を屠《ほふ》るごとに銭百文を徴収してこれを団練経費に充てようとした。

豚肉業者はこれに強く反対した。というのは一八七六年（光緒二年）に総督の命令によってある公局を設けたとき、すでに官僚の出張費用、盗賊逮捕費用など地方行政に必要な経費は、豚肉に税をかけることでまかなっていたからである。これを肉釐《にくり》といった。ある公局の経費を肉釐でまかなっているうえ、こんどまた団練経費を上乗せして徴収するというのでは、二重取りである。

　豚肉業者らは気が荒く、刀を振りまわして容易なことでは承知しない。そこで知州の張熙穀は張正常に目を付けた。彼に豚肉業者を説得させたのである。彼は日夜、豚肉業者の代表とかけあい、数カ月して説得は成功した。ところが彼は口舌に疲れはて、これがもとで死去したと丁樹誠は伝える。その死去した日、数百人が弔問に訪れたが、すべて彼にかつて救われた者たちであったという。丁樹誠はまた、善良ではあるが気が弱い者が人に騙されたとき、「張さんが生きていてくれたら、こんな目にあったままではないだろうに」、としのんだと伝えている。

平穏な死

「刀筆の仕事に入った」という以上、彼の本業が日陰者として訴状を代作することであったことはまちがいない。ところが彼のこの訟師、私代書としての日常的な本業については、史料はなにひとつ語らない。張正常の伝記が残ったのは、かつて「訟棍」であると訴えられた人物が「名士」に転化していたからであった。

　彼は二十歳のころに訟棍だと訴えられたときから死去するまでの二十年間ほど、合州衙門では有名な人物であったはずで、歴代知州は彼が本業として私代書をやっていることを知っていた、と考えるのが自然である。またもしその気になれば、彼らは彼が訴状を数多く代作したとして、「積慣の訟棍」の罪に落とすこともできたであろう。ところが彼は妻と二人の娘を持ち、平穏に死んでいった。

これは「積慣の訟棍」を厳罰に処する条例がありながら、また訟師の取り締まりを怠った地方官を降格処分とする処罰規定がありながら、当の地方官が訟師退治にはなはだ不熱心であったことを物語っている。

州県衙門は知っていた

これより数十年前、琦善という四川総督が訟師退治に熱心であり、李培才ら六人を「積慣の訟棍」として逮捕したことは前章で紹介した。ところが琦善が困ったのは、「積慣の訟棍」を逮捕した結果として、それまで取り締まりを怠ってきた部下の地方官たちを規定どおりに処罰せねばならなくなったことであった。

そこで総督は一計を案じ、「積慣の訟棍」六人を逮捕したことを報告する上奏文の最後のところで、これから部下たちに訟師退治に励ませますから、これまでの職務怠慢にたいする処罰を免除してやってほしいと書いておいた。

皇帝の許可を得ると彼は四川省の州庁県に命令を下し、急遽「積慣の訟棍」を摘発させた。その結果、十八の州庁県で充軍に当てるべき者二十四人、流罪に当てるべき者六人、徒罪に当てるべき者三人、合計三十三人を逮捕し、これを上奏したという。[*1] 二つの上奏文がなされた日付けから見て、三十三人を逮捕しそれぞれ処罰が決定され、そして新しい上奏がなされるまでに要した時間は、わずか九カ月ほどであった。このスピーディーな逮捕劇は、州県衙門ではどこの誰が訟師をやっているのか、常日ごろから把握していたことを物語っている。

お互いの一線

張正常が訟師であることも知られており、合州知州は彼を逮捕しようと思えば、いつでも逮捕できたはずである。それを逮捕しなかったのは、彼が途中から「名士」に転化していたからだけだとは考えられない。

一般に当時の州県官は、はなはだしい事なかれ主義者たちであった。訟師取り締まりを命じる法令に見られるように、彼ら地方官は訟師の摘発に尻ごみをし、これを見て見ぬふりをしていた。彼らを逮捕することによるしっぺ返しと、彼らを逮捕した後の煩雑な手続きとを畏れたからである。

訟師たちにとってみれば、琦善のような訟師退治に励む特異な人物が赴任してくることはめったにないのだから、あとは地方行政に首を突っこんで州県官や胥吏、差役たちの既得権益を侵さないよう気をつけることが、もっとも注意すべきことであった。張正常は人生前半で見舞われた危機を教訓としたのであろう、後半生では一線をこえることに気をつけて知州の信頼まで勝ち得、平穏に死んでいったのである。

あわれ義士から叛民に

ここで張正常とはまったく逆のコースをたどった丁仕《ていし》卿《けい》という人物についても、附伝として記しておこう。

彼は十六世紀後半、明代の嘉靖末年から万暦初年にかけて浙江省杭州で夜間巡回の徭役（労役）改革に取り組み、『万暦杭州府志』という地方志が編纂されたときには、彼の活動が賞賛をもって詳細に記録されるとともに、その「義行《ぎこう》伝」に立伝された。

ところがその改革運動が胥吏と郷紳《きょうしん》という地方有力者との既得権益を侵すものであったため、なんども逮捕され、ついに一五八二年（万暦十年）に杭州民変という大反乱を起こして逮捕され、さらし首にされた。このため彼は瞿九思《くきゅうし》『万暦武功録』では「叛民伝」に出てくる人へ転落する。[*2]「訟棍」から「義侠」「郷賢」へ上昇した張正常とは逆に、「正義の行いをした者」から「反乱者」へと評価が逆転したのである。

丁仕卿については数多く記録があるのだが、『万暦杭州府志』のほかは大反乱の後に書かれたものであるから、彼のことを「法律をもてあそび」「刀筆を習い」「もっとも悪賢い者」「狡猾な大物」と記す。諸史料から見て彼が塾の教師をするとともに、訟師を生業としていたことはほぼまちがいない。

『万暦杭州府志』が編纂されたのは、たまたまこの大反乱が起こる三年前であった。かりにこの例外的な史料が三年前に版行されていなければ、彼がもともとは「義行伝」に載るような賞賛すべき人であったことは永遠に知られることなく、これまた歴史の闇の中に消えていたはずである。

2　覃必俊の逮捕と杖殺

乾隆四十六年七月

以下では北京に残る中央檔案を使って、「犯罪者」としての訟師について記そう。檔案の「檔」とは文書を整理して載せる横木である。『巴県檔案』もここで中央檔案というものも、ともに官庁保管文書である。訟師研究のためにも中央檔案が有効であることを初めて示したのは、メリサ・マッコーレイであった[*3]。

取り挙げるのは、覃必俊《たんひつしゅん》という訟師である[*4]。一七八一年（乾隆四十六年）七月二十日、彼が逮捕された。以下はおおよそ広西省巡撫の姚成烈《ようせいれつ》の上奏文による。

覃必俊は獞《チワン》族の人である。獞族は現代中国では少数民族への蔑視を避けて壮《チワン》族と書く。広西壮族自治区を中心に、広東省、雲南省などに広く住む少数民族である。しかし清朝の統治下では訴訟や裁判は漢民族と同じであり、獞族でも訟師となる者がいた。

話は次のとおりである。

猺《ヤオ》族の蘇扶法《そふほう》が別人から銭十千文を借りて返さず、仲が悪くなったので訟師の覃必俊と廖元芳《りょうげんほう》に代作費銭十五千文を払って訴状を書いてもらった。銭と銀との換算レートは当時、おおよそ銭一千文＝銀一両であったから、取りあえず銀十五両で代作してもらったのだと考えておけばよい。しかし蘇扶法は代作費が高すぎたと後悔し、その訴状を添えて修仁《しゅうじん》県衙門に訴え出てきた。七月二十日に修仁県知県の台霖布《たいりんぷ》は、二人の家に踏み込み家宅捜索した結果、覃必俊が書いた訴状の原稿十枚と廖元芳が書いた原稿二枚を押収した。さらに二人を逮捕し鎖を付けて県衙門へ連行し、衙門の大堂で訊問を待たせた。

翌七月二十一日、県衙門の差役が広西省衙門へ公文書を届けに行こうとし、大堂にいる覃必俊のそばを通りかかったのだが、覃必俊はてっきりそれが自分に関わる公文書だと疑い、これを奪って破き去った。知県はただちに訊問を行い、二人に杖刑二十五板を加えた。板とは竹板であり刑杖よりはるかに長く太くて重い。刑罰としてこれで二十五発叩《たた》くのである。

ところが覃必俊は七月二十六日に病気になり、八月一日に死んだ。これがもし無実な者を故意に竹板で叩き殺したとなれば一大事であって、『大清律例』にしたがえば知県は死罪に問われるかもしれない。

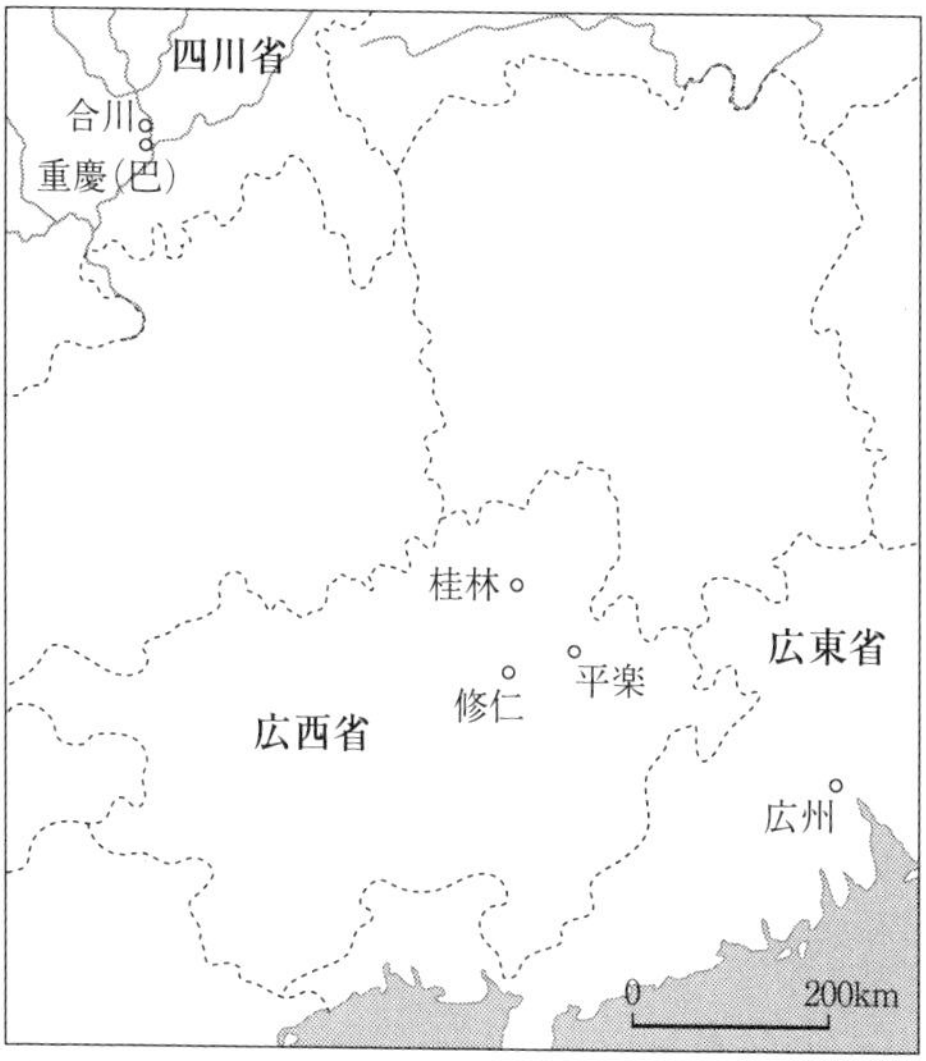

図17　張正常・覃必俊案件関連地

そこで隣県の知県を呼んで検屍してもらったところ、生前に杖刑を受けてのち病気で死んだ、つまり故意に叩き殺したのではないと判定された。ここまでが知県側の報告である。

次男が冤罪を訴え自刎

広西巡撫姚成烈の上奏は続く。

覃必俊の次男である覃老貴《たんろうき》は、父が修仁県衙門で故意に殺されたとして、隣の省である広東省の広州にある両広《りようこう》総督衙門へ行って訴えようとした。両広総督は広東省と広西省の両方を統轄する。

しかし、あいにく衙門の門が閉じられなんとしても入らせてもらえない。覃老貴は思いあまって門前でみずから首を刎《は》ねて果てた。その胸には父が冤罪で殺されたことを記した訴状があり、こう記してあった。

> 父覃必俊は逮捕されたというその日、おいの覃老双《たんろうそう》がその妻をほかの男に売ったと訴えて衙門で訊問を待っていたのだが、修仁県の胥吏と差役は父がかつて「飭禁夫役碑《ちよくきんぶえきひ》文《ぶん》」を代わりに書いたことで恨みに思い、知県を唆して父を訟師に仕立て上げ、家宅捜索をして訴状原稿を探し出し、九十五板で責め、ビンタ二十発を食らわして殺した。

つまり覃老貴によれば、当日父は裁判のために修仁県衙門へ行っており、その留守を狙って胥吏らが家宅捜索を行ったのであり、首尾よく訴状原稿を見つけ出したのでそのまま逮捕し、故意に殺したのだというのである。

覃老貴の訴状には、さらに「自分は広西省の省都桂林《けいりん》にある按察使司衙門へこれを訴えたのだが、わずかに修仁県の上位衙門である平楽《へいらく》府で取り調べてもらえと言われただけだから、いたしかたなく総督衙門へ訴え出た」と記してあった。これを見た両広総督である巴延三《はえんさん》は広西巡撫の姚成烈にあてて以上のような情報を記し、実際はどうであったか調査を命じた。

要するに次男覃老貴の主張は、父は修仁県知県が言うような訟師ではないし、「飭禁夫役碑文」を代作して胥吏と差役の既得権益を侵したことが原因で殺されたのだ、事実は修仁県知県の報告とはまったくちがうというにある。

姚成烈は両広総督の通達を受け、ふたたび調査したが、結論は変わらなかった。

第一に桂林府知府など修仁県と統属関係にない地方衙門の長官を数多く現地に遣してふたたび検屍を行わせたのだが、覃必俊の死因は病死であって杖刑による殺害ではないとの結論が出たという。

第二に覃必俊とその子覃老貴は、「これまでから刀筆を習い、訴訟せよと唆し訴状を作り、金銭を得てその提出を請け負ってきた」厳然たる訟師であるという。

巡撫の姚成烈は上奏文のなかで、覃必俊が一七六五年（乾隆三十年）以来関わった訴訟のうち、その代表的なもの四件をくわしく列記し、彼と覃老貴の父子がまちがいなしに訟師である証拠とした。では、なぜ覃老貴が両広総督のところへ訴えに行ったかというと、広西省按察使司に訴えたところが平楽府で審理してもらえという批示しか得られなかったからでもあるが、じつは自身が書いた訴状の原稿三枚が捜索押収され、逮捕されるのを恐れたからだと説明される。「覃必俊と覃老貴父子は訴訟を請け負った（包訟《ほうしょう》）という罪状によって充軍の刑を受けるべきである」というのが姚成烈の言い分である。すでに見た「積慣の訟棍」にたいする処罰を求めたわけである。

おおよそ以上の主張をまとめた上奏文が北京の乾隆帝にあてて送られた。

3　乾隆帝の怒り

皇帝、激怒！

乾隆帝はこの姚成烈の上奏文を受けるに先立ち、両広総督の巴延三の上奏文も受け取っていた。これらを読んだ皇帝は激怒した。なぜならそこにははなはだしい官僚たち仲間内でのかばい合い、人民が冤罪に苦しむこともお構いなしに、事なかれ主義を図る彼らの姿を見て取ったからである。十月二十日、乾隆帝は巴延三と姚成烈にたいしておおよそ次のような上諭《じょうゆ》を下した。[*5]

> 覃老貴の父覃必俊はまことに誣告冤罪をうけ、傷を受けて死んだのである。……もし覃老

貴のほうが誣告をし人を陥れようとするのであれば、すでに決まった判決を覆《くつがえ》そうとうまいことを図るはずであり、自殺して果てるはずがないではないか。

この事件についての巴延三のやりかたは、部下同僚をかばい、まわりの者の言いなりになっていると言わねばならぬ。……姚成烈に伝達して、省城桂林に関係者を召喚して自分自身で実情を調査させよ。

修仁県知県の台霖布はただちに解任する。もし、おもしろからぬことが理由で意図的に取り調べ、酷刑をもって殺したことが明らかになれば、これは人命を草刈りの草と同じように考えているのであるから、これに見合った罪で償わせねばならない。

翌十月二十一日にも姚成烈に上諭を下し、次のように叱りつけた。

図18　乾隆帝（『清史図典 乾隆朝下』乾隆帝秋景写字図）

もしも少しでも配下の属僚をかばい、彼らの言うがままにして、これが総督のところへ及ぶなら、これは姚成烈よ、おまえが自分で罪を取ったのだ。絶対に二度と許してもらえるなどとは思うな。

同日、巴延三には別の上諭を下して叱責した。

　覃老貴は訴状をもって総督衙門へ訴えに行ったが、当日は定められた訴状受付の日ではないからと言って受け付けてもらえなかった。「必ず訴状受付の日を待って受け取る」とは、いったいなにごとか。これで小民《しょうみん》の冤罪は晴れるのか。総督衙門と朝廷とでは、どちらが尊厳なのか考えてもみよ。自分はここ朝廷で孜々《しし》として庶政を処理して怠らず、上奏文は随時朱筆を加えて閲覧指示し、これまで前の上奏文の処理がまだできていないからと言って、あとの上奏文を受け付けなかったことなどなかったぞ。ところが総督衙門の巴延三よ、おまえは人命にかかわる重大案件にもかかわらず、受付の日を待ってやっと受け付けている。この命令をおまえに伝えるから、自分がどんな罪に当たるのかとくと自分で議し、迅速に上奏してこい。

十一月十七日にも乾隆帝は姚成烈を叱りつけ、「おまえのところでは信頼できる問罪の原案を作れそうにない」から、中央の刑部で審理訊問すると通達した。また「もっぱら属員の一方的な言葉を聴き入れているだけで、彼らをかばおうとする痕跡があり、ことに信用できない」と、彼らのもたれ合いを三度にわたって指摘し、まことに手厳しい。

乾隆帝はこのとき、七十一歳になっていた。

胥吏、差役の既得権益を侵した？

では覃必俊はなぜ逮捕されたのか、彼は訟師であったのかそうではなかったのか、彼は修仁県衙門で杖殺されたのか病死したのか、要するに事の真相はなにか。

覃必俊が逮捕されてから獄死するまでについて、これを説明した修仁県知県の報告には、誰もが不自然なものを感じるにちがいない。覃必俊が自宅で逮捕され鎖を付けて県衙門へ連行され、大堂で訊問を待っていたはずなのに、差役が広西省衙門へ届けに行く公文書を奪って破き去ったなどとは、不自然の最たるものである。

姚成烈の上奏文とこれの元となった覃老貴の遺書によるかぎりまちがいないのは、覃必俊がかつて人に代わって「飭禁夫役碑文」という文章を書き、これを刻んだ石碑が建てられたことである。この碑文は前任の平楽府知府がかつて決められていた旧例をふたたび確認するための告示であり、その属県である修仁県では四カ所に立てられたという。とすれば実質的に、覃必俊が平楽府知府に代わって書いた公的な告示文であったとみてよかろう。

おそらくそこには、この告示がふたたび発せられるにいたった経緯が書かれていたのであろう。その内容がどのようなものであったかは、『光緒平楽府志』と『光緒修仁県志』を探してもそこには記されないが、ここで用いられる「飭」とは官僚が下の者に「しかと命令する」ことであるから、碑文の題名から見るかぎり、それは平楽府知府の命令で人民に実労役である夫役《ふえき》を課することを禁止する告示であったことは、まずまちがいない。どうやら覃必俊もまた地方行政に首を突っこんでいたらしい。

ちょうど明末の杭州民変において、丁仕卿が人びとの輿望《よぼう》を担って夜間巡回という夫役（労役）を廃止しようとしたのとほぼ同じことが、ここ修仁県でもそのころあったのであろう。人びとをなんらかの夫役として駆り出すことがかつて禁止されたが、ここでもそれが復活していたのであろう。覃必俊はこれを再度禁ずる碑文を知府に代わって書いたのである。

結果として覃必俊は、胥吏と差役の既得権益を侵し恨まれた。そして彼らは知県を焚《た》きつけて、父を逮捕するにいたったのだと覃老貴は言う。これもまた杭州民変における丁仕卿と胥吏との関係とあまりによく似ている。

このように見てくるなら、息子たる覃老貴の訴えのほうが、巡撫の姚成烈が部下の修仁県知県らをかばいながら書いている報告よりも、はるかに信憑性《しんぴょうせい》が高いと考えられる。覃必俊は誣告と冤罪を受けて殺されたのだとする乾隆帝の判断のほうが、はるかに事の真相をうがったものだと、私は考える。

地方官に睨まれたらおしまい

では覃必俊は訟師であったのか。

彼は知府に代わって碑文を書くような人物であったから、これまた修仁県衙門では必ずやよく知られていたにちがいない。彼が訴状の代作を稼業としていることも、よく知られていたであろう。胥吏たちは、覃必俊が裁判のために修仁県衙門に来ている留守を狙って自宅に踏みこめば、必ずや訴状の原稿を数多く押収できると考えたにちがいない。覃老貴の主張のうち、「父は訟師ではない」という一点だけは、無理がある。

一方、巡撫の姚成烈の上奏では、押収した十枚の訴状原稿に虚偽や誣告があるとはどこにも言っていないし、その訴訟歴を示す証拠としてあげた四つの訴状についても、それらに虚偽や誣告があるとの指摘はなされない。単に「修仁県知県の台霖布が覃必俊は訟師であると指摘したことについては、自首してきた蘇扶法が証人としているし、押収された訴状原稿の原告証人と被告証人が多数いる」とされ、「覃必俊と次男覃老貴とは昔から刀筆を習い、訴訟せよと唆しては訴状を書き、金銭を取って訴訟を請け負ってきた」と記しているだけである。

どうやら修仁県知県も広西省巡撫も、ほかの人が覃必俊は訟師である、訴状を彼に書いてもらったと証言し、十枚の押収した原稿が証拠としてあるというだけで、訴状に虚偽や誣告があるかどうかは関係なく、ほかに不法行為があったかどうかも関係なく、彼を罪に落とせると考えていたようである。

覃必俊の事例は、これまた地方官や胥吏、差役等の既得権益を侵さないかぎり、私代書として生きる訟師は放置されていたことを伝えている。それとともに、一歩でも彼らの機嫌を損ねるならば、虚偽や誣告のない訴状であってもこれを数多く代作する者は「積慣の訟棍」とされたこと、たまたま有能な専制皇帝がいたからこの案件が中央で取り挙げられ、これが史料として残ったことを伝えている。

註

＊1 『刑案匯覧』巻四九、教唆詞訟、拏獲訟師免其処分仍応彙奏、川督。

＊2　夫馬進「明末の都市改革と杭州民変」(『東方学報』第四九冊、一九七七年)。

＊3　Macauley, Melissa. *Social Power and Legal Culture: Litigation Masters in Late Imperial China.* Stanford University Press, 1999. 中文訳：梅利莎・麦柯麗『社会権力与法律文化：中華帝国晩期的訟師』(明輝訳、北京大学出版社、二〇一二年)。

＊4　中国第一歴史檔案館蔵檔案、録副奏摺、03-1230-038。

＊5　『清実録』乾隆四十六年十月己丑、『乾隆上諭檔』乾隆四十六年十月二十日、十月二十一日、十一月十七日。

第8章
北京への直訴

1　京控を幇助する者たち

京控と嘉慶帝の上諭

本章ではいくつかの京控案件のうち、これを手助けした訟師、訟棍たちを紹介しよう。

京控とは北京へ行って上控することである。案件のうち、皇帝に上奏されるものがあったから、これが直訴にあたる。清代では京控を受け付ける衙門は北京にある都察院衙門と歩軍統領衙門の二つであった。

京控が中国史上の大問題となるのは、嘉慶帝が一七九九年（嘉慶四年）にこれら両衙門に上諭を下し、全国で冤罪に苦しんでいる者は誰でも京控してよい、両衙門では基本的にいかなる訴状でも受け取ることを拒絶してはならない、という上諭を発したからであった。[*1]

図19　嘉慶帝（『清史図典 嘉慶朝』嘉慶帝朝服像）

全国から原告が上京し提出する訴状に誣告が含まれているかどうかは問題なし、案件が重大なものか金銭貸借問題のような軽微なものであるかも関係なし、初審衙門ですでに判決を受けた案件であるかぎり、各省で州県─府─道─省という順序どおりの上控がなされた案件かどうか、つまり法律で定められた越訴であるかないかもお構いなし、とにかく両衙門に届けられた訴状はあれこれ難癖をつけて突き返すのはまかりならぬ、と命じたのである。

　ある巡撫が上奏して、「訟棍が訴えてきた案件については、ほかの人へ面倒《めんどう》が及ぶのを避けるために、必ずしもすべてを取り挙げて訊問する必要はない」と管轄下の衙門に通達したいと求めたことがある。これにたいして嘉慶帝は、「この考えは偏狭すぎる。……もし巡撫が言うとおり、訴えてくる案件を必ずしも取り上げて訊問する必要はないとすれば、朕もまた人が上奏してくるのを禁止してもよいということになるではないか。こんな道理があるものか」と叱りつけたという。[*2] 訟棍の訴えでも聴いてやれというのだから、皇帝とはすごいものである。

　京控すなわち直訴を奨励する上諭は、父乾隆帝が死去し、ただちにその寵臣和珅《わしん》を処罰したあと、その年のうちに下された。親政を始めた彼は、乾隆帝の末年に緩んだ綱紀を粛正しようとして、やる気満々であった。彼も乾隆帝と同じく、官僚たちの事なかれ主義と職務怠慢が冤罪を生んでいる、官僚制度は腐りきっており人民の声が皇帝のところに直接届かなくなっていると考えた。ただ嘉慶帝は老獪な父帝よりはるかに純粋で理想主義者であった。

当時の官界には、官僚制度が緩むとともに、彼らのかばい合いによって上控制度が機能しなくなっており、これこそが訟師、訟棍を暗躍させる原因だと指摘する者がいた。[*3] 嘉慶帝が訟棍の言うことでも聴いてやれと言うのは、これがわかっていたからである。地方官が人民の訴えを取り挙げずまともに裁判しない、だから自分が直接に聴き入れ裁判してやる、というのである。これはまた理想主義者として、皇帝は「民の父母」としてどんな人民の意見でもすべて聴くべきだという儒教の理念と、「無冤の理念」に突き動かされたからでもあった。

京控案件が両衙門で受け付けられると、その多くは訴状をもたらした原告あるいはその代理人が北京から各省へ護送されるとともに、案件も各省の総督衙門あるいは巡撫衙門などへ差し戻され、再審理が命じられる。そのうち総督、巡撫が重要と考えた案件については、皇帝に報告される。だから北京の中国第一歴史檔案館に現在でもこれが大量に残っているのである。

ルートとネットワーク

全国の各省から毎年どの程度の回数京控が行われていたかは、いまのところはっきりした数値を挙げることができない。ただ一八八二年（光緒八年）の記録によれば、現在の北京市と河北省に当たる直隷省、山東省、河南省、湖北省、湖南省からの京控が多く、それらの省ではすべて毎年、百数十回を下らなかったという。[*4]

この数値はこれから見るように、嘉慶帝の思いをよそに、官僚機構ができるかぎり人びとに京控させまいとして、さまざまな妨害工作をしたにもかかわらず生まれてしまった数値である。
これだけ多くの京控がなされるのだから、各省から北京まで京控のためのルートとネットワークが作られ、それを運営する者がいたことは十分に考えられる。清代中ごろのこと、福建省の社会情況を記した『問俗録《もんぞくろく》』によれば、福建省詔安《しょうあん》県の訟棍は北京の訟師と持ちつ持たれつの関係にあった。詔安県は海に面していたから、ここから京控するとなればまず七日間ほどかけて船で天津へ赴き、さらに三日かけて北京まで行ったと述べる。[*5] また一八一五年（嘉慶二十年）に発せられた上諭によれば、「朕は都察院衙門の付近に山東省の訟棍が隠れ住んで訴訟を請け負い、城外の会館やお寺の中にも隠れ住んでいると聞いている」と述べている。[*6]
ここではやはり中国第一歴史檔案館の檔案を用いて、京控しようとする人びとを幇助した何人かを紹介しよう。彼らを紹介しながら、京控のためのルートとネットワークがどのようなものであったか、「積慣の訟棍」とはどのような人びとであったのか、その具体的なところを語ることにしたい。

北京には京控人のための旅館があった

まず彭大《ほうだい》という人物について見てみる。[*7]
一八三九年（道光十九年）十二月十五日、湖南巡撫の裕泰《ゆうたい》は、北京に住む「積慣包攬《ほうらん》の訟棍」について上奏を行った。

湖南省人が京控を行いこれが受理されると、彼らは北京から湖南省省都の長沙へ護送され、巡撫にその処置が委ねられる。この巡撫によれば、彼らを訊問したところ、北京で宿屋を営む人物が彼らの京控を助けていることがわかった、ついては宿屋を営む彭大らを逮捕し、湖南省まで身柄を護送してほしい、というのである。

湖南巡撫は彭大らを「積慣包攬の訟棍」と呼んで糾弾している。以下に見るように、彭大は「訟師」というより「訟棍」と呼ぶほうがたしかにふさわしいから、われわれも彼らを訟棍と呼ぶことにしよう。

北京から湖南巡撫に引き渡された京控案件は、その配下にあって治安と裁判をあずかる湖南按察司、および湖南省の省都を統治する長沙府に審理が委託される。湖南巡撫によれば湖南省人が京控する場合、「北京で訴訟を請け負い、手助けをする者が必ずいるにちがいないと思って、この点に注意して訊問せよと命じたところ、思ったとおり按察司と長沙府からの回答があった」として、おおよそ次のような北京の情況を報告する。

> 北京の麻線衚衕《ませんこどう》には、湖北省黄陂《こうひ》県の人である彭大が升官店という名の宿屋を経営している。そこが京控のためにやってきた者の宿泊施設となるとともに、訴状の代作をしてくれる者をも斡旋し、京控を受け付ける都察院衙門と歩軍統領衙門へ案内もしてくれる。湖南省桃源県の一婦人の自供によれば、彼女がはじめて京控したときも彭大が経営する宿屋に泊まった。このときは彼の斡旋で四川省人である王経伝《おうけいでん》に訴状を代作してもらったし、彭大の案内

で都察院へ行って訴状を提出した。

麻線衚衕とはおそらくは現在の天安門広場、かつて一大官庁街をなしていた一角の西側にあった横丁で、都察院まで数百メートルしか離れていない（本書六五ページ、図6参照）。この婦人にとって今回は二度目の京控であるが、彼女はふたたび升官店に宿泊し、彭大の斡旋で王経伝に訴状を作ってもらったうえで、彭大に案内されてこんどは歩軍統領衙門へ提出した。謝礼は彭大へ銭四千文、王経伝へ銭九千文であったという。彭大も王経伝も五十歳ぐらい、彭大には妻王氏と妾劉氏がいるという。

利用者は湖南省全域に

一婦人の自供は以上であるが、他に湖南人で京控のため彭大の升官店を利用した者は以下のとおり、まさしく湖南全省に及んでいる。

酃《れい》県………一人　　武陵県……一人
臨湘県……一人　　芷江《しこう》県……一人
桃源県……二人　　邵陽《しょうよう》県……一人
清泉県……一人　　常寧県……一人

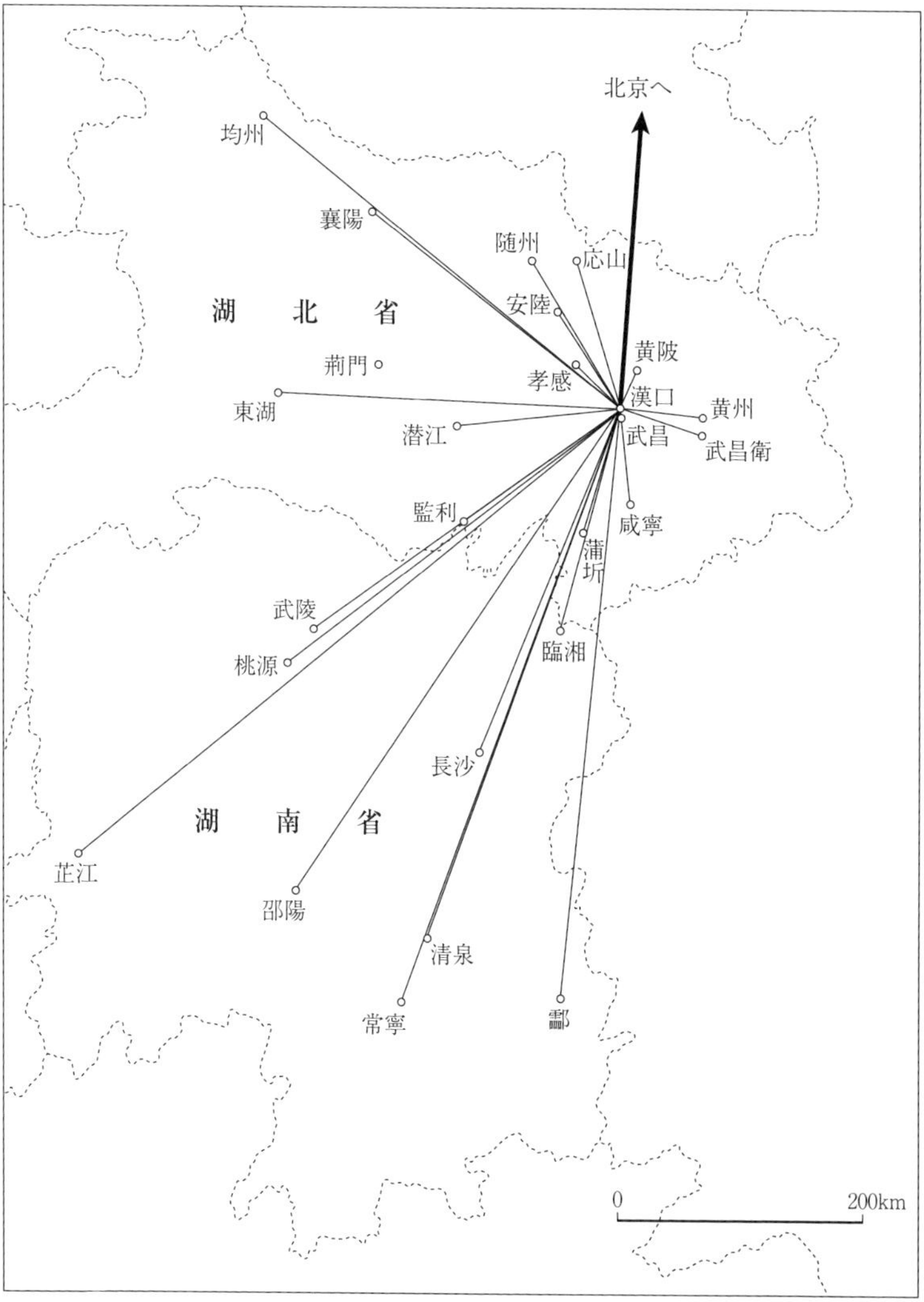

図20　湖南省人と湖北省人の京控ルート（湖北省人については、1840年と1849年に訊問された者を併記）

図21　二把手車

このうち酃県の者は彭大の家に投宿し、用意してきた訴状を彼に見せたところ、「この訴状ではダメだ」と言われたため、銭一千六百文を払って書き換えてもらったという。臨湘県の監生は彭大の宿屋に逗留するかたわら、代わりに彭大に訴状を作って京控してもらい、八千文を謝礼として払ったという。桃源県の者は彭大の指図によってその筋向かいに開業する湖北省人の李《り》義《ぎ》興《こう》の店に宿泊するようにと言われ、歩軍統領衙門に訴状を提出するに際しても、李義興が連れて行ったということである。

二把手車

さらに興味深いのは、湖南省各地から彭大の升官店へいたるまでのルートである。

湖南省人が京控のため北京へ行こうとすれば、まず北へ進み湖北省の漢口付近へ出てそこからは二《に》把《は》手車《しゅしゃ》を雇い、これに乗って北京へ向かった。二把手車とは手押しの木製一輪車であり、乗客だけでなく旅行用品も多く搭載できる。清代では庶民が愛用した車である。

漢口の付近で二把手車を押して生活していたのは、多くはそのすこし北に位置する黄陂県の人びとであった。彼らは湖南省から京控のため北京をめざす者を彭大の升官店まで送り、ここで投宿させたのである。

湖南巡撫は現地で取り調べた結果明らかになったとして、北京で京控を手引きする者の存在を以上のように報告し、彭大、王経伝、李義興らを逮捕のうえ、湖南省まで護送してほしいと上奏した。湖南巡撫の要求どおりに処理せよとの上諭が出たのは、翌年正月七日であった。

2　いったいなにがいけないのか

漢口──北京ルート

この案件がその後どうなったのか、これも幸い檔案として残っている。[*8]

一八四〇年（道光二十年）五月二日、裕泰はふたたび次のような上奏をした。北京の治安を担当する官が裕泰の報告をもとにさっそく升官店に踏みこみ、彭大と李義興とを逮捕したのだが、王経伝は取り逃がした。彭大と李義興とは湖南省長沙に護送されたのち訊問を受けた。湖南巡撫によるこの二回目の上奏は、初回のそれをほぼ確認する内容であるが、いくつか新しい事実も明らかになったのでここではそれを紹介しよう。

彭大と李義興はともに湖北省黄陂県人である。彭大は麻線衚衕で升官客店を開き、いとこの彭二を雇って手伝わせていた。李義興は同じ麻線衚衕で二把手車店を開いていた。

彭大が京控のために北京へやってきた湖南人を相手に「包攬詞訟」を始めたのは、一八三七年（道光十七年）のことであり、それまで営んでいた一般客相手の旅館では儲けが思わしくないからであった。お客としては湖北省漢口付近からやってくる湖南人におもな狙《ねら》いを定め、二把手車店を営む李義興と手を組んで、車夫には京控する人を一手に升官店に連れてくるようにと言いつけ、儲けを山分けしようとしたのだという。

彭大が京控を手助けしたのは湖南省人だけではないこともわかった。彭大らが名前を覚えているだけでも、次のような地域からの客がいた。

四川省重慶府人　陝西省漢中府人　江西省南昌府人
江西省饒州《じょうしゅう》府人　河南省懐寧府人　河南省唐県人
福建省人　安徽省亳《はく》州人　山東省朝城県人

このほか、湖北省下では以下の府州県から客が来た。

黄州府人　応山県人　監利県人　武昌府人　随州人
襄陽府人　潜江県人　均州人　安陸府人　黄陂県人

つまり彭大の升官店とは、湖南人と湖北人を大口の顧客としていたほか、四川省人、陝西省人、福建省人なども取りこんでいたのである。彼らのほとんどが湖北省漢口を経由したからであろう。湖北省人について見れば、彼らの半数が漢口より北に住む者であるが、まず南にある漢口に出て北京へ向かった。

いずれにしても漢口から北京に京控ルートがあり、そのネットワークを使って都察院衙門か歩軍統領衙門まで来ていたのである。もちろん彭大と李義興が記憶している顧客は限られていたはずであり、何人の京控を手助けしたのかは明らかではなく、漠然と「数十件にのぼる」というだけである。

これのどこが犯罪に当たるのか?

彭大は京控のために訪れた宿泊客に王経伝を斡旋して訴状を代作させたほか、湖南省衡州《こうしゅう》府人である李老五にも代作させたことがあり、代作費として謝礼二千文が支払われた。二人が逮捕された後で、訴状を代作した王経伝については、四川省へ文書を送って逮捕することにした。升官店については強制的に閉店させることとし、彭大と李義興の家族は原籍地へ帰させることとした。

彭大と李義興とは『大清律例』「教唆詞訟」の「積慣の訟棍」の条がそのまま適用されて極辺の地、すなわち原籍から四千里離れた地へ流刑とし、顔には「煙瘴改発」の四字を入れ墨にすべしと問罪された。

ここに見られるように、彼らが「積慣の訟棍」と見なされたのは、彼らが訴状を代作したからでは必ずしもなかった。訴えの内容が虚偽を含むものであるかどうかは、罪状を羅列したところで一般論として「情節を増減した」と記されるだけで、個々の案件で具体的にどこが虚偽なのか、問罪に際して問題にさえされていない。彼らは「胥吏と気脈を通じた」わけでもなく、「田舎の愚かな者を丸めこんだ」わけでもなく、はたまた「金銭を巻き上げた」わけでもなかった。彭大と李義興は自発的に京控のためにやってきたお客を相手にしただけであり、彼らから主にこれに見合った宿代、車代と手数料を取っただけであった。このように営業として訴訟を手助けしたことが「積慣の訟棍」と異ならないと見なされ、「犯罪」であるとされた。

先に見たように、嘉慶帝は民間人のどんな問題でもよい、冤罪が晴れず無念の思いがあれば、誰でも北京まで来て訴えよと言った。とすれば、彼ら京控のためにやってくる人びとを助けることのどこが「犯罪」に当たるのか。湖南巡撫の裕泰の上奏文からは、その答えをうかがうことができない。この上奏を受けたのは道光帝であるが、彼からもその答えを聞くことはできない。「積慣の訟棍」の条例は、あまりに融通無碍《むげ》に適用されていたのである。

出世した裕泰曰く

彭大は一八三七年（道光十七年）に京控幇助を始めたが、一八四〇年（道光二十年）には早くも逮捕され、旅館升官店は閉鎖された。湖南巡撫の裕泰は「政治の出発点は人民を安寧にすること、人民を安寧にする出発点は訴訟をやめさせること、訴訟をやめさせる出発点は訟棍をきびしく逮捕することである」というが、京控そのものにたいする考えが皇帝および中央政府によって変更されないかぎり、彭大を摘発して升官店を閉鎖するぐらいで終わるはずはなかった。

はたしてその九年後の一八四九年（道光二十九年）閏四月には、あい似た上奏が湖広総督に出世した裕泰と湖北巡撫の趙炳言《ちょうへいげん》の連名でなされている。[*9] やはり京控を終えて湖北省都の武昌府へ帰ってきた者を訊問したところ、おおよそ次のことが明らかになった。

訊問を受けたのは黄陂県人、応山県人、東湖県人、蒲圻《ほき》県人、咸寧《かんねい》県人、荊門《けいもん》州人、武昌衛人、黄州衛人、孝感県人、襄陽県人の合計十三人であったが、彼らはすべて京控に当たっては北京宣武《せんぶ》門外大街《たいがい》路東にある隆盛店で宿泊しており、この旅館は湖北省黄陂県の人である陳という姓の者が経営していたと供述した。

湖北省人で京控のため北京にやってきた者はみなこの隆盛店に泊まった。宿では訴状の添削から都察院衙門、歩軍統領衙門への案内など、すべてをやってくれたほか、北京の治安に当たる役人が夜の見まわりに来て宿泊者の身元を調べるときには、宿帳に書かれたとおりに、占い師であるとか手紙を届けに北京へ来た者であるとか返答してくれ、京控のために宿泊しているという実情を明かさぬようにしてくれたという。

さらに取り調べた結果、陳のフルネームは陳寿であり、またの名を程鳳清ということがわかった。彼が家族を連れて黄陂県から北京へ来たのは十数年前のことである。陳寿は麻線衚衕で隆盛店を開いてここに住んでおり、宣武門外大街で興隆店を開いている李姓の者と結託して京控に来た者を助けており、訴状も代作していたという。陳寿は明らかになっただけでも合計十三件の京控を手助けした。ついては陳寿と李姓の者を逮捕して武昌まで護送していただきたい。

というのが湖広総督と湖北巡撫との要求である。

陳寿らのその後

陳寿らがその後どうなったのかについても、幸い檔案が残っている。[*10]

一八四九年（道光二十九年）九月に同じく湖広総督裕泰と湖北巡撫趙炳言の連名でなされた上奏によれば、陳寿、李清泉ら五人が逮捕され、湖北省武昌府へ護送された。彼らを訊問して明らかになったのは、すでに述べたほかに次のとおりである。

陳寿が麻線衚衕で隆盛店を開いているという情報は誤りであり、宣武門外大街で開いているというのが正しい。宣武門外大街で興隆店を開いている李姓の者とは李清泉である。

陳寿は隆盛店へ来て泊まっている湖北省の車夫と話すうち、湖北省人が京控のために来ても衙門へ行く道も知らないのだから、訴訟を請け負って衙門への道案内をして稼ごうと思い立った。宿泊者はほぼ湖北省人に限り、ほかの省の者が来たときには程鳳清という名を用いるか、いま満室だと言って断った。訴状を改作することも行った。訴状の底稿はそのつど焼却した。こうして隆盛店を利用した者たちがほかの人たちへ伝え、湖北省人で京控しようとする者は、みなここを利用するようになった。

陳寿が興隆店の李清泉とグルになって「包攬詞訟」しているというのも誤りであり、二人は同じ街に住んでいる知り合いにすぎない。陳寿の隆盛店へ来た客を興隆店へ連れて行って宿泊させただけである。

以上明らかになったことをもとに、湖広総督裕泰と湖北巡撫趙炳言は陳寿の罪状を、「胥吏と気脈を通じたり、愚かな者を丸めこんで脅《おど》したり騙したりしていないのだが、ただ訴訟を請け負い（包攬）、あれこれ指図して手助けしているうえに、人に代わって訴状を改作し、謝礼をいくらいくらと要求したのだから、愚かな者を丸めこんだり金銭を騙し取ったのと異ならない」とし、彼を「積慣の訟棍」とし充軍の刑に問罪した。彼を助けて隆盛店の帳場をあずかり訴状を改稿した人物は、「積慣の訟棍」の処罰規定から一ランクを減じて、杖一百、徒三年とされた。

3　蘇州における京控請け負い企業

もともとは自分が京控人

江蘇省蘇州に葉墉《しょうよう》という男がいた。

一八二七年（道光七年）十月七日付で江蘇省巡撫の陶澍《とうじゅ》によってなされた上奏は、葉墉らがいかにして「蘇州で訟師たちを呼び集め、京控を請け負う（包攬京控）」に至ったか、詳細な報告をなしている[*11]。

葉墉は江蘇省南匯《なんわい》県の監生である。その前年の一八二六年（道光六年）、彼は県の胥吏と税金

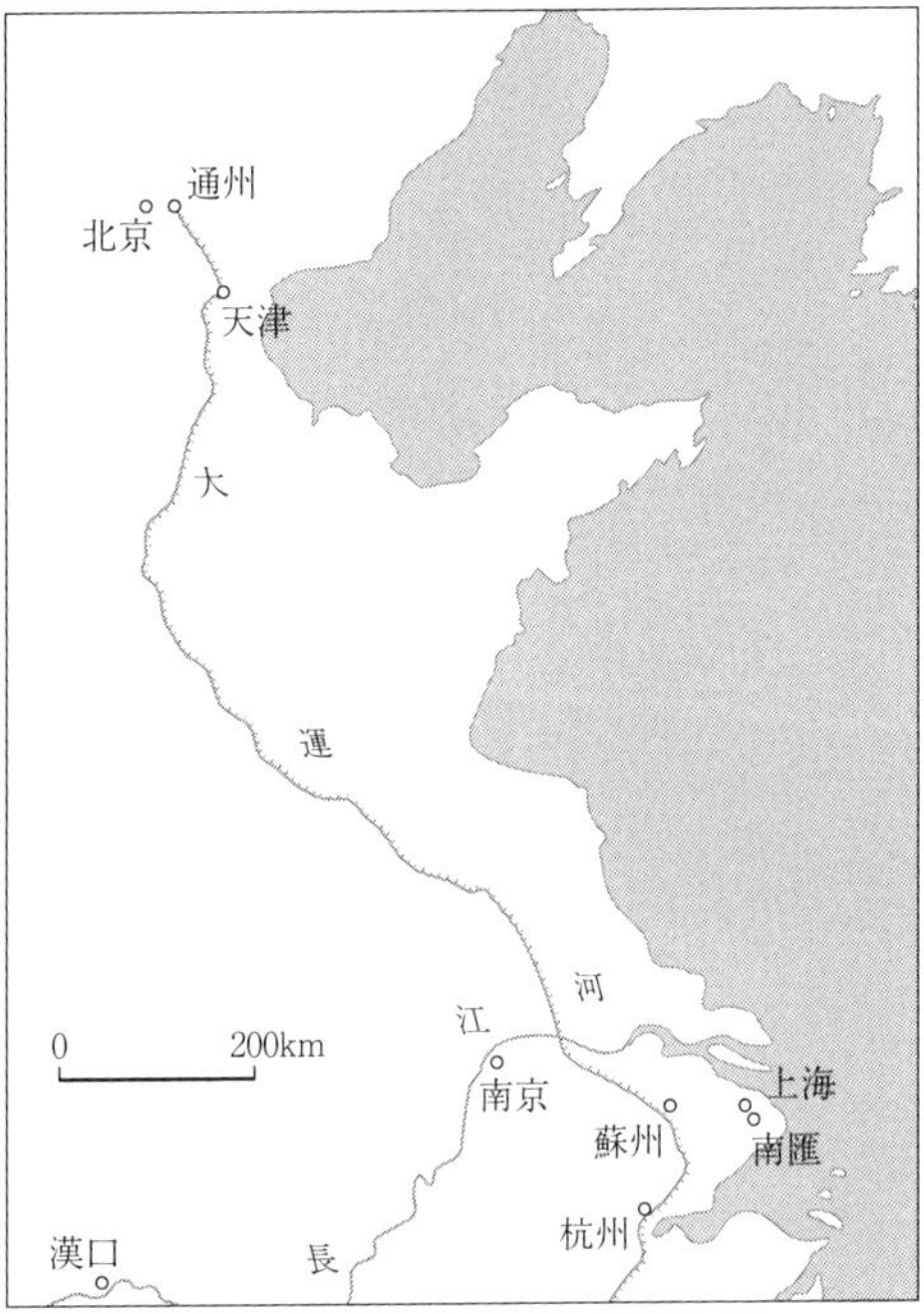

図22　蘇州からの京控ルート

の徴収をめぐって争いを起こし、解決がつかないので京控を企てた。ある人物に京控のための訴状を代作してもらい、これを生員である趙徴《ちょうちょう》に添削してもらった。趙徴と相談のうえ、かつて京控したことがあるという一監生を尋ねて行き、北京で誰か京控を手助けしてくれる人物を紹介してくれと言った。

　紹介してもらったのは通常は通州に住む金老四という男である。通州は大運河の終点である。その一監生によれば、大運河を通って通州に到着すると、金老四は自分を連れてそこから北京へ行き、李清照という六部で文書の書き写しをやっている男を紹介し、その男の家に宿泊させた。金老四と李清照とは昔からの知り合いで、各省から京控のために来た者を手助けしていたという。

　葉墉は北京へ行った。李清照が葉墉に言うには、京控を受け付けてくれる衙門は二つである。そのうち「都察院へ訴えに行けば、江蘇省へ護送されるときが心配だ。歩軍統領衙門へ訴えに行くなら、兵部へ身柄を引き渡して一路車に坐ってラクに帰ることができるから、こちらにしたほうがよい。しかしこちらに紹介するには、謝礼をはずむ必要がある」というので、葉墉は八両を払って歩軍統領衙門へ連れて行ってもらったという。

また李清照が、「京控で提出する訴状は、ほかの訴状の書きかたではダメだ」と言うので、いつも京控用の訴状を代作している男の家に別人に連れていってもらい、これを書き換えてもらった。この男には六両を支払い、金老四には十二両払った。

さて京控を終えると、葉墉は江蘇巡撫衙門のある蘇州まで護送され、訊問を受けた。南匯県胥吏との裁判については、ここではいっさい触れないでおく。しかし葉墉が京控を手助けする商売をやろうと思いついたのは、この蘇州でであった。北京には金老四と李清照がおり、江蘇省には趙徴と王雪堂がおり、蘇州はその結節点だからである。王雪堂は訴状を書き慣れた人物であり、蘇州で南匯県胥吏と裁判闘争をする過程で、趙徴とともに葉墉を助けてくれた。

蘇州で斡旋所をひらく

一八二七年（道光七年）二月になると、葉墉は蘇州に住まいをもった。これは南匯県からすれば出張所であるとともに、京控など訴訟をする者を宿泊させる宿屋をも兼ねていた。

なんと言っても蘇州は江蘇省の中心であって、省レベルで終わる訴訟はここにあった江蘇按察司と江蘇巡撫で裁判がなされたし、京控した原告はこの蘇州まで護送されて戻り、案件は按察司と蘇州府知府の審理にゆだねられたからである。京控にかかわる商売のためには、蘇州が便利であった。

　葉墉がこの寓居でもある斡旋所で行っていたことは、京控あるいは広く訴訟にかかわる企業経営と言うべきものであった。訴訟コンサルタントであったと言ってもよい。生員の趙徴は相談役であり、さまざまな具体的な問題でどうしたらよいのか知恵を出した。訴状の代作は王雪堂のほかに張金照と顧治が当たった。

　張金照は浙江省石門県の監生であり、葉墉は束脩《そくしゅう》（謝礼）を出して雇った。先生扱いである。葉墉は彼を自分の住まいの近くに住まわせて外出させず、訴状が来ると彼に閲覧させて添削させたという。顧治も監生であったが、かつて官代書をやっていた。彼は官代書としては、すでにできあがった訴状を書き写すだけの場合は銭百文を取り、たまに訴状を代作する場合には銀貨一元から銭四、五百文を取った。また金炳裕《きんへいゆう》は省控つまり省のレベルまで上控されてきた訴訟を一手に引き受けてその保証人となり、また裁判の過程で地方官によって出される批示を書き写しては、これを手紙にして顧客に送った。

　京控を図る者にはここに宿泊させて北京へ向けて送り出し、金老四と李清照に委託して都察院衙門と歩軍統領衙門まで案内させた。京控を終えて北京から蘇州へ護送されて帰ってくる者には、その後蘇州での訊問裁判が待っている。葉墉は彼らにたいして北京に向けて蘇州を出発する段階から、蘇州へ帰ってきてからも引きつづき訴訟の手助けをすると約束した。

　以上のような葉墉の動きを江蘇巡撫は、「南匯県、上海県一帯の訴訟をやる者どもを一手に集め、訴訟を請け負い人びとから搾り取った」と表現する。

逮捕と重い処罰

彼の蘇州における活動はまたたく間に、その道の者のあいだで有名になったようである。やはり江蘇巡撫の言葉を借りれば、「このとき、蘇州で多数の訴訟案件を請け負い、南匯県の都市でも郷村でも彼を知らぬ者はなく、これが葉墉の作った訴状だと伝えて読みあった」ということである。

しかしこのような葉墉の企業活動も、長く続かなかった。まもなく逮捕されたからである。蘇州で商売を始めてから一年に満たなかった。葉墉が斡旋して京控させたのが何件であったかは、上奏文では十件程度実例が挙げられているが、その実数はわからない。

このような京控幇助という商売がかくも短期間で終わったのは、それがまさしく京控に関係したものだったからである。

ふつうの訴訟であれば、訴訟の当事者たちは訟師の名前を訊問の場で明かさず、誰に訴状を代作してもらったのかと問われれば、「行きずりの占い師に書いてもらった」などと答えれば、それ以上取り調べようがなかった。

ところが北京から護送されて帰ってきた原告は、彼らがどのようにして京控をやったのかとの訊問を受ける。しかも葉墉の場合は自分が京控した案件で取り調べを受けていた。葉墉も京控幇助について訊問を受けはじめたころは、言を左右にして白状しなかったが、彼が幇助して京控させた男が訊問の場に引き出され対決させられる段になると、言い逃れができなくなったという。

江蘇巡撫から取り調べの途中で上奏がなされ、通州と北京にいる金老四と李清照を逮捕して蘇州まで護送してほしいと要求がなされた。李清照は逮捕のうえ護送されたが、金老四は逮捕を免れた。

中心人物である葉墉、相談役である趙徴、訴状代作担当である王雪堂はいずれも「積慣の訟棍」にたいする処罰規定にしたがい充軍の罪に問われた。葉墉は省都蘇州を根城に多くの訴訟案件に関与したのだから、その罪は重いとされ、これに加えてとくに三カ月間、蘇州で枷号、すなわち首かせを付けてさらし者にしたあとで配流するとされた。

張金照は雇われて訴状を代作したというだけであったし、北京の李清照は京控をする者を宿泊させて都察院衙門か歩軍統領衙門へ彼らを案内したというだけであった。このためいずれも「積慣の訟棍」の処罰規定から一ランクを減じ、杖一百、徒三年と問罪されるにとどまった。

ある占い師の災難

最後に北京の街角で占い師をすると同時に、訴状をも代作していた沈寛《しんかん》について述べよう。[*12]

一八四一年（道光二十一年）、歩軍統領らは次のような上奏を行った。

直隷省臨楡《りんゆ》県の薛泳発《せつえいはつ》が歩軍統領衙門にやってきて訴えた。直隷省とは北京がある省、つまり国家直属の省である。

薛泳発はわずか十三歳。にもかかわらず京控してきたのであるから、これは彼を教唆した者がいるにちがいないとして調べたところ、彼の親戚の者が北京へ来て、沈寛に訴状を代作してもらったことが判明した。沈寛は自分が訴状を代作したとはけっして言ってはいけないと切に言ったのだが、依頼人が口を割ったのである。その後、沈寛を逮捕した。歩軍統領衙門は京控を受け付ける衙門であるが、北京の治安維持が本来の職務だから、このような捜査と逮捕ができる。
以下は沈寛による自供である。

自分はもと江蘇省南京の人であり、四十二歳である。むかし礼部で文書の書き写しをやっていたが、一八二六年（道光六年）に辞職し各地で占い師（算命《さんめい》）をやって生活してきた。ある人のために訴状を書いてやったことで罪に問われ、刑部で杖責を受けてその件は終わったのだが、貧乏で苦しいため、あいかわらず各所で占いの店を開き、訴状を書いてほしいという者がいれば金銭を取って書いてやっていた。

ずいぶん昔からであるから、誰のためにどんな内容の訴状を書いたのか、代金がいくらであったのかははっきり覚えていない。しかし去年の二月に一遼陽州人のために土地争いについて訴える訴状を書いたこと、ことし二月に宣武門外大街で占い店を開いていたときに、ソバ屋を開いている者一人と晋太差局の者一人に訴状を書いてやったことがあり、両方とも土地や金銭トラブルを訴えるものであったことは覚えている。

三月十四日、薛泳発の親戚の者が彼を連れて訴状を代作してくれといってやってきた。自分は街中で訴状を書いたなら人に見られてまずいと思い、済孤寺のなかにある自分の借家へ二人を連れて行き、そこで訴状を書いてやった。自分は彼らに歩軍統領衙門か都察院衙門だけが訴状を受け取ってくれるからそこへ行くべきこと、そして訴状は自分に書いてもらったとはけっして漏らさぬようにと頼んだ。

これまで受け取った金銭は銭一千文から数百文であった。

その後、これが事件となりお上《かみ》が自分を捜索していると聞いたので、北京の南や通州へ逃げたのだが、六月二十三日に通州で捕まった。

これで生計を立てているのがいけない

歩軍統領衙門は道光帝にたいして、おおよそ次のような提案をした。

沈寛は一度訴状を書いて杖責されながら、その後も各地で訴状を代作し、明らかにこれで生計を立てているのだから、「積慣の訟棍」であることは疑いない。代作した訴状の内容がどのようなものであり誰のために書いたのかと詰問しても、あまりに昔のことで覚えていないと言うだけで、供述ははなはだハッキリしないのだから、ほかに訴訟を教唆したり幇助したり不法にわたる重大な問題がないとは保証できない。この者を刑部に引き渡して審問のうえ、明らかにされますように。

さて、沈寛のような事例を取りあげたのは、張正常のように安穏のうちに死に、丁仕卿のように「はなばなしく」生きて果てた訟師がいる一方で、彼のように細々と小心翼々として生きた訟棍でも、運悪く偶然に逮捕されれば「積慣の訟棍」として問罪されたからである。「積慣の訟棍」の法令があまりに恣意的に用いられているからである。

沈寛の場合も、訴状に虚偽や誣告があったことはまったく問題にされずに「積慣の訟棍」とされている。彼はある人のために一度訴状を代作しただけで、刑部で杖責を受けた。刑杖で叩かれる程度で済んだということは、その案件は重大事件ではなく、また訴状に誣告や虚偽が書かれていなかったことを物語る。

その後、彼が代作した訴状も、歩軍統領衙門から上奏文が上げられたこの段階では、すべていわば民事案件にかかわるもので重大事件ではなく、そこに誣告や虚偽が見えるとはどこにも記されない。むろん「胥吏と気脈を通じる」などの違法行為はなかった。まさしく歩軍統領衙門が言うとおり、「沈寛は一度訴状を書いて杖責されながら、その後も各地で訴状を代作し、明らかにこれで生計を立てているのだから」、「積慣の訟棍」であるとされたのである。

法廷で民が「こんなところで裁判できるはずがない！」と言う

ところで、嘉慶帝が人びとに京控せよと奨励しはじめたころ、彼が「訟棍の訴えでも聴いてやれ」と言ったことは、すでに述べた。あれから二十年がたち、京控が増え訴訟そのものも増えると、このような余裕を彼は完全になくしていた。彼が死去したのは一八二〇年（嘉慶二十五年）であるが、この年に彼が二人の山東巡撫に発した上諭が数多く残っている。そこで彼は「訟棍を徹底して取り締まれ」と何度も命じている。たとえば、「人びとが次から次へと悪賢く訴え出てくるのは、すべて訟棍がそうさせるのだ」と言っていた。[*13]

嘉慶帝がなぜ訟棍を徹底して取り締まれと言うにいたったかというと、「民が官を畏《おそ》れず」、逆に「官が民を畏れる」というゆゆしい事態が生まれており、これは訟師、訟棍の跳梁《ちょうりょう》と密接に関係していると考えたからであった。彼は二人の山東巡撫にたいして、その得ていた情報をおおよそ次のように伝えて注意をうながしている。

　山東省の人びとは悪賢く健訟である。法廷で訊問を受けるとき、やにわに憤然と起ち上がり、「こんなところで裁判できるはずがない！　自分はさらにほかのところへ行って訴える！」と言い放つ者までいる。ところが裁判にあたる地方官はその凶暴さに畏れをなし、なんの処罰も加えないのだから、人びとはみなこれに倣《なら》い、京控や上控がますます増えるのだ。[*14]

当時、人びとが法廷で裁きを受けるときには地方官の前でうなだれてはいつくばり、訊問されるものと決まっていた。ところが彼らの中には、スックと起って「こんなところで裁判できるはずがない！　自分はさらにほかのところへ行って訴える！」と抗弁する者がいたという。さらには、法廷から「憤然として立ち去る」者がいたのだが、地方官はなんの処罰もできなかった、ともいう。これでは専制統治の理念から見ても、民父母裁判理念から見ても、民は驕慢《きょうまん》そのものである。

では、なぜ人びとがここまで驕慢になったのか。嘉慶帝はこれを訟師、訟棍の跳梁と密接な関係があると考えた。また、「山東省の官界では公務をまったく重視せず、賭博と酒宴だけをやっている」と、官僚の腐敗や職務怠慢が原因であるとも考えた。さらに、地方官は民の父母であるにもかかわらず「民を愛さない」のだから、「民は官を畏れなく」なっているのだとも考えた。

しかし民をここまで驕慢にした責任の一半は、彼自身が負うべきである。と言うのは、「地方官はまともな裁判をしていない、だから冤罪に苦しむ者は、さらに直接北京まで訴えてこい」と命じたのは彼自身だったからである。訟師、訟棍そして人びとは、皇帝が発したこのメッセージに機敏に反応し、これを逆手《ぎゃくて》に取ったにすぎない。法廷で民がスックと起って憤然《ふんぜん》と言い放ったのは、ほかでもない嘉慶帝自身が儒教理想主義者として民に発したメッセージそのものであった。

註

*1 『清実録』嘉慶四年八月甲寅。
*2 同前書、嘉慶六年四月甲子。
*3 同前書、嘉慶二十三年四月甲戌。
*4 『江蘇省例 三編』光緒八年、臬例、京控案件分別弁理。
*5 陳盛韶『問俗録 福建・台湾の民俗と社会』（小島晋治他訳、平凡社、一九八八年、頁七四）。
*6 『清実録』嘉慶二十年六月己巳。
*7 中国第一歴史檔案館蔵檔案、録副奏摺、03-62-3802-1。
*8 同前書、録副奏摺、03-62-3803-9。
*9 同前書、硃批奏摺、04-01-1-837-29。
*10 同前書、硃批奏摺、04-01-1-838-26。
*11 同前書、硃批奏摺、04-01-1-693-19。

＊12　同前書、録副奏摺、03-62-3806-35。
＊13　『清実録』嘉慶二十五年五月丙子（『嘉慶道光両朝上諭檔』嘉慶二十五年五月二十一日）。
＊14　同前書、嘉慶二十五年四月乙卯（同前書、嘉慶二十五年四月三十日）。ほかに嘉慶二十五年二月乙未（二月九日）、嘉慶二十五年五月己巳（五月十四日）。

第9章
世界史のなかの訟師

1　イギリスのペティフォッガー

やはり蛇蝎のごとく

本章および次章では、世界史のなかで中国の訟師、訟棍に似たものがいたのかどうか、これを中国における明清時代に当たる時代のイギリス（イングランド）、オスマン帝国下のトルコ、日本を例にとって検討する。

中国とヨーロッパ、イスラムの三つの世界、そして日本を見るだけで、「世界史のなかで」訟師を位置づけたことにはならないとも言えるから、本章や次章を読み飛ばしていただいてもかまわない。しかしその目的は、他の世界を鏡にして「中国の訟師と健訟」の姿を明らかにすることにあるから、スペースにして過半は中国の場合を語ることになろう。

図23　トーマス・エジャートン

まずは十六世紀、十七世紀のイギリス（イングランド）を取り挙げる。それはこの時代にペティフォッガーと呼ばれる者が訴訟界に多くいたからである。

中国の訟師、訟棍は英語でペティフォッガーと呼ばれる。『マシューズ中英辞典』（*Matheus'Chinese-English Dictionary*, Harvard University Press,1996, もと1931）では訟師、訟棍がともにpettifoggersと訳されているし、『中英辞典』（香港、商務印書館、一九七九年）でも訟棍がlegal pettifoggerと訳されている。

Petti-がpetty（小さな、劣った）であることは見やすいが、foggerがどこから来たかというと、『オックスフォード英語辞典（*The Oxford English Dictionary*）』では、ドイツの大富豪、フッガー（Fugger）家に由来するのではないか、と推測している。そうだとすれば、ペティフォッガーの元の意味は「しけたにわか富豪」といったところか。

ペティフォッガーについてはイギリスの研究者ブルックスに『ペティフォッガーと国家の毒蛇たち』と題する研究書があるから、まずこれを見てみる。

ペティフォッガーを毒蛇といっしょにしたのは、トーマス・エジャートン（Thomas Egerton）という、大法官府裁判所の大法官をも務めたことのある貴族出身の政治家であった。彼は一六〇一年、イギリス議会での演説で、アトニー（attorney）とソリシター（solicitor）という法曹界の職業人を「国家のペティフォッガーと毒蛇ども」と呼んでやり玉に挙げた。彼はアトニーとソリシターこそが当時起こっていた訴訟の激増をもたらす元凶であると見なし、訴訟を減らすために彼らをこう呼んでその人数を制限せよ、と主張したのである。[*1] 中国で訟師を退治せよと主張されたのと同様、イギリスでも訴訟を減らすにはペティフォッガーを減らせばよいと、見当ちがいなことを考えたのがよく似ている。

イギリスのアトニーとは

現在のイギリスでは、弁護士はバリスター（barrister）とソリシターに大きく分けられる。バリスターとは法廷に出席して依頼者のために弁護できる者であり、地位はすこぶる高い。これにたいしてソリシターとは単なる事務弁護士であり、法廷弁論はできない。彼らは訴訟依頼者に代わって足と手で稼ぐ事務屋であり、依頼者にアドバイスしながらその代理人となっていた。ブルックスによれば、アトニーとはこのソリシターの前身であり、両者にはっきりとした区別はないという。

アトニーは法廷に所属する吏員であり、十七世紀初めには少なくとも千人いたという。彼らがやった主な仕事は、ジェントリーらから委任状を受けて公認の訴訟代理人となり、地方とロンドンを往復し案件を処理することであった。

当時のイギリスでも、訴訟はもともと忌避すべきものとされ、理想の弁護士とは訴訟の当事者たちを仲直りさせる者である、と考えられていた。ところが彼らは訴訟が激増したのに便乗して荒稼ぎしたから、反感を買ったのである。

スペインでの訴訟情況について研究したケイガンによれば、イギリスのアトニーにあたるプロクラドール（procurador）も当時、「蜂蜜の壺へ飛んで行くようにお金に魅せられた」者たち、と見なされていたという。[*2] またソリシターとアトニーとは低い生まれで、十分に教育を受けていないと考えられていた。このため、エジャートンのような貴族からはペティフォッガーと軽蔑して呼ばれたのである。

中国の訟棍も蔑称であり、訟師も蔑《さげす》まれていたのだから、これらにペティフォッガーという訳語を当てるのはまちがっていない。ところが同じく蔑称であっても、仕事の中身がまるでちがっていた。

アトニーは公認された職業人であって、ヨーマン、商人、職人らと同じく社会の中間層をなしていたという。アトニーは法廷に所属していたから、その登録名簿も残っている。一方の訟師は非法な存在であったから、登録名簿はもちろんない。あるのは犯罪者名簿である。

清代康熙年間の名儒とされる湯斌《とうひん》は州県に『無恥《むち》刁民簿《ちょうみんぼ》』を置き、虚偽の混じった訴状を書いた訟師の名をそこへ登記し、三回載せられれば厳罰に処したという。[*3] 刁民とは狡猾な民のことである。また一八二五年（道光五年）ころの河南省では、『稽訟簿』という訴訟に関わった学生を調べあげた帳簿があった。そこには訴訟に関係した生員と監生の名前が書き込まれ、処罰するために用いられていたという。[*4]

アトニーはときにペティフォッガーと軽蔑して呼ばれたが、彼らは弁護士制度と代訴制度が国家によってはっきり認められていた世界で生きていたのだから、この点で訟師、訟棍とはまったくちがっている。彼らは訴状を代作するだけでなく、法廷が開かれるときにはそこに出席したし、少なくともスペインの下級法廷では、しばしばプロクラドールが法廷に立ち、弁論することが許されていたという。これでは両者はあまりにちがいすぎている。

イギリスにおける訴訟の激増

このように、訟師に似た者はイギリスにはいなかった、と言ってよい。ただ両者ともに、訴訟が増加したなかで非難されているところが同じである。

イギリスでは一五五〇年から一六〇〇年の間に訴訟が激増した。ブルックスが推計したところでは、首都ロンドンに置かれた王座裁判所（King's Bench）と民事裁判所（Common Pleas）とでの合計訴訟数は、一三五八年から一五五〇年の間には増えなかった。ところが一五五〇年を境にして激増する。推計によれば、たとえば一四九〇年と一六〇六年の訴訟件数を比較して見るなら、それは十倍以上となっているというのだから驚きである。[*5]

この訴訟の激増は、地方の民事案件が中央ロンドンへ流入するようになったことによってもたらされた側面が大きい。この間、絶対王政が進展する中で民事訴訟は直接ロンドンの王座裁判所や民事裁判所にもちこまれることになり、州（county）での法廷は多く開かれず、地方法廷での訴訟件数はむしろ減少傾向にあったのである。

政府が司法の中央集権化を進めただけではない。当時の地方法廷は腐敗しており、判決も不公平だと考えられていたため、人びとは訴訟を司法制度がより完備しているロンドンの中央法廷へ直接もっていくことを望んだ。アトニーやソリシターらもそのようにアドバイスした。これら二つの中央裁判所で訴訟件数が突出して増えたのは当然である。だから以上の数値は、イギリス（イングランド）全土における訴訟件数の推移を示すものではないことに、注意する必要がある。

また中央ロンドンの法廷で訴訟が激増したのは、十六世紀後半に顕著なだけで、一六〇六年から一六四〇年にははや増加の速度がおおいに緩やかになっている。さらに一六六〇年から一八二九年のころには、その法廷での訴訟数が一般的な減少の段階にあったことは、明らかであるという。すなわちイギリス（イングランド）における訴訟の激増とは、十六世紀の後半から十七世紀の初頭にほぼ限られたものであり、しかも全国的に増えた訴訟がロンドン中央法廷に流入し、一極集中したことによって生まれたものであった。

西ヨーロッパにおけるアメリカ銀の流入と訴訟の急増

ところがこの時期に訴訟が急増したのは、西ヨーロッパではイギリスだけに限ったことではなかったらしい。スペイン（カスティラ）における訴訟の急増については、首都マドリードの北西にある一地方都市、バリャドリッドの民事法廷における数値が参考になる。その数値は訴訟件数そのものではなく、民事法廷から敗訴した側にたいして発せられた執行令状の数である。ケイガンが示した数値によれば、一五〇〇年から一五八〇年までの間に発行された執行令状の数は、二・七倍に増加している。[*6] さらに著者は、早くも一五三二年には「訴訟が急激に増えつづけているため、事案を必要な速さで処理できなくなっている」との記録があることを示す。また一五六六年の記録として、このころに「訴訟と紛争が民衆の間で日ごとに増えている」という証言があり、一五八一年に「なぜかはわからないが、訴訟がほんとうに激増している」との証言があることも紹介する。

彼ら二人が示した統計によるかぎり、スペインでもイギリスでも同様に十六世紀に突然訴訟が急増したことは明らかである。この現象が両国にほぼ同時にあらわれた要因として、アメリカ大陸から大量の銀がもたらされるようになり、これにともない両国ともにインフレーションが急に起こり、いわゆる価格革命が起こったこと、これによってさまざまな紛争が多発するようになったことを想定することは、おそらくは許されるであろう。イギリスについて見るなら、一五〇〇年から一六四〇年にかけて物価が約七倍上昇した、とブルックスは言う。

急激な物価の上昇がイギリスの場合、訴訟の一極集中に拍車をかけた。かつては四十ポンド以上が紛争の原因である訴訟だけ、地方法廷でなく中央法廷へもちこむことを許すという中世的なルールがあった。ところが十六世紀に起きたインフレーションによって、このルールは無意味なものとなってしまい、どれもこれも中央法廷にもちこまれるようになったという。[*7] またブルックスはイギリスで訴訟が急増した要因としてほかに、人口増や商工業と農業の繁栄などを挙げるが、やはり価格革命が起こったこと、すなわち新大陸の銀の流入がより根底的な要因であったと見てよいであろう。

2　訴訟秘本と海瑞が起こした訴訟爆発

中国史という文脈のなかで

ここで問題が生まれる。それは中国でも同じく十六世紀を中心に、訴訟が増えたようだからである。中国の場合はいまのところ統計数値としてこれを示すことはできないし、またイギリスのようにほぼ十六世紀後半に限って集中豪雨的に激発したのではなかった。中国の場合は十五世紀中ごろ以降に里老裁判制が機能不全に陥ってから、ほぼ慢性的な訴訟過多の情況にあったが、やはり十六世紀後半からそれが多くなったと当時の史料に見える。

もしも中国での訴訟の増加もこの時期に起こったとすれば、これはイギリス、スペインでの動きに連動したもので、一五七〇年代以降に、新大陸の銀がフィリピン（ルソン、マニラ）経由で大量に流入しはじめたことがその原因なのだろうか。さらに言えば、それ以前から日本銀が、倭寇および朝鮮経由によって中国へ流入していたからだろうか。

ただ中国の場合、物価の代表格である米価の変動を見ても、一五〇〇年（弘治《こうち》十三年）ころから一六一九年（万暦四十七年）ころまでの百年以上にわたって、それはおおよそ安定していた。[*8] イギリスに見られたような激しいインフレーションは見られなかったのである。米価はその後、一六四四年（崇禎十七年）の明朝滅亡までの間に高騰するが、これは主に王朝末期における戦乱と自然災害によるものだとされる。

また中国では、司法の中央集権化はすでに紀元前、秦漢時代に達せられており、皇帝に任命された地方官が各地でその代理として裁判していた。かりにほぼ同じ時期に中国でも訴訟が増えたとしても、これは中国史という文脈のなかで捉えねばならない。

十六世紀から十七世紀にかけての中国での訴訟情況について、当時の史料は訴訟が増えた、訟師が増えたとしばしば語る。しかしいつからそれらが増加しはじめたのか、なぜ増加したのかについて、説明はあまりにさまざまで統一的なイメージを描きにくい。

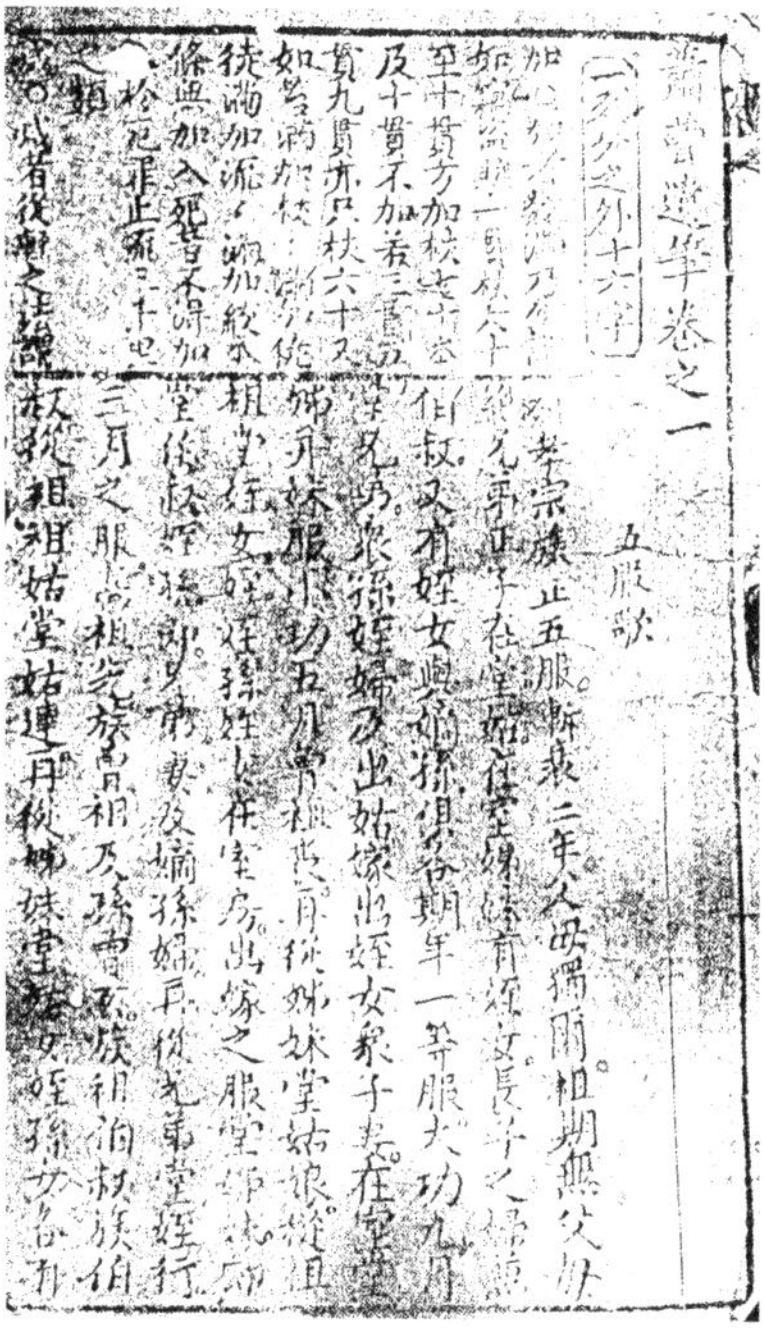

図24　上海図書館蔵『蕭曹遺筆』（少なくとも内容的には、現存するもっとも古いと考えられる訟師秘本）

にもかかわらず、中国でもやはり十六世紀から十七世紀にかけて訴訟が増えたのではないかと私が思うのは、二つの理由からである。

訴訟秘本

そのひとつは、この時期に訟師秘《しょうしひ》本《ほん》が爆発的に出版され普及したからである。

	書　名	巻　数	刊行形態・所蔵など
①	『蕭曹遺筆』	2巻	明刊本　上海図書館蔵
②	『新鍥法林金鑑録』	3巻	万暦22年（1594）刊本 アメリカ議会図書館蔵
③	『新鍥蕭曹遺筆』	4巻	万暦23年（1595）刊本 (a)蓬左文庫蔵 (b)東京大学東洋文化研究所蔵 (c)中国国家図書館蔵（2部あり）
④	『新鐫音釈四民要覧蕭曹明鏡』	5巻	明刊本　中国国家図書館蔵
⑤	『鼎鋟法叢勝覧』	4巻	明刊本　中国国家図書館蔵
⑥	『新刻摘選増補註釈法家要覧折獄明珠』	4巻	万暦30年（1602）序刊本　日本国立公文書館蔵
⑦	『新刻校正音釈詞家便覧蕭曹遺筆』	4巻	万暦42年（1614）序刊本 (a)中央研究院歴史語言研究所蔵 (b)中国社会科学院歴史研究所蔵
⑧	『鼎鍥金陵原板按律便民折獄奇編』	4巻	明刊本　アメリカ議会図書館蔵
⑨	『刻法林照天燭』	5巻	明刊本 (a)尊経閣文庫蔵 (b)アメリカ議会図書館蔵
⑩	『合刻名公案断法林灼見』	4巻 巻首1巻	天啓元年（1621）序刊本　蓬左文庫蔵
⑪	『新鐫訂補釈注蕭曹遺筆』	4巻	天啓以後明刊本　尊経閣文庫蔵
⑫	『新鐫訂補釈注霹靂手筆』	4巻	明刊本　アメリカ議会図書館蔵
⑬	『新刻法家須知附奇状集』	6巻 附1巻	崇禎6年（1633）序刊本　日本国立公文書館蔵
⑭	『袖珍珥筆全書』	10巻	明刊本　日本国会図書館蔵
⑮	『法家秘授智嚢書』	2巻	崇禎刊本　尊経閣文庫蔵
⑯	『新鐫法家透胆寒』	16巻	明刊本　日本国会図書館蔵

表1　明末の訟師秘本（版本）

あとひとつは海瑞《かいずい》という地方官が、「提出されてきた訴状のうち、受理すべきものはできるだけ多く受理せよ」と府州県衙門に命令を下すとともに、みずからこれを実行し、たとえば松江《しょうこう》府で訴訟爆発を起こしたからである。

ここではまず、訟師秘本について述べよう。訟師秘本とは訴状を作るときに使って便利な虎の巻、マニュアル本である。現代日本では『訴訟は私一人でできます』などの書名で、本屋へ行けばどこにでも売っているが、中国では十六世紀後半から十七世紀前半にかけて、これが爆発的に売れまくったのである。この時期に出版されたものに限って、その書名と出版年を記せば、表1のとおりである。[*9]

これを使えば自分で訴状が書ける

そこには主に訴状を作るときに手本となる模範文例が示され、訴状で用いるべき用語や決まり文句も満載していた。さらに訴状を書く者や訴訟を請け負う者にたいする注意事項まで盛りこみ、簡単ながら当時の法律を収録するものもあったし、わかりやすい法律問答を載せるものもあった。文例と用語、決まり文句は殺人事件、金銭貸借、婚姻問題など訴訟の部門別に分類され、いざ訴訟を起こそうとする者にもこれを受けて立つ者にも、即戦力となった。これらはすべて木版本で、二冊程度で編集され廉価であった。

多少文章が作れる者であれば、これを使えば訟師が書いたような刺激的で誣告が混じった訴状を自分でこしらえることができたし、人に代わって書いてやることもできた。現在で言えば上海市、江蘇省、浙江省、安徽省、江西省、湖北省、湖南省あたりでは、「訴訟文書は多く流浪するゴロツキや占い師の手になる。彼らは部門別の虎の巻を持っており」、これで身銭を稼いでいたという。[*10] また「小さな村でフンドシをして荷物担ぎをするような者でも、誰もが（虎の巻を入れた）袋を持って筆をなめ、思いのまま出まかせに書いてゆけば、即座に訴状になる」とまで言われた。[*11] これが可能であったのは、訟師秘本があったからである。

清代になっても訟師秘本は新しく編纂され、出版されつづけた。ただ訴訟が多すぎることに手を焼く国家にとって、これらは忌《い》まわしいものであった。一七四二年（乾隆七年）になると訟師秘本は禁書となり、出版した者は厳罰に処せられ、買ったというだけでも杖一百の処罰を受けることになった。

訴訟が増えたから訟師秘本が爆発的に出版されたのか、訟師秘本が爆発的に出版されたから訴訟が増えたのか、これはいわゆる卵と鶏のうちどちらが先かというのと同じであろう。①『蕭曹遺筆』二巻がいつ出版されたのかは明らかではないが、訟師秘本が十六世紀後半から十七世紀前半にかけて大量に出回っていたことは、表1から明らかである。これには当時、小説や日用百科全書など通俗本の出版が活況を呈していたことも、あずかっているであろう。中国で訴訟がこの時代に増えたと考えるのは、このためである。

世界の前近代史のなかで、訟師秘本のような書物が中国以外で大量に出回っていたことを私は聴かない。中国での訴訟の増加を考えるとき、中国史の文脈のなかで捉える必要があるというのは、これもその一因である。

尋常ならざる男

　次に訴訟爆発を起こした海瑞《かいずい》について述べよう。海瑞は原理主義的な儒教の信奉者であった。彼は政務を怠る嘉靖帝を諫めようとして、諫めれば皇帝の怒りを買い死刑になるのは必定と考え、あらかじめ自分が入る棺桶を準備しておくような人物であった。

　彼は嘉靖帝の突然の死によって牢獄から政界に戻っていたのだが、中央政府は江南地方で山積していた困難な問題を解決するため、あえて剛直で一本気なところのある海瑞を抜擢し、徹底的に取り締まらせようとしたのである。この人事には、中央政界での権力闘争がからんでいる、としばしば言われる。

図25　海瑞（陳義鍾編校『海瑞集』中華書局、1962年）

　一五六九年（隆慶《りゅうけい》三年）六月、海瑞は応天巡撫となった。応天巡撫とは、現在で言えばおおよそ江蘇省と安徽省の長江（揚子江）以南と上海市という、江南地方の広い領域を統治する最高責任者である（本書二四ページ、図2参照）。そこは当時の中国の経済的中心地であり、文化的中心地であった。

　彼は統治下の府州県にたいして、訴訟に関わる二つの通達を出した。そのひとつで彼は、「江南では狡猾な訴訟が多い」と述べる。なぜ狡猾な訴訟が多いかといえば、裁判に当たる地方官が白黒をはっきりつけない処理をするからだとする。これを海瑞は「両可調停、含糊姑息」、つまりどっちつかずの調停、中途半端で姑息な処置であると表現する。

当地では「肥えた土地を耕すよりも、薄っぺらな訴状で人を告訴したほうが儲かる」、というはやり言葉があると彼はいう。これはたとえば、むかし田土を売ったときの値段はいまの値段より安すぎた、だから差額料金をよこせという訴訟を起こしたとすると、裁判に当たる地方官は、「彼は貧しいから、少しぐらいはくれてやれ」と曖昧な調停をする。またたとえば人命事件が起こったと訴えれば、まったく捜査することもなしに、「葬式代ぐらい恵んでやれ」と中途半端な調停をする。これでは訴訟のやり得、誣告のし得である。これを解決するため、白黒のはっきりした判決を下し、誣告をビシビシと取り締まれと府州県官に命じたのである。[*12]

「道理のある訴状はできるだけ多く受理せよ」

もうひとつは、これまで何度も述べてきた、訴状の受理と不受理に関わるお触れである。[*13]

訴状を出そうとする者は常々、「府州県官が訴えを受理してくれない」と言っている。人びとは赤ん坊で府州県官は父母である。ケンカや相続、婚姻などのもめごとはつまらぬ問題とはいえ、すべて白黒の決着をつけてやらねばならないし、衣食の問題は処理してやらねばならない。……こちら裁判に当たる側が、誣告する者にたいして断固たる法的措置を取らぬため、彼らを懼《おそ》れさせて訴訟しに来られなくすることもできずに、（誣告が多いからという口実で）真実の訴えをも捨て去って取り挙げず、無念の思いを晴らしてやることができない。これでなんで「民の父母」と言えるのか。……今後は、民間のつまらぬ訴えでも、すべて州県官が一つひとつ問い糾《ただ》さなければならない。

海瑞の厳命は、典型的なまでにこれまで述べた「無冤の理念」をあらわしたもので、また典型的なまでに「民父母裁判理念」にもとづくものであった。

巡撫衙門で放告日に、毎回三千から四千の訴状を受け付ける

問題は海瑞が府州県官にこれらの通達を出しただけではなく、彼自身がこれを実践したことであった。彼は在任わずか九カ月で、訴訟を激発させたことを主な理由として、北京の宮廷で弾劾を受けた。彼はこれを知ると、自分はなにもまちがったことをしていないと反論する上奏文を提出した。弁明に曰《いわ》く、

（自分の管轄地域のうちとくに）蘇州府、松江府、常州府、鎮江府は大運河が通る交通の要衝に当たっているから、府県官は通り過ぎる官僚を接待するのに忙しい。このため彼らにも、一般人民が懐《いだ》く不当に虐げられているという思いを受け止め、裁判で解決してやろうという

気持ちはあるにはあるのだが、毎日それをする時間がなく、多くの場合は捨て置いて審理しない。また案件は郷官（郷紳）、挙人、監生に関係しているから、これら有力者を憚《はばか》り、握りつぶして処理しないと長らく聞いている。自分は任地に着いてから、前任の巡撫に比べてたしかに訴状を多く受理したが、それは人びとの積もる怨みを晴らしてやり、勢力家の横暴を抑えるためであった。

海瑞が各地で訴状を大量に受け付けたのも、訴状を受理するかどうかは、地方官の任意に任されるという独特の制度の中で起こったことであった。

弾劾文では、「海瑞は毎日、巡撫衙門の門を開いて訴状を受け付けること、千枚以上に達した」と批判された[*14]。ところが彼自身述べるところによれば、毎月二日と十六日を放告日と定めたところ、「放告日には毎回三千件から四千件の訴状が届けられたが、このうち受理し、処理にまわしたものは、二十分の一であった」という。彼は南京にある巡撫衙門を出て巡察してまわる先々でも、同じように訴状を受け付け、受理した案件については配下の府州県に処理を命じたという[*15]。これなら、その広い統治下で、訴訟が一気に増えたはずである。

人びとが機敏に反応した

これに人びとは機敏に反応した。たとえば土地を郷紳に奪われたと恨みに思う者たちは、地方官が郷紳の権勢を恐れて訴えても受理してくれないものとばかり思っていたところ、海瑞なら道理のある訴えであれば受理してくれることを知った。

郷紳とは郷官とも呼ばれ、退職官僚あるいは休職官僚である。彼らは官位に応じて国家から与えられた特権を利用して、さまざまな方法で庶民から土地を奪っていた。人びとは訴状をもって海瑞が巡回する各衙門へ押しかけた。もちろん彼が言うとおり、「江南は狡猾な訴訟が多い」ところである。このとき虚偽や誣告を含む訴状も、数多く届けられたにちがいない。もっとも問題が大きかったのは、松江府（府城は華亭県）であった。海瑞自身、「ただ華亭県だけは郷官を訴える訴状のうち、受理したものがたいへん多かった。華亭の郷官ほど土地と家屋を多くもち、奴僕《ぬぼく》を多くもち、人びとの恨みを買っていることは、中国全土でほかにはない」と述べている。「華亭の郷官」の代表は、つい先日まで中央で宰相を務めていた徐階《じょかい》であった。

その松江府城華亭県でなにが起こったのか、これについては朱邦憲の「潘御史《ぎょし》に与える」と題する手紙がもっともリアルに実況を伝えるから、以下ではこれをそのまま書き写そう。[*16]

訴訟爆発の実況

朱邦憲は華亭県のとなり松江府上海県の人である。彼は徐階をかばいつつ、まず自分の郷里が突然ひどい訴訟社会になったことを次のように述べる。

故郷の風俗は魑魅魍魎《ちみもうりょう》の世界、湯火刀剣の地獄と変じてしまい、白髪の老人も幼い子どもも人の隠しごとを暴きたてて訴え出ることを日常あたりまえのこととしている。訟師という訴状書きの専門家についてはここではとりあえず述べないが、村のなかで鋤《すき》や鍬《くわ》を手にする者も変じて雄弁な口達者となってしまった。彼らがもちだすのは景泰《けいたい》、天順《てんじゅん》時代という百年以上も昔の土地問題であり、四世代も五世代も昔のご先祖のことである。……たとえば趙家を訴えようとして趙家に官僚がいなければ、官僚のいる銭家を借りてきて訴える。問題が数十年前のことで、これでは昔すぎてまずいと思えば、「旧歳」という二字で置き換える。

朱邦憲は以上のように、郷里上海の農夫たちがまるでみんな訟師になってしまったかのように訴訟戦術を覚え、これによって郷紳つまり官僚家族から奪われた土地を取り戻そうとして訴え出ていると歎いたあとで、彼が郷里の上海県から松江府城へ出かけたときに目撃したこと、なかでも彼が見た海瑞と民衆とのありさまを次のように伝えている。

> 人びとは海瑞が西のほうからやってくると聞きつけるや、みんな松江府城にかけ入り、肩や足が触れあうほどであった。彼らがどちらからともなく話し合うのは、「誰々が某官僚を訴えて、金銭いくらいくらを儲けた。誰々が某官僚を訴えて、土地と建物どれだけを獲得した。いまや誰々の金銭や土地建物は自分の手中にあるぞ」といった話である。
>
> 人びとは競って商店へ出かけて訴状用紙を買いこみ、訴えを書き記した。松江府ではこのために訴状用紙が値上がりし、ある商店では一日で三十両の売り上げがあった。
>
> 海瑞一行が府城へ入ったとなると、彼らは路地も大通りも埋め尽くし、その気勢は県衙門

をも府衙門をも圧倒した。海瑞がなんの命令もまだ下していないうちからその乗り物に雲集し、ある者は訴状をその袖のなかにねじこみ、ある者はその懐《ふところ》にねじこみ、ある者はその足を抱えてその靴のなかへねじこんだ。県衙門のつまらぬ属官にたいしてさえ、こんなになれなれしく無礼なことはこれまでなかった。これまた明朝が興《おこ》ってから二百年、なかったことである。
ああ、こんな風気をここ中国の東南地方で始めてしまった。一般人民に有益であるからといって、官僚士大夫たちは怒りを抑え、恥をこらえ、うな垂れて彼らの言うままになれと言うのか。いま、市中の者で訴訟する者は十軒のうち九軒、田舎の農夫で訴訟する者は十軒のうち八軒ある。

このような大騒動は、史料上では松江府城で起こったことだけが伝えられる。それにしても、放告日になると巡撫衙門や各地の駐在地に三千人から四千人が訴状を持って集まるとは、どのような光景を想像したらよいのであろうか。中世以来のイギリス（イングランド）では、中央から派遣された国王の臣下によって巡回裁判が行われていたという。[*17] はたしてそこでも、同じような光景を見ることができるのであろうか。

3 イスラムの法廷、中国の法廷

オスマン帝国下トルコに訟師のような者はいたのか?

では西アジアのイスラム世界には、訟師に似た者はいたのだろうか。ここではオスマン帝国を取りあげる。オスマン帝国は広い領土をもったから、ここではその中核地域であり、現代ではトルコ共和国に属するアナトリア地方（小アジア）を中心にして、その情況を追ってみよう。

参考としたのは、いずれもこの時代この地域のイスラム法廷を追ったジェニングス、ガーバー、エルゲネ、コシュゲル四人の研究である。彼らが拠った主な史料は、いずれも各地の法廷で処理した案件について、一件ずつその内容を要約しファイルした文書、法廷記録（法廷台帳）である。ここで言うイスラム法廷とは、シャリーア法廷とも呼ばれ、イスラム法にもとづく法廷である。マザーリム法廷がカリフあるいは軍政機関によって運営されるのとちがい、イスラム法廷はカーディーという各地に任命された司法長官によって運営され、いわゆる民事的案件はこちらが主に扱った。

まずエルゲネの見解を取りあげよう。というのは、その研究では珍しく中国の訟師が問題となっているからである。彼は、「オスマン帝国の法廷でそのような訟師がいたことに、われわれは気がつかない」と述べている[*18]。ただし彼が理解する中国の訟師とは、先に紹介したマッコーレイの研究をもとにしたものである。それは訟師とは「狡猾な知性」を持った人物というものであって、本書でこれまで問題としてきたような、その私代書としての側面、あるいは冤罪を救う「智能の士」としての側面についてはほぼ完全に考慮されない。

訟師に似ているのは裁判官カーディー

彼が訟師を「狡猾な知性」を持つ人物と捉えたことによって、突飛ではあるがおもしろい議論が生まれている。それは、彼がイスラム法廷で中国の訟師に似て「狡猾な知性」にたけ、しかも腐敗していたのは、ほかならぬ裁判官カーディーであったとしている点である。中国法廷では訟師の役回りであったものをイスラム法廷では裁判官が担っていた、とするのである。著者はヨーロッパ人の見聞記によりながら、カーディーの腐敗や不法行為の具体例をいくつか挙げているが、そのひとつはたとえば次のようなものであった。

あるトルコ人の男が、相続を急いだために父親を殺した。ところがその放蕩《ほうとう》な友だちが彼を救おうとして、カーディーに大金の賄賂を贈り、彼からイスラムの裁判制度を逆手に取るという悪知恵を授けられる。悪知恵とは父を殺したのはその息子ではなく自分である、と二人の証人をともなってまず名乗り出、そのあとで無罪放免となった息子によって赦免《しゃめん》される、というものである。そのとおりに実行したところ、みごとに成功し息子を無罪にできたという話である。この話はわれわれに、第1章で紹介した「耳に嚙みつく訟師」の話、息子が父親を殴って歯を欠けさせ、

図26　カーディーと離婚を訴える妻（Coşgel・Ergene共著表紙）

訟師に悪知恵を授けてもらって助けられた笑い話を連想させる。まさしくここでは、訟師が担った役回りをカーディーが果たしている。

　カーディーの腐敗ぶりは、イスラムの裁判とはなにかを議論するとき、しばしば話題に挙げられる。もちろんカーディーはそんなに腐敗していなかった、彼らが賄賂を取り腐敗していたという通説は、その情報源がもっぱらオスマン帝国を旅したヨーロッパ人たちの伝聞によるからだ、とする反発もある。[*19]

　父親を殺したが、カーディーの悪知恵によって助けられたというこの話も、その授けたとされるトリックは奇抜であるが、一方で二人の証人を立てるという、カーディーから授けられなくても当時の人なら誰もが知っていたにちがいない、あまりに単純なものをともなっている。これまた当時あった笑い話がもととなっている可能性があるから、私にはどちらの判断が正しいのかわからない。しかし少なくともイスラム法廷の研究者が、中国の訟師に似た者がそこでは出てこない、と指摘していることは貴重である。

「訴訟を請け負う」ワキールという人びと

四人の研究を読んでいて、裁判官カーディーではなく、民間人としてもっとも訟師に近そうなのはワキールという人びとである。なぜなら彼らがやっていたことこそ、中国で言えば明らかに「包攬詞訟」、すなわち訴訟を請け負うことであったからである。ジェニングスは、十七世紀のオスマン帝国では弁護士制度はなかったとしつつ、ワキールの仕事について、これをイギリスのアトニーがやっていた仕事と比較できるかもしれないと述べている。[*20] ただしアトニーが法廷所属の吏員であったのにたいして、ワキールは民間人であった。とすれば、彼らはイギリスのアトニーに似ているよりも、中国の訟師にもっと似ているではないか。

　ジェニングスはカイセリという地方都市の法廷記録を基礎史料とした。そこでは息子が父親の全権委任を受けてワキールになっているほか、実家の母親が嫁いだ娘のワキールとなっている場合もあれば、妻が彼女の夫のワキールとなることさえあった。ワキールは依頼人と委任契約を結び、その契約に際しては二人の証人によって確認される必要があった。

　イスラム法廷は裁判所であるだけではなく、後に述べるように民間で行われた売買契約、相続契約、離婚契約などさまざまな契約について、これを確認し公的な証書を発給するところでもあったから、ワキールは訴訟を代理しただけではなく、契約代理人としてもしばしば法廷に出頭していた。ジェニングスは、カイセリのワキールたちは信頼されていたようで、これを専門職とする者はいなかったらしいと述べる。

　ただシリアのダマスカスで編纂された法廷記録を追った三浦徹は、十九世紀に編纂された『職業事典』には、ワキールも職業人として載っていると紹介する。そこでは、彼らは資産家や女性などから、農地、商店、浴場などの管理や賃料の徴収などを委任され、稼ぎがよく高等な職として多くの人が従事する、と記されているという[*21]。そうだとすれば、オスマン帝国に職業的なワキールがいたことはまちがいない。

しかし職業的なワキールがいたとしても、彼らの仕事は依頼人と委任契約を結んでさまざまな代理人となることであり、そのひとつが訴訟代理人となることであった。彼らの仕事のひとつは、中国で言えば明らかに「包攬詞訟」であったが、オスマン帝国ではイギリスと同じく代理訴訟が制度として認められ、慣習化していたのである。

以上によれば、オスマン帝国下のトルコでも、これまた中国の訟師に似た者はいなかったということになる。

では、なぜオスマン帝国のトルコには、中国の訟師に似た者がいなかったのだろうか。

私はその原因として、ワキールが合法的な訴訟代理人であったことのほかに、大きなものが二つあると考える。両方ともいまのところ、中国の場合と比較したかぎりでの仮説でしかないが、以下にもう少しくわしく説明しよう。

イスラム法廷では、訴訟は口頭で訴えることから始まる

この世界に中国の訟師に似た者がいなかった大きな原因は第一に、オスマン帝国のイスラム法廷ではふつう、訴状の提出はなされず、提出されたとしてもそれが重視されなかったからである。

先に挙げた四人の著書では、いずれも訴訟の手続きと裁判の過程が述べられる。ところがその

どれもが、訴状を作成しこれを法廷に提出する手続きについては記されない。訴訟は原告が法廷で被告にたいして主張したときに始まるとされ、その論拠として十九世紀に編纂された民法典『メジェッレ』を引用するものもある。それらでは中国で言う放告と批閲の段階についてはまったく記されず、いきなり法廷での主張、あるいは審訟（聴訟）つまり審理の段階から始まる[22]。

　ジェニングスとエルゲネの著書では、法廷記録に記された多くの案件がそのまま英訳されている。訴訟案件ではどれでも冒頭、「どこの誰々が、どこの誰々を訴え、彼（彼女）の面前で何々と主張した」、あるいは「誰々が法廷へやってきて、誰々を訴え、何々と主張した」などと記され、その後で原告による被告にたいする要求内容が記されるだけである。訴状のことは出てこない。これは中国の訴訟手続きを知っている者から見れば、きわめて奇異である。

　と言うのは、中国明清時代の訴訟檔案では、一件文書は原告が提出した訴状、すなわち告状から始まるのが普通だからである。そもそも『大明律』『大清律例』では、その一条「告状（原告の訴状）に依って獄を鞫《きく》す」で、「訊問に当たっては告状に依拠す」べきであると定められているのであって、この条文も少なくとも『唐律疏議』までさかのぼる。

　いくつかの著書ではイスタンブールの中央政府と地方法廷のやりとりで、中央政府が地方住民の訴状（petition）を受け取った、あるいは地方法廷が住民の訴状（petition）をそちらに送る、という記録を載せている[23]。しかしこれらはどれも、中央政府と地方住民または地方法廷とのやりとりで、訴状を授受しているだけで、地方住民が地方法廷に直接に提出したものではない。イスラム法廷では、住民が上級の司法機関へ申請するときに訴状などを代作してやることも、重要な業務としていた。ここで言う訴状（petition）とはおそらくこれであって、イスラム法廷が代作したものと考えられる。そうだとすれば、これらは中国でふつう言う訴状とは話がちがう。

訴状は必要ないか、重視されない

イスラム法廷では、書かれた文書よりも本人の口頭での意思表示や証人による証言が証拠として重視される、とよく言われるように、訴えについても、訴状という文書よりも法廷での口頭による訴えこそが重視されたのであろうか。

オスマン帝国ではないが、アフガニスタンのイスラム法廷について研究した近藤信彰《こんどうのぶあき》は、一八八五年にカブールで初版が出版された『カーディーたちの礎《いしずえ》』という書物を紹介している。それはカーディーたちがしたがうべき事柄や、法廷はいかにあるべきかを箇条書きにしたものであるが、この書によっても、「訴状が提出された形跡はない」という。[*24]

イスラム法廷では訴状が用いられない、あるいは法廷で口頭による訴えがあって、初めて裁判が開始されるとすれば、中国で訟師たちがやっていたもっとも代表的な仕事、すなわち訴状の代作は無意味であったはずである。

そもそもオスマン帝国で訴訟は多くなかった

次に、オスマン帝国では訴訟は多くなかったらしい、という問題を考えてみよう。

少なくともトルコについて見れば、先に挙げた四人の研究者は誰一人として、この地で訴訟が多かったかどうかなど、問題にさえしない。彼らの研究では、当時の現地の人びとによる記録であれヨーロッパ人による見聞録であれ、訴訟が多いと記している記録が引用されない。

オスマン帝国のイスラム法廷について、確実に言えることがひとつある。それはそこでは、人びとの求めに応じて、紛争が起こる前に民間でなされた契約を認証していたことである。民間で紛争が起き、当事者双方ですでに和解に達していた場合でも、和解契約を結んだ後でわざわざ法廷へ出向いてカーディーに公的な証書を発給してもらった。これなら訴訟の芽の多くは摘み取られるのだから、その頻度が低くなって当然である。この地が健訟でないとすれば、これと表裏一体の訟師も必要ない。

二つの統計

コシュゲルとエルゲネはその共著のなかで、カスタモヌという一地方都市の法廷記録をその内容にしたがって、「訴訟」「契約」のほか、契約の一種として別に「友好的和解」という項目を設けて分類し、統計を取っている。「友好的和解」とは、当事者にとって紛争であることでは「訴訟」と同じであるが、一方では民間ですでに和解を果たして、この旨《むね》を「契約」し、これを法廷に提出し認証を受けたものである。この地の法廷記録では、現在言う刑事案件も民事案件といっしょに登録されている。

彼らは十七世紀と十八世紀の三つの法廷記録を用い、これらに記される三期についてそれぞれ統計を取っているが、ここでは三期を総計した数値だけを挙げておこう。[*25]

案件総数………二千九十一件（一〇〇パーセント）
訴訟…………八百五十九件（四一パーセント）
契約…………七百九十八件（三八パーセント）
友好的和解……四百三十四件（二一パーセント）

ここで言う「友好的和解」もまた「契約」の一種であるから、契約総計は契約七百九十八件に友好的和解四百三十四件を加えた千二百三十二件（五九パーセント）である。きわめて荒い計算でしかないが、単純計算するなら合計三十二年間に訴訟は八百五十九件あったのだから、年平均で約二十七件である。彼らは、カスタモヌ都市部の人口を十八世紀初めには一万一千人程度であったとしている。

三浦徹も十九世紀後半ではあるが、オスマン帝国下シリアのダマスカスの一分院で編纂された法廷記録六冊をもとに、そこで審理された内容に従って売買、賃貸借、相続、訴訟、離婚などに分類し、統計を取っている。この分類項目は法廷記録で表記されているものをそのまま用いたものので、ここでいう訴訟とは、訴訟そのものを審理の第一目的とするものであり、ほかの取引に付随した訴訟は含まれない。この小法廷の法廷記録には、現在言う刑事案件は含まれず、民事案件だけが登録されている。

彼は一八七三年三月から一八七八年十二月まで六期（六年）に分けて統計を取っているが、これも六期合わせての案件総数、訴訟総数とこれを除いた売買、賃貸借、相続、離婚などの総数とだけを示してみよう。

案件総数……八百七十三件（一〇〇パーセント）

訴訟……八十二件（九・四パーセント）

売買、賃貸借、相続、離婚など……七百九十一件（九〇・六パーセント）

これも月単位を無視して単純計算するなら、合計六年間に訴訟を主目的にする案件は八十二件あったのだから、年平均にして十四件ということになる。[*26] 三浦は、この小法廷に関与したダマスカスの住民人口は、ほぼ一万人であっただろうと推計している。

イスラム法廷の中心業務は裁判よりも公証

コシュゲルとエルゲネによれば、審理された案件総数に占める訴訟の割合が四一パーセントであるのにたいして、三浦によるそれが九・四パーセントと大きな開きがあるのは、前者がイスラム法廷で審理されたのはおもに訴訟であるのか、それとも民間でなされた契約を認証することであったのか、を問題として行った統計であるのにたいして、後者は法廷記録に表記された分類をそのまま用いた統計であって、分類では売買、離婚とされるがこれに訴訟をともなった場合や、認証を受けるにあたって紛争をともなった場合などを含まないからである。だから法廷で認証を受けるにあたって訴訟をともなった場合を含めるならば、その割合は三浦が示す九・四パーセントという数値よりはるかに高くなるであろう。

それにしても、カスタモヌの法廷では契約案件が五九パーセント、訴訟案件が四一パーセントを占め、ダマスカスの小法廷では法廷記録で用いられた分類をそのまま用いるかぎり、審理案件のうち訴訟を主目的とするものがわずか九パーセントを占めていたということは、オスマン帝国のイスラム法廷では、裁判より証書の発給がおもな業務であったことを伝えるであろう。

ここではオスマン帝国下のカスタモヌとダマスカスに残された法廷記録による統計だけを示したが、ほかの地域の法廷記録によっても訴訟を裁判するより証書の発給こそがイスラム法廷の中心業務であったことが示されているという。これは近年ではまた、オスマン帝国あるいはイスラム法廷を研究する者の共通認識になっているということである。

中国衙門法廷では公的証書を一般に発給せず

中国の衙門法廷でも、執照《しつしよう》、執状という名の公的証書を発給することがあった。たとえば寡婦が貧しいため再婚することを公認してほしいと申請してきたときには、これを発給することがあった。[*27] しかしこの証書はその後紛争が起こったときに利用されるから、関係者の合意があり証拠が十分そろっているか、よほどやむをえないか重大な案件でないかぎり、一般にこれを安易に発給すべきではないとされていた。

もちろん中国でも、たとえば契約不履行が起こることは避けられない。そんなときには原告であれ被告であれ、私的な契約文書を必ず衙門法廷に提出した。法廷もこれを証拠として重視した。判決に当たっては私的な契約文書を慎重に点検し、金銭貸借の場合であればとくにこれを重視したという。[*28]

民間での私的契約のうち、ただひとつだけ衙門で公的証書を受けねばならないものがあった。

それは田地や家屋が売買されたときの契約である。このときには、その所有者名義の書き換えを衙門に届け出て契税《けいぜい》を納めなければならない。この手続きを過割《かかつ》、推収《すいしゅう》などと呼ぶ。このとき、衙門が持つ徴税台帳において名義が書き換えられるとともに、新しい所有者は売り手から受け取った契約文書に公印を捺してもらった。つまり過割を経ることによって、新しい所有者は国家公認で所有権を確保できたのだから、この場合には州県衙門が公証機関であったことになる。

ところがこの手続きは『大明律』『大清律例』「典買《てんばい》田宅」で定められているとおり、契税を納めなければ脱税（漏税）したと見なされた。国家は田賦《でんぷ》すなわち土地に課せられる税を確実に徴収するため、土地所有者の転移を把握しておく必要があったからである。

新しい土地所有者にとっては、過割とは罰則をともなう義務であった。しかも彼らは衙門の法廷で州県官からこの認証を受けるのではなく、衙門で徴税を担当する部局である戸房《こぼう》や税契房《ぜいけいぼう》へおもむき、機械的に過割の手続きを行っていた。さらに言うなら、ところによってはこの過割さえ行わないことが慣例化していた。

中国の衙門法廷は、民間人が契約不履行によって訴訟を起こしたとき、はじめて契約文書を点検しそれが証拠となりうるかどうかを判定する、純然たる裁判機関であった。これにたいして、オスマン帝国のイスラム法廷は裁判機関である前に公証機関であった。明清中国とオスマン帝国を比較するなら、前者では訴訟が多く後者ではそれが少なかったのは、当然であったと考えるし、後者では訴状が重視されないことと相俟《あいま》って、訟師が生まれなかったのも、当然であったと考える。

註

*1 Brooks, C. W.. *Pettyfoggers and Vipers of the Commonwealth: The 'Lower Branch' of the Legal Profession in Early Modern England*. Cambridge, Cambridge University Press, 1986, p. 139.

*2 Kagan, Richard L.. *Lawsuits and Litigants in Castile, 1500–1700*. Chapel Hill, The University of North Carolina Press, 1981, p. 60.

*3 『湯子遺書』巻九、厳禁刁風以安良善告諭。

*4 『刑案匯覧』巻四八、誣告、厳査積圧訟案及生監唆訟。

*5 本章註1、p. 51.

*6 本章註2、p. 6.

*7 本章註1、p. 91.

*8 岸本美緒「明末の田土市場に関する一考察」(『清代中国の物価と経済変動』研文出版、一九九七年、頁二二六)。余耀華『中国価格史(先秦－清朝)』(経済科学出版社、二〇一三年、頁五二四)。

*9 夫馬進「訟師秘本『蕭曹遺筆』の出現」(『史林』第七七巻第二号、一九九四年、頁四)。

*10 『治譜』巻四、告状投到状之殊。

*11 『崇禎外岡志』巻一、俗蠹、訟師。

*12 『海瑞集』上編六、示府県厳治刁訟(中華書局、一九六二年、頁二七四)。

*13 同前書、上編六、示府県状不受理(頁二七五)。

*14 『明実録』隆慶四年二月癸亥。

*15 『海瑞集』上編六、被論自陳不職疏(頁二三七)。

*16 『朱邦憲集』巻一四、与潘御史。

*17 J・ベイカー『イングランド法制史概説』(小山貞夫訳、創文社、一九七五年、頁四九)。

*18 Ergene, Boğaç A.. *Local Court, Provincial Society and Justice in the Ottoman Empire: Legal Practice and Dispute Resolution in Cankiri and Kastamonu (1652-1744)*. Leiden・Boston, Brill, 2003, p. 110.

*19 Gerber, Haim. *State, Society, and Law in Islam: Ottoman Law in Comparative Perspective*. Albany, State University of New York Press, 1994, p. 157.(ハイム・ガーバー『イスラームの国家・社会・法――法の歴史人類

学』〔黒田壽郎訳、藤原書店、一九九六年、頁二九二〕。

＊20 Jennings, Ronald C. *Studies on Ottoman Social History in the Sixteenth and Seventeenth Centuries: Women, Zimmis and Sharia Courts in Kayseri, Cyprus and Trabzon.* Istanbul, The Isis Press, 1999, p. 279.

＊21 三浦徹「19世紀ダマスクスのイスラム法廷文書（1）：サーリヒーヤ法廷をめぐる人間関係」（『東京大学東洋文化研究所紀要』第一三五冊、一九九八年、頁一七六）。

＊22 本章註20、Jennings, p. 295. Gerber, Haim. *Economy and Society in an Ottoman City: Bursa, 1600–1700.* Jerusalem, Ben-Zvi Printing Enterprises, 1988, p. 203. 本章註18、Ergene, p. 142. Coşgel, Metin・Ergene, Boğaç A.. *The Economics of Ottoman Justice: Settlement and Trial in the Sharia Courts.* Cambridge, Cambridge University Press, 2016, p. 215.

＊23 本章註20、Jennings, p. 248. 本章註18、Ergene, p. 143. 本章註19、Gerber, p. 43（ガーバー、頁一〇六）。

＊24 近藤信彰「アフガニスタンの司法改革——イスラーム法裁判制度を中心に」（堀川徹他編『シャリーアとロシア帝国：近代中央アジアの法と社会』臨川書店、二〇一四年、頁一九七、二〇〇）。

＊25 本章註22、Coşgel・Ergene, p. 83.

＊26 Miura, Toru. *Dynamism in the Urban Society of Damascus: The Ṣāliḥiyya Quarter from the Twelfth to the Twentieth Centuries.* Leiden, Brill, 2015, p. 213. なお五期の統計としては、三浦徹「19世紀ダマスクスのイスラム法廷文書（2）：サーリヒーヤ法廷をめぐる人間関係」（『東京大学東洋文化研究所紀要』第一三七冊、一九九九年、頁三四二）。

＊27 『州県提綱』巻二、執状毋遽判。『新鍥蕭曹遺筆』巻二、執照類、寡婦改嫁照。

＊28 『平平言』巻三、銭債。

第10章
江戸との相違

1　公事宿と歇家

瀧川政次郎は言う

日本史の研究者によれば、江戸時代の江戸や大坂などには、公事宿《くじやど》という訴訟する者を泊める宿屋があり、その主人とそこで働く者を公事師《くじし》と称したという。彼らに訟師のことを話すと、「公事師に似ていますね」と言われることがある。

しかし、じつはほとんど似ていない。本章では日本が中国の隣国であり、しかも文化的な影響を大きく受けていながら、両国に大きなちがいがあることを指摘したい。

公事師と公事宿については、瀧川政次郎《たきがわまさじろう》に『公事師・公事宿の研究』があるから主にこれによりながら話を進めることにしよう[*1]。瀧川はまず、江戸時代の百科全書である山岡浚明《やまおかまつあけ》『類聚名物《るいじゅめいぶつ》考《こう》』を批判する。

　山岡は、公事師とは「訴訟する者に頼まれて、その事情を偽るか増減したり、訴えるやりかたを教えたり、文書などを捏造したり、是を非とねじ曲げ、不正を勝たせ正義を敗けさせる手段に巧みな者」と説明するのだが、瀧川によればそれは「もぐりの公事師」でしかない。彼らは幕府から終始弾圧を受け、悪党無頼漢の類《たぐい》と見られていた。これとは別に、幕府によって公認された公事師がいたのであり、公事師と公事宿は不可分な関係にあった。自分がここで研究するのは、この公認された存在についてであると瀧川は宣言する。

　ただ『類聚名物考』を見てみると、山岡は「公事師とは訟師である」と記している。また瀧川が山岡による公事師つまり訟師についての説明だとしている部分も、じつは『清朝探事《しんちょうたんじ》』にみえる「訟師」の説明を引用したものにすぎない。『清朝探事』は享保年間（十八世紀前半）に一清人が語った清朝の制度や風俗について書き取ったものである。つまり瀧川による山岡批判は、少しずれているのであって、批判するなら「山岡による定義と異なり、日本の公事師は中国の訟師と大きくちがう」と言うべきであった。

　中国の訟師、訟棍はすべて非公認であるから、瀧川に言わせれば彼らは、すべて「もぐりの公事師」ということになる。ところが日本には「もぐりの公事師」について記した史料はほとんどないらしい。一方、中国の訟師、訟棍史料はそれこそ山というほどある。ということは、一見すれば両者は似ているように見えながら、それらが国家と社会に占める「重み」がまるでちがっていたことをあらわしているだろう。これでは両者を比較する意味はほとんどなさそうだ。

それに公認された公事師は、イギリスのアトニーやソリシターと同じく訴訟制度のなかに大きく組みこまれていたのだから、中国の訟師、訟棍とあまりにちがいすぎている。これまた両者を比較する意味はほとんどない、と言ってよいようである。

公事師、公事宿の仕事

ところが中国でも、公事宿と同じく訴訟宿として「歇家《けつか》」が公認されており、これを営む者もまた歇家と呼ばれた。清末の新聞『申報』で、「訟師と歇家とは名は二にして実は一である」と言われていたものである（本書九一ページ参照）。

図27　公事師の家であった京都二条陣屋（2023年著者撮影）

瀧川によれば、公事師は訴訟当事者を宿泊させたほか、彼らに代わって訴状などの文書を作った。また彼らをともなって奉行所へ行き、後に述べる「目安糺《めやすただし》」の場でみずから作った訴状の原案を点検してもらった。公事師は法廷（御《お》白洲《しらす》）にも同席し、当事者が有利になるように口添えすることがあった。奉行所の委託を受けて、被告の召喚状などを訴訟と裁判に関係する者たちに送達し、また当事者が逃亡する恐れがあるとき、奉行所の命令を受けこれを監視し拘留した。

このほか瀧川は、幕府によって禁じられてはいたが、実際には公事師は宿泊する当事者に裁判で有利になるようさまざまにアドバイスしたし、訴訟当事者が審理のために奉行所へ出頭せねばならないとき、たまたま病気になれば公事師が代わって出頭したとする。また、本人が仮病をつかい彼らが代わって出頭することも日常的なことであったという。もちろんこれも違法行為ではあったが、奉行所が大目に見て黙認していたようである。

さらに公事師は、訴訟当事者である原告と被告との内済《ないさい》（話し合いでの解決、示談）の仲介もしていた。服藤弘司《はらふじひろし》によれば、奉行所の役人はむしろ内々で公事師が内済に介入することを望んでいたようであり、町方同心のなかには、公事師を内済の仲介者として利用するために、その屋敷に住まわせている者さえいたということである。*2

歇家は州県官からまったく信用されていなかった

中国でも人びとが田舎から訴訟のために州県衙門へ来たときには、宿泊する必要があった。州県衙門も彼らを呼び出すとき、どこに宿泊しているかを知っておかねばならず、彼らをしばらく見張っておくためにも、歇家を公認して把握させる必要があった。

ただ中国の歇家と日本の公事師の仕事が重なるのは、この訴訟当事者を宿泊させたこと、衙門または奉行所の命令を受けて彼らを監視し拘留したこと、禁じられてはいたが、裁判で有利になるよう宿泊者にさまざまにアドバイスしたことだけである。

歇家は訟師と同様、訴状の代作は許されなかった。彼らは日本で言う目安糺や訴状の提出に立ち会うことも、法廷での訊問に立ち会うことも、あるいは代理で出廷することも禁止されていた。

私は檔案や官箴書などで、彼らがそのようなことを公認され、またやっていたという記事を読んだことがない。衙門の官僚が歇家の仲介で和解が成り立つことを期待したなどといった記録も、ひとつとして読んだことがない。

唯一、知県が歇家に訴訟を調停するよう奨励している明確な史料がある。[*3] しかしこの史料は、山西省のある県で歇家が行政村である里の関係者によって経営されていたことをうかがわせるものである。歇家は訴訟宿であるとともに納税宿でもあったから、約千戸からなるこの県の各里は、いわば公営の歇家をそれぞれ衙門の近くに置いて納税者の便宜を図っていたのである。訴訟する原告も被告も、これら各里の歇家に泊まった。このため知県は、訴訟の解決を歇家が仲介して行うことを奨励したのであった。だから知県が歇家に訴訟の調停を期待したと言うより、里の関係者にそれを期待したと言うのが正しい。

歇家はふつうの史料では、都市の無頼、ならず者たちによって個人で経営されていると書かれており、訟師、訟棍と同類と見なされ、州県官からまったく信用されていなかった。

「女訟師」劉王氏も歇家を営んだ

どんな人物が歇家を営んでいたのかの一例として、劉王氏の場合を挙げる。

四川省重慶府巴県の劉王氏という女性が「女訟師」であったことは、第2章で述べた。彼女と生員である夫の劉元坦とは、重慶城内の太平坊という一区域に、和興店という歇家を置いて経営していた。彼らはそこから四十キロほど離れた太平場という田舎の市場町を根城にさんざんに訴訟を起こし、頻繁に巴県衙門に足を運ぶ必要があったから、みずから宿泊先としてここを利用していた。

太平坊という区域は巴県衙門に近いため歇家が立ち並び、この和興店の隣も集雲店という名の歇家であったが、ここは巴県衙門の総役、すなわち差役の親分によって経営されていた。

一八七四年（同治十三年）、集雲店のトイレから糞尿があふれて和興店に流れ出した。臭くてたまらぬ、お客にも文句を言われると、店の者が怒鳴りこみに行ったところ殴られ、劉王氏とは別

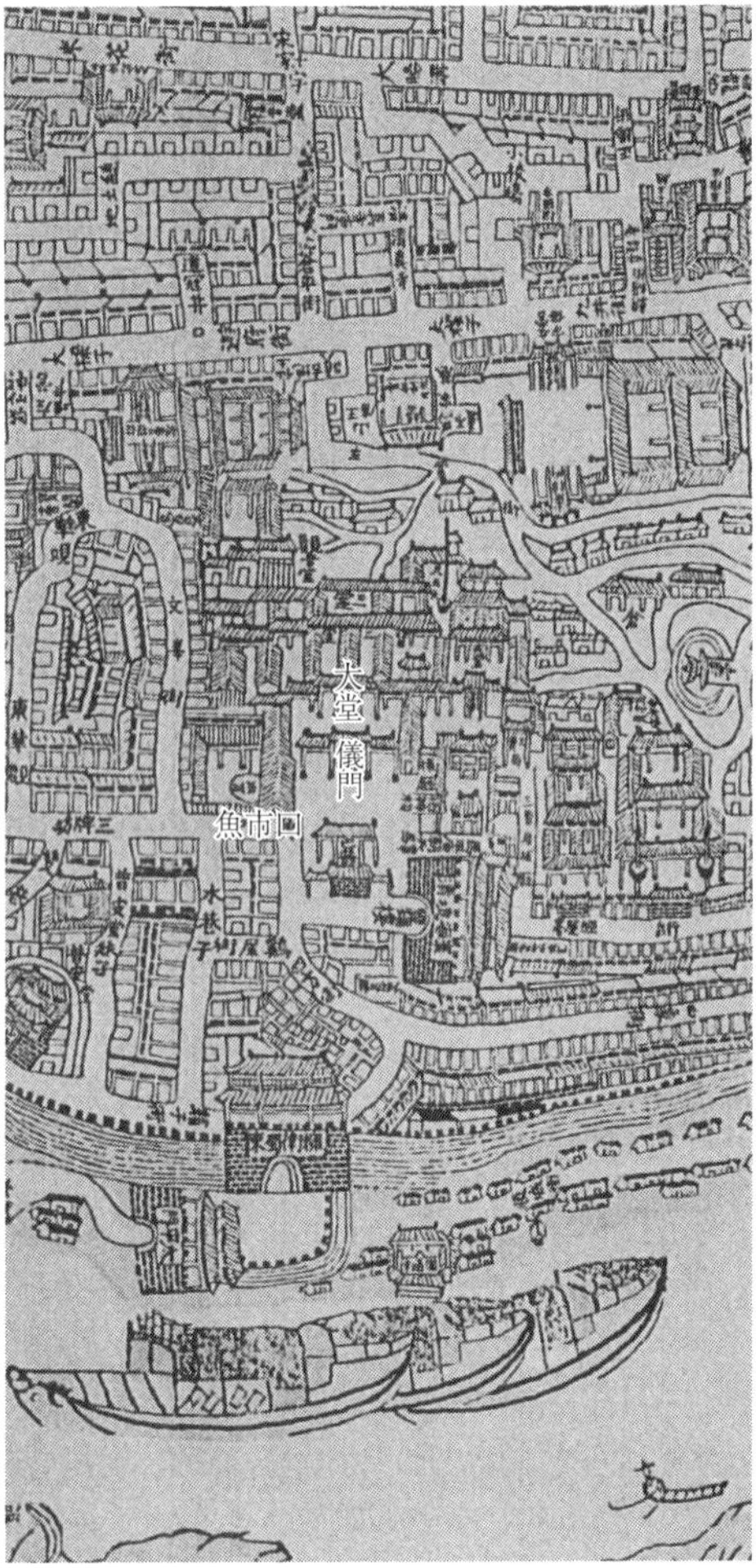

図28　清代巴県衙門と太平坊（増広重慶地輿全図［1898年-1900年］。巴県衙門の左の魚市口あたり一帯が太平坊。下に見えるのが太平門、その下が長江）

の妾がこれを助けに集雲店へ行き、大暴れの末にやはり殴られて帰ってきた。このため劉元坦は巴県衙門へ集雲店を営む総役を訴え出ている。[*4]

歇家はこの劉王氏夫妻や差役の親分のような人物によって経営されていたのだから、州県官がこれを信用しないのは当然であった。非公認の訟師と公認された公事師とではあまりにちがっていただけでなく、公認された歇家でさえもあまりに公事宿とちがっていたのである。

図29　現代の重慶城（写真左端から左に長江を1キロほど遡ったところに、清代巴県衙門と太平門があった。2006年著者撮影）

2　訴訟における制限と開放

江戸の訴訟は村レベル、町レベルになってしまう

すでに第3章において、中国では訴訟手続きの第二段階で特有な訴訟制限がかけられ、これが訴状に大量の虚偽や誣告が書きこまれる原因となり、大量の訟師を生み出しつづけたことを見た。それでは日本の江戸時代ではどのような訴訟制限がか

けられていたのか。

中国との比較で見た場合、江戸時代の日本で訴訟が増えることを防ぐのにもっとも有効であったのは、幕府であれ各藩であれ、村や町で起こった紛争は極力その村、その町の内部で解決させる方針をとったことである。

ある藩では町人の訴訟は町の肝煎《きもいり》（世話役）の段階で解決すべきこと、そこで解決できない場合に町年寄、町奉行などへ出訴すべきことが定められていたという。また実際、多くの訴訟は村役人、町役人の段階で処理されたということである[*5]。村人であれ町人であれ、訴訟をしようとすれば訴状を出すむねをまず村役人、町役人らに申し出て彼らの承認を得、さらに一村の長、一町の長である名主（庄屋）の承認を得る必要があった。承認を得た証拠として、訴状の後ろに彼らの押印を加えてもらうか、彼らに添状《そえじょう》を書いてもらわねばならなかった。

すなわち一個人の訴訟が一個人にとどまらず、ただちに村ぐるみ町ぐるみのものになったのである。日本の村と町のありかたからして、当事者本人はほかの村人や町人に迷惑になることを極力避けたであろうし、村や町の顔役たちも訴訟の巻き添えを食って苦労しないように、なんとかそれを押さえつけ、内済で済まそうとしたであろう。ふつうの村人、町人にとっては、名主を訴えようとする訴訟では村役人、町役人の押印をえることがむずかしかったという。これは強力な訴訟制限策になっていたはずである。

里甲は訴訟の修羅場

ところが中国では、これまた話が全然ちがう。いかにも中国史研究でもしばらく前まで、ヨーロッパ中世史をモデルにして村落共同体や都市ギルドなどという考えが乱用されてきた。その結果、訴訟は村落共同体や都市ギルドの段階で調停され解決されたかのように言われてきた。ところが事実はまったくちがう。

中国でも明代の初めには、中国史上でも特異な里老裁判制がしかれ、「戸婚田土の案」つまり民事的案件については、原告は州県衙門へ直接に訴えることはできなかった。軽微な案件については極力これを州県衙門まで上げさせないのであるから、これも強力な訴訟制限策であった（第5章参照）。

ところがこの里甲が、日本の村とはまるでちがっていた。

里甲とは国家が農民を対象として、税糧（年貢）を徴収しこれを運搬するなどの徭役（労役）を割り付けるため、設けた基礎単位である。そこでは誰がこれを負担するかをめぐって、里甲の各戸はいがみあい反目し合い訴訟し合うよう、ほとんど宿命づけられていたといってよい。

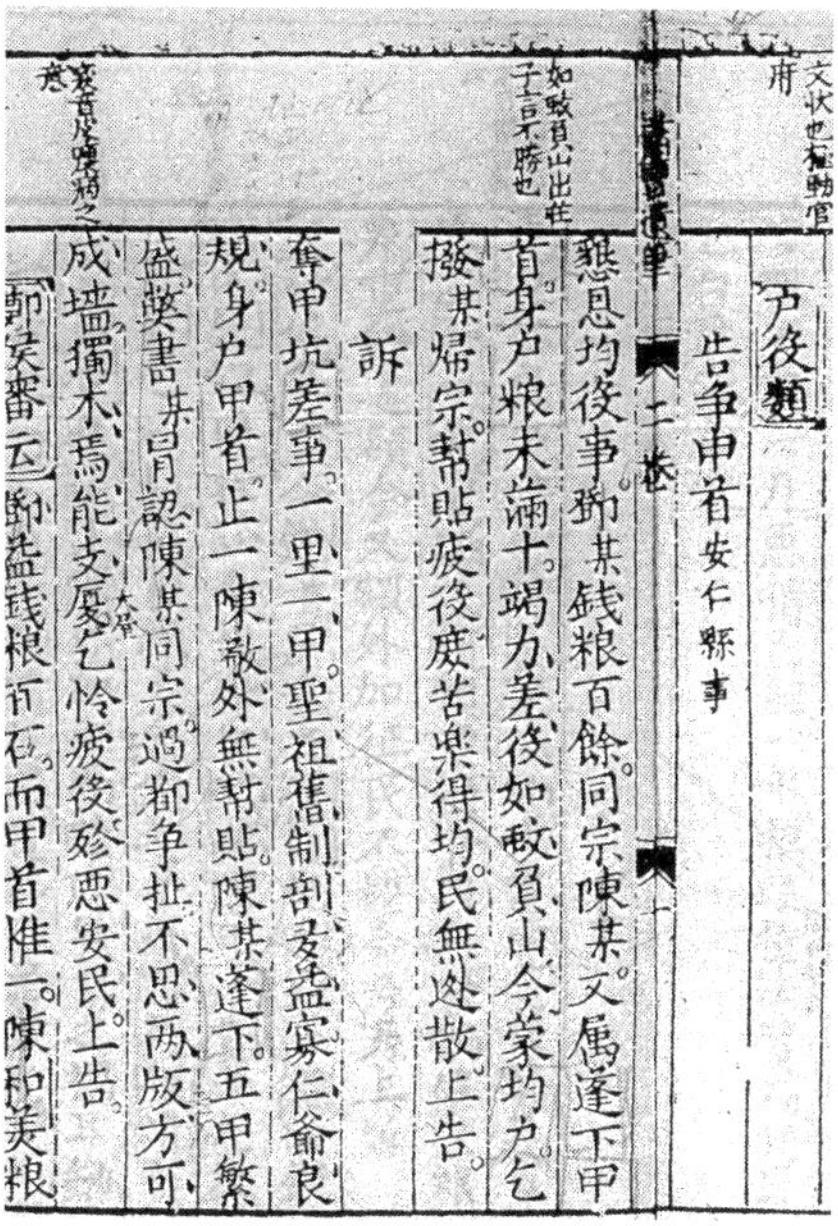
戸役類
告争甲首　安仁縣事
懇恩均役事。挪某銭粮百餘。同宗陳某。又属逢下甲首。身戸粮未満十。竭力差役。如畝負山。今蒙均戸乞撥某帰宗。幇貼疲役。庶苦楽得均。民無逃散。上告。
訴
奪甲坑差事。一里一甲。聖祖舊制。剖多益寡。仁爺良規。身戸甲首。止一陳敵。外無幇貼。陳某逢下五甲繁盛。奨書某冐認陳某同宗。過都争扯。不思両版方可成墻。獨木焉能支廈。乞怜疲役。殄悪安民。上告。
「鄭奕審云」鄭孟銭粮百石。而甲首惟一。陳和美粮

図30　『新鍥蕭曹遺筆』巻2、戸役類（蓬左文庫蔵）

先に訟師秘本という史料を紹介した。一五九五年（万暦二十三年）に出版された『新鍥蕭曹遺《しんけつしょうそうい》筆《ひつ》』はその代表格と言ってよいが、その巻二にはとくに「戸役類」という訴訟の一類型が設けられ、そこには一つの里甲に住む者同士が、徭役や税糧の負担をめぐって訴えあう例文が多数載っている。

たとえば一つの里甲内でリーダー格の里長戸が別の里長戸を相手取って、自分は貧しく徭役を負担する能力がないが、彼なら負担能力が十分あると訴える例文がある。また里長戸が配下の一般戸である甲首戸を相手取り、彼が納入すべき税糧を催促しても納入しないから、自分が借金して代納せねばならなかったと訴える例文も載っている。その逆、甲首戸が里長戸を訴える例文ももちろん出ている。

日本の江戸時代であれば、このような訴訟は基本的にありえない。なぜなら中国では各戸が所有する土地の面積と働き手の数などに応じて、負担すべき税糧と徭役が各戸それぞれ決まっていたのにたいして、日本では「村請《むらうけ》」と言って、年貢（税糧）や諸役（徭役）は村単位で課せられ、それを実際に誰がどれだけ負担するかは、村の内部で決着されるべき問題であったからである。

訟師秘本にはたいてい「戸役類」が収められ、その内容は『新鍥蕭曹遺筆』のものと大同小異であるが、『珥《じ》筆肯綮《ひっこうけい》』という訟師秘本では、訴状の例文にたいしてさらに著者のコメントが加えられている。そこに記される一例文は、糧長《りょうちょう》という職役を自分が逃れ、これを人に押しつけようとする訴えである。糧長はおおよそ四里から十里程度に一人置かれ、里長よりも一段高い地位にあるから徭役も一段と重い。

訴状の例文では、「某はこの地方一番の金持ちで、多くの働き手がおり米の取れ高は百石にのぼるが、徭役からいつも逃げている。自分の家の働き手は二人だけで、米の取れ高はわずか一石余りしかない。某の家と比べるならば、雲泥の差である」という。徭役負担が不公平であると主張し、自分は窮乏しているから某が糧長に当てられるべきだと訴えている。これにたいして『珥筆肯綮』の著者は、次のようなコメントを加えている。

> 自分の戸にかかる徭役を逃れようとするときにはかならず、自分と相手の戸の働き手と米の取れ高を比較する。自分は貧しいから当たれないと訴えるだけであれば、この徭役は誰に当てたらよいのか。これでは不受理になるに決まっている。[*6]

自分が徭役を逃れるためには、必ず手近な誰かを代わりに指名し、これと自分とを比較しなければならないとアドバイスする。誰が徭役に当たろうと自分の知ったことか、では通らないと言うのである。

徭役の負担をめぐって訴状を受理してもらうため、ここでも「誣告」を生んだ。里甲という国家が編成した組織はそのまま、実名を挙げて訴えあう訴訟の修羅場となった。われわれから見れば奇妙なこの「訴訟」は、宋代では「糾論《きゆうろん》」と呼ばれ、すでに広く行われていた。『清明集』に見える事例では、実際に一個人が自分に代わって徭役を負担できる候補として六名、実名を挙げて「糾論」している。[*7] この六人は迷惑なことに「被告」とされ、ほんとうに負担能力があるかどうか国家による調査を受けている。

中国では訴訟するとき、顔役の認可は必要なし

　当時の国家は里甲など村落組織にたいして、住民はみな訴訟などせず、なかよく助け合うようにと命じた。洪武帝の有名な『六諭《りくゆ》』の一条にも、「郷里に和睦せよ」というのがある。康熙帝の『聖諭十六条』の一条でも、「郷党を和し、もって争訟を息《や》めよ」と言っている。州県官の通達でも、誰もがそう命じていたし、民間人自身もそう考えた。人びとに紛争が起こったときでも、すぐに訴え出るのはその後の近隣の人びととのつきあいや訴訟経費がかさむことを考えるなら損であり、まずは我慢するか、近隣の誰かに調停を頼むかをはじめの選択肢として考えたであろう。清代の『巴県檔案』でも、衙門へ訴え出る前に近隣の者、地域の世話役である郷約、自警団である団練などに訴えた、という事例が数多く出てくる。

　実際、当時の厳しい自然環境と重い税金、徭役とを考えるなら、里甲住民や地域住民がみずからの意思で争いや訴訟をやめ、相互協力することなしには、生存すら難しかったであろう。州県官を通さない、自発的な調停もしばしば行われたであろう。しかし国家の設けた制度によって、それが一方で訴訟の修羅場であるというのが、厳然たる事実であった。

　また国家は、里甲の内部で解決できない訴訟を人びとが州県衙門に「上控」せねばならなくなったとき、郷や里の糧長、里長、老人の承認と許可を得るように、と命じなかった。徽州文書など現存する明代文書を見るかぎり、里老裁判では解決がつかなかったので県衙門に提出したと記

す訴状には、糧長、里長、老人など郷里の顔役が承認したという署名や花押が見えない。あるいは訴状に添えられた彼らの同意書は見られない。日本の村から起こされる訴訟と、まるでちがっている。

清代の訴状として残存するものは、『巴県檔案』をはじめとして膨大な数にのぼるが、ふつうそこでも、日本の名主や町役人、村役人に当たるような現地の有力者、顔役ないしは世話役が、原告が訴状を出すことを承認し許可したとする署名、花押、印鑑を見いだすことができない。

中国では古くから、奴婢《ぬひ》が主人を訴える、子が親を訴える、妻が夫を訴えるなどが禁止されるだけで、訴訟はおおよそ万人に開かれていた。

一方、近年の日本史研究でも、江戸時代の村や町では訴訟が多かったとしばしば言われる。たしかに村と村との間で、またちがう村や町に住む者どうしの間で起こされる訴訟は、名主などの承認がまだ得やすかったであろう。しかし同じ村や同じ町に住む者どうしによる訴訟では、はたして彼らの承認を得やすかったであろうか。もちろんそのような訴訟もあったが、中国明清時代と比べるならば、そこではそのような訴訟を起こしにくい仕組みになっていたのである。これが訴訟制限となった。

日本の江戸時代の村や町と中国明清時代の里甲や保甲とを比較するなら、そこで訴訟制限がかけられたかどうかが、両国における訴訟基礎数の大きな差となってあらわれたにちがいない。そして中国の場合、日本に比べるならば、膨大な数の訴訟に見合った訴状の書き手、つまり訟師を必要としたはずである。

後漢の時代から百戸に一戸が毎日訴訟

中国の場合、このように紛争が村レベル町レベルを突き破って公権力にたいする訴訟となるのは、古くからその国家と社会の体質になっていたらしい。

というのは、後漢の王符《おうふ》がその著書『潜夫論《せんぷろん》』で、「現在、国都洛陽にある最高官府から下、州、郡、県、道にいたる諸官庁や県、道の下に置かれた郷、亭《てい》において、訴訟のため農作業をやめて詰めかける民は毎日十万人である」、と言っているからである。このころの戸数つまり家族数は約一千万戸であったから、かりに一戸から一人が訴訟のために諸官庁に出かけているものとして計算すれば、百戸に一戸は毎日訴訟活動をしていたことになる[*8]。

王符のこの発言がいかに誇張を含むものであったとしても、二世紀前半後漢時代の中国ではすでに江戸時代の日本とちがって、訴訟は村レベル町レベルを簡単に突き破って公権力にたいしなされていたらしい。社会が安定しており、統治がしっかりしているときはこのようなことはなかったであろうが、社会が動揺しつつも国家が中央集権的な統治機構を維持できているあいだは、中国では簡単に村や町を超えて訴訟がなされたのである。

訴訟制限と訟師排除として機能した「目安糺」

江戸時代には訴状のことを目安とも呼んだ。徳川日本の訴訟手続きは「目安糺」から始まる。これがあったことも、有効な訴訟制限策となり、訟師のような訴状代作者の活躍を妨げた。

この目安糺（訴状糺）で提出されるものは正式の目安ではない。正式の目安すなわち本目安を提出する前段階として、原告らを奉行所へ呼び出し、目安の原案に即して実質的で初歩的な訊問である「糺し」を行ったのである。

江戸時代の奉行所でも中国の衙門と同じく、現代で言う刑事案件と民事案件を同じく受け付けて裁判した。日本では刑事案件に当たる案件を吟味《ぎんみ》物《もの》、民事案件に当たるものを公事出入《くじでいり》または出《で》入物《いりもの》と呼んで大きく二分した。これも中国で「戸婚田土案」と「命盗《めいとう》案」に二分したのと同じである。

訴状つまり目安に書かれる表題を目安銘（目安名）と呼ぶ。公事出入（出入物）であれば、たとえば「貸金滞出入《かしきんとどこおりでいり》」「売掛滞出入《うりかけとどこおりでいり》」などがそれである。表題によって、これらの案件が吟味物つまり刑事案件ではなく、後に見る金公事《かねくじ》（出入物）つまり民事案件であることが一目でわかった。目安糺の段階で吟味物であるか公事出入であるかチェックされるのだから、先に中国の放告の段階について見たように、本当は金銭トラブルについての訴えのところを刑事案件であるかのように偽装して提出することは、ほとんど不可能なのであった。

目安糺の実際

この目安糺が実際にどのように行われたのかについては、中田薫《なかだかおる》が訴訟当事者による詳細な日記をもとに紹介したものがリアルに伝えてくれる[*9]。

奉行所の担当役人は、原告から訴訟されるに至った経緯を聴き、「ウソではないか」などと疑わしい目つきで問い糺しながら、訴状原案を読んだ。そして訴状を代作し同伴してきた公事師にたいしては、そこで用いられたいくつかの言葉を訂正させ、表題さえ書き換えさせることがあった。担当役人はここで、出入物であるとして提出された案件であっても、吟味物に弁別しなおして裁判するほうが適当であると考えれば、目安銘をそのように書き換えるよう公事師に命じた。これなら中国の訟師のような人物が、訴状代作者として活躍できる場はまるでない。

公事出入（出入物）では原告は自分の主張を証拠によって証明せねばならず、したがって奉行所の役人は目安糺のときに提出されたものでは証拠不十分と認定すれば、その訴えは「取り上げなし」とされ受理されなかったという。[10] この目安糺の結果として、役人の指示にしたがい公事師によって書き換えがなされ、別の日に本目安が提出される。このとき本目安もふたたび審査され、訂正を命じられることもあった。これに奉行所で目安裏書《うらがき》が与えられ、この場合は本案の審理に入るべきものと考えられた。

つまりこの目安裏書を与えることこそ、中国で言えば「准」（受理）という批示を与えることであった。訴訟手続きの第一段階として「目安糺」を設けたことが、有効な訴訟制限策となっていたのである。

中国における訴訟手続きの第一段階は放告であった。巴県の劉衡がこの放告の段階で訊問を行い、訴訟件数を大幅に減少させたことはすでに紹介したが、じつは彼は日本で目安糺に当たることをやったのである。

訴訟制限策としての仲間事不受理と相対済令発令

江戸時代日本における訴訟制限として日本法制史の研究者のあいだでふつう説かれるのは、以上のような村レベル、町レベルでの訴訟制限や、目安糺によるそれではない。むしろ奉行所などがある種の訴訟について、受理しなかったことが強調される。それには大きく言って二つある。ひとつは「仲間事《なかまごと》」と呼ばれる案件。あるとき以来、徳川幕府は訴訟としてこれを受理しなくなった。もうひとつの「金公事」と呼ばれる案件についても、相対済令《あいたいすましれい》をしばしば発してこれを受理しなかった。

訴訟を公事出入（出入物）と吟味物とに大きく区別したことについては、すでに述べた。公事出入（出入物）についてはさらに、本公事《ほんくじ》、金公事、仲間事の三種類に分けた。このうち仲間事とは頼母子《たのもし》（無尽《むじん》）や連帯責任での借金、共同出資事業での収益配分、損失分担のように、仲間として共同で資金を出し合ったときに生まれる金銭トラブルである。つぎに金公事とは金銀出入とも呼ばれ、利子付きかつ無担保で貸したままになっている債権や、売掛金のように代金が未回収のものをめぐる案件である。本公事とは仲間事、金公事以外のすべての民事的訴訟案件であって、土地の売買や境界をめぐるもの、婚姻問題、家賃などにかかわる案件がそれである。[*11]

このうち仲間事に関わるトラブルについては、一七四二年（寛保《かんぽう》二年）に公事《くじ》方御定書《かたおさだめがき》を制定して、その訴訟をいっさい受理しないと幕府は宣言した。つまりそのトラブルは仲間内の問題なのだから仲間内で解決せよとして、人びとには訴訟する権利そのものを与えなかったのである。

次に金公事については人びとが訴訟する権利をなかば認めながら、しばしば相対済令を発してこれを受理しなかった。つまりこの法令を発することによって、金銭貸借や売掛金についてのトラブルは当事者同士の内済で解決せよ、公権力としては裁判しない、これらに関与しないと宣言したのである。

一七〇二年（元禄《げんろく》十五年）の相対済令ですでに、「近年、金銀出入（金公事）が多くなり、ほかに処理すべき事務に支障を来すようになっている」とあり、訴訟の増加こそがこの法令を下す理由であると述べている。また一七一八年（享保《きょうほう》三年）には江戸町奉行の公事（民事訴訟）受理数三万五千七百五十件のうち、金公事が三万三千三十七件であったといい、民事訴訟の大部分は金公事であった。[*12]

金公事にたいしては、しばしば相対済令を発して受理せず、仲間事にたいしても一七四二年以降いっさい受理しなくなったのは、訴訟のほとんどが金公事や仲間事のような金銭トラブルに関わるものであったからであり、そのために訴訟制限（出訴制限、訴訟整理）を加えたとする日本法制史学界のおおよそ一致した解釈は、おおいに道理にかなったものである。

3　儒教と専制の合体

中国では仲間事にたいする法的訴訟制限はない

ところが中国の情況を見ると、これまたまったくちがう。中国でも訴訟が増加し、金銭貸借などの訴訟が多くは批閲という第二段階で受理されなかったこと、すでに第3章で述べた。しかし中国、少なくとも明清時代の中国では、仲間事や金公事などのような案件の種類を限り、法令をもって出訴制限を加えることはまったくなかったのである。中国明清時代を通じて、日本での相対済令のように、金公事に限って訴訟を受理しないという法令が出されたこと、また仲間事は裁判で取り挙げないとする法令が出されたことを私は知らない。

日本の頼母子《たのもし》（無尽《むじん》）に当たるものを中国では「合会《ごうかい》」「銀会《ぎんかい》」などと呼ぶ。合会、銀会の訴訟案件が実際に衙門で受理されていたことは、わずかしか残っていない『太湖理民府文件』（『太湖庁檔案〔同治・光緒朝〕』）ですら、なんの傷害事件もともなわないものが一件見えるし、『巴県檔案』には、その多くがほかの金銭貸借案件と同じく傷害事件をともなったもの、あるいはそのように偽装したものではあるが、大量に残っている。[13] また仲間事のひとつとされていた連帯責任での借金、共同出資事業での収益配分、損失分担とは、中国で言えば「合股《ごうこ》」「合夥《ごうか》」をめぐるそれである。共同出資した者が出資金と利益配分、損失分担をめぐって訴訟を起こすことは、これまたきわめてふつうのことであり、『巴県檔案（同治）』では主に〈商貿〉のところに大量に見える。[14] これまたほかの案件と区別され、裁判で別の扱いをされることなど、まったくなかった。

かりに明清時代の中国人が仲間事は訴訟として受理されないと聞いたなら、これがなぜ、どの点でほかの金銭トラブルと区別されて受理されないのか理解に苦しみ、「お上には道理がない！」と叫んだことであろう。

また、金公事にたいする法的訴訟制限もなし

相対済令が中国でかりに発令されていたとしたら、これまた人びとは、「お上のやることには道理がない！」と叫んだであろう。いや、このような法令が発せられる前に、政府内でもいかに訴訟を減らすためとはいえ、そんな法令を出したら国家の正義に背《そむ》かないか、大問題となったはずである。

また、それより明確に、そんなことをしたら、『大明律』『大清律例』の「告状不受理」を国家みずからが犯すことになった。そこでは、謀反などの重大案件を不受理とした官僚にたいする処罰規定に始まり、最後に、「殴り合い、婚姻、田宅などの案件を受理しない者は……すべて杖八十までに止める」と定めていたからである。

金公事も仲間事ももちろん「戸婚田土の案」の一部である。これを受理しない場合は、裁判に当たる州県官のほうが逆に杖刑を受けることになっていたのだから、相対済令のような法令を発することは、国法に背くことであった。この「告状不受理」の法令も、少なくとも『唐律』「越訴」までさかのぼる。

日本では金公事について訴訟するに際して、いくら以下の借金であれば裁判で取り挙げないと

いう出訴最低額が決められていたという。[*15] 明清時代の中国では、『大明律』「銭債」で「五貫（銭五千文）以上を借りて約束より三ヶ月返済しない場合は笞一十」と定め、『大清律例』「銭債」で同じく「銀五両以上を借りて」と定めているから、銭五千文、銀五両がいちおうの出訴最低額であったと考えられる。

ところが例の李呉氏が五十二両の返還を求めた訴状は、第二段階の批閲で、「未払いの金額は多くない」と指摘され、不受理となった。しかし『巴県檔案』を読むかぎり、たとえば一七六六年（乾隆三十一年）には元利合計六千文の返却を求めた案件が、なんの暴力事件をともなっていないのに受理されている。[*16] 当時、銭六千文は銀に換算すれば約六両であった。

また後で見るように、一八七六年（光緒二年）、二十二千二百二十文の借金、当時の換算レートで言えばおおよそ銀十五両の借金を返済せよとの訴訟が、江蘇省蘇州府太湖庁では当然のように受理されている。これは同じ地方でも時代がちがえば、裁判で取りあげられる最低金額がちがっていたことを示すのかもしれないし、同じ時代でも地方によってそれがちがっていたのかもしれない。

中国の「民父母裁判理念」と日本の「恩恵裁判理念」

幕府がなぜ仲間事訴訟や金公事訴訟にたいして冷淡な態度をとったのか。それについては、「仲間事や金公事はもともと互いに誠実な心（実意）で出資や貸借を行ったはずだから、そこにトラブルが起こっても自分たちで解決すべきだと考えられたからだ」とする解釈で日本法制史の研究者はほぼ一致しているようである。[17]

しかし中国では、仲間事訴訟や金公事訴訟にたいして特別扱いしていないとすれば、このような解釈がはたしてどれだけの説得力をもつのであろうか。かりに日本の幕府がそのように考えて線引きしたとすれば、それは中国では通用しない屁理屈でしかないように思われる。

私はこのような中国と日本のちがいを考える場合、どうしても両国に見られる民事的案件にたいする裁判理念のちがいを前提に考える必要があると思う。

中国の場合、これまでに述べたとおり、それは「民父母裁判理念」であった。皇帝、あるいはその代理である地方官は「民の父母」であるから、わが子わが赤ん坊の争いはどんな些細なことでも聴き入れてやり、解決してやらねばならないとするものであった。訴えが結局不受理となった李呉氏の場合でも、たしかに訴えは聴き入れられ、そのうえで保証人に代わって解決してもらえという批示が与えられている。

ところが日本の場合、それは「恩恵裁判理念」というべきものであったらしい。このちがいは中国が専制統治、一君万民支配であったのにたいして、日本は封建統治、武家支配であったという差からくるのであろうか。民事的案件にたいして、「幕府はその恩恵として裁判してやるという考え方」をもっていたという。[18] 公事出入はもともと当事者が相対《あいたい》で解決すべきであり、幕府の手を煩わすべきものではないと考えられており、当時の禁令でも、「軽々しく出訴するに及ぶならば、今後は公儀（幕府）を恐れざるにあい当たり、不埒《ふらち》（不届き）である」と記されていた。[19]

また、「相対済令の発布は、ただ恩恵行為の中止にすぎず、決して暴挙でもなく、また支配者と

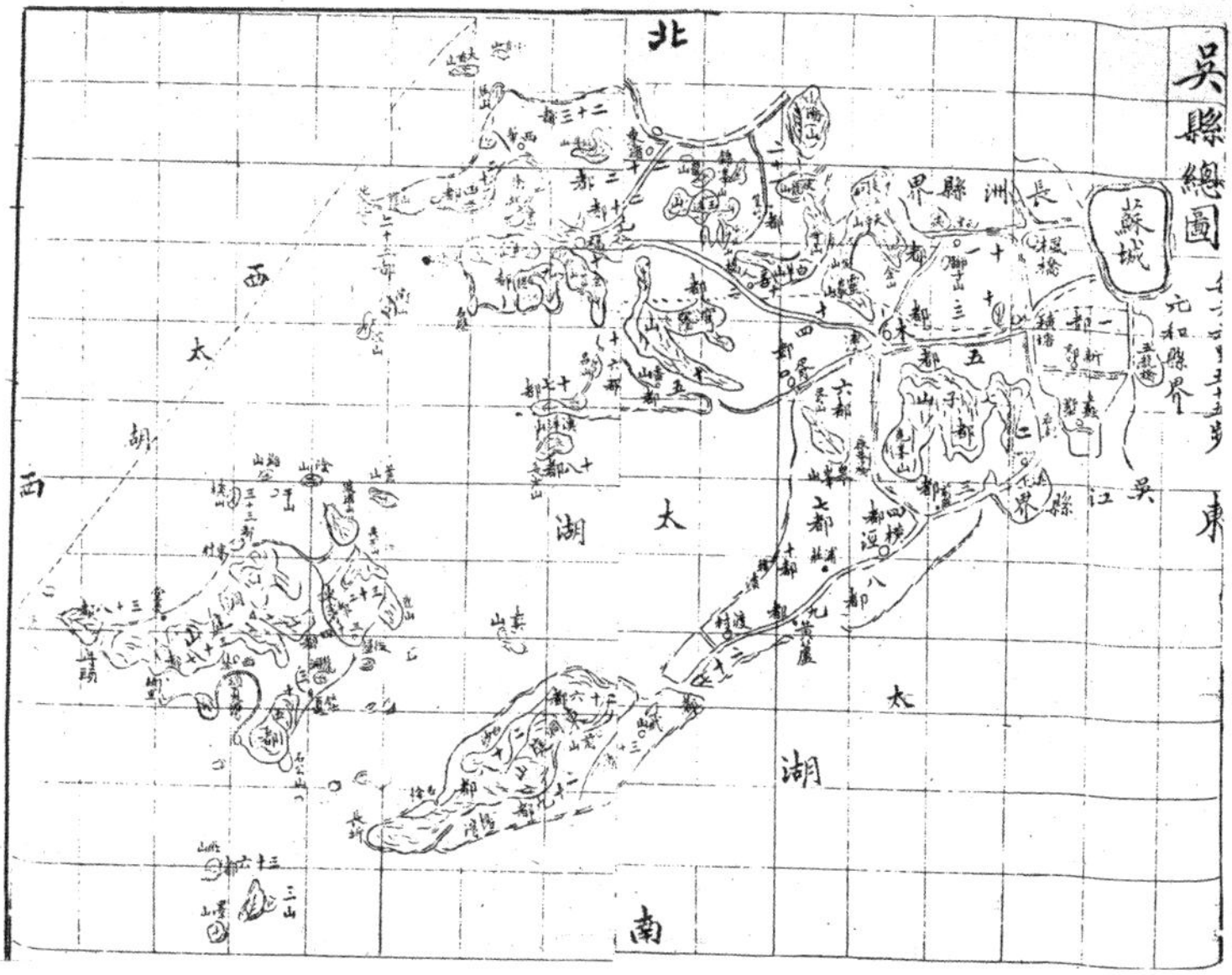

図31　太湖庁（『民国呉県志』。太湖庁はおもに下の東洞庭山［東山］と左の西洞庭山［西山］の二島を管轄。太湖庁衙門は東山中央の前山にあった）

して恥ずべき行為でもなかった」と言われている。[20]

江戸時代の日本で仲間事や金公事にたいして訴訟制限がかけられ、明清時代の中国でそれがなかったのは、このような裁判理念のちがいを抜きにしては考えられない。

ある老寡婦の場合

ここでひとつ、「民父母裁判理念」が実際にどのような姿を取ってあらわれているのか、その典型的なものを見ておこう。[21]

一八七六年（光緒二年）十一月二十三日、江蘇省蘇州府太湖庁に住み七十二歳になる芮王《ぜいおう》氏という寡婦が、陸永才を被告として未納の小作料などを支払えと求めて訴訟を起こした。

彼女の訴えはこうである。

　自分は同治十二年（一八七三年）にコツコツ貯めた十五千文で陸永才所有の土地を買い取り、そのまま彼を佃戸《でんこ》として耕作させていた。毎年の小作料は二千四百三十文で、五年満期で陸永才が土地を買い戻すとの約束であった。ところが彼はまったく小作料を納めないだけではなく、小作権取得のために当初支払うべきであった敷金一千五百文も一部しか払っていない。その負債額は最終的に和解が成立したときの誓約書によれば、元本と利息あわせて二十二千二百二十文であった。それでも陸永才はノラリクラリと逃れて支払わない。これでは生きていけないから不払い分を陸永才に支払わせ、土地を彼に買い戻させてほしい。証拠書類として契約書を提出する。

　この要求にたいして、太湖庁長官はただちに次のような批示を出した。郷里の世話役である地《ち》保《ほ》と契約書に記された保証人らに命じ、陸永才にたいして小作料を支払わせ土地を買い戻すよう説得させることにする。説得が不成功であれば、そこで召喚するから、寡婦はしばらく待つように。

　ところが地保らは調停と説得を試みたものの成功しなかった。この報告を受けて、二十五日に原告、被告、地保にたいして召喚令状が発せられた。

　訊問は翌二十六日に行われた。この訊問の席で陸永才は「芮王氏はひとつとしてまちがったことを言っていない。自分も貧しいので、彼女を騙す気はなかったのだが、天が生まれつき与えてくれた善良さをなくすような、こんな不始末をしでかしてしまった」と反省し、家の三部屋を質に入れ借金を返したいと言った。

長官は判決で「盗賊でもこんな貧しい独りぼっちの寡婦から奪い取ったりしないぞ！」と陸永才をしかりつけるとともに、重い笞責《ちせき》を加えて拘禁し、三日を限り小作料を支払うように命じた。訴状の提出から地保らによる調停をへて、この判決に至るまで、わずか四日間であった。

しかし陸永才は拘留を受け返済を迫られながらも、三日以内に負債を返済できなかった。このため十一月二十九日に再び開廷し、期限を延期して十二月五日と十二月十日の二回に分けて全額返済せよと命令された。十二月七日、三たび開廷し、老寡婦は二十二千二百二十文を返済してもらったという甘結文《かんけつぶん》（誓約書）を提出し、陸永才はやっとここで釈放された。

一件事案は、おおよそ以上のとおりである。

絵に描いたような民父母裁判

ここにはまるで絵に描いたような民父母裁判が展開されている。ここで陸永才が返却した借金は二十二千二百二十文であった。当時の銀銭換算レートによれば、おおよそ銀十五両にあたる。同じ時代であるのに、四川省巴県の李呉氏にたいする処遇と、なんというちがいであろう。

ここで出訴最低額が五両という低いものではなく、たとえばかりに、六十両以下の借金については裁判として扱わないという画一的な法令が出されていたとすれば、芮王氏の訴えは取りあげられず、したがってそれは民父母裁判理念の実現と正義の実現とをともに阻むものとなっていたはずである。受理するかしないかの判断が州県官の任意であったのが、ここではメリットとして生きている。

原告はなんの虚偽も誣告も必要としていない。裁判官である太湖庁長官は威厳に満ち、しかも借金を返済し終えるまで被告を拘留するなど、はなはだ手厳しい。被告は老寡婦を騙すような人物だったが、裁判官の前では素直である。彼らのやり取りは、まさしく「民の父母」とその子ども、その赤ん坊のそれである。海瑞は、州県官は民父母であれとして、受理すべき案件をできるだけ多く受理せよと命じるとともに、どっちつかずの調停的な判決ではなく白黒をハッキリつけよと命じた。ここに見えるように、太湖庁長官は民の父母であっても調停的な態度をまったく取ることなく、被告の完全敗訴とし、現在であればこれは民事案件であるのに、笞刑を加えて懲罰としている。

儒教の統治理念とこれに見合った統治規模

太湖庁でこのような民父母裁判が可能であったのは、ここではその管轄地域が狭く人口も少なく、訴訟も少なかったからである。この地でなされる訴訟と裁判が巴県とはまったくちがって、きわめて簡素であったからである。[*22]その姿は唐代以前であれば、あるいは訴訟と裁判はこのようなものがふつうだったのだろうか、という想像すらかき立てる。

ある日本法制史研究者によれば、民事的案件を幕府が受理し裁判することを恩恵的行為であると考えたのは、儒教思想の影響を受けたからだとされる。[*23] ところが儒教の本場中国では、けっしてそのような考えかたはなかった。清末に中国で近代化が始まったころでさえ、儒教思想にもとづく「無訟の理念」が依然として追求されるとともに、「民父母裁判理念」も太湖庁のようなところではたしかに実現していた。

すでにすさまじいばかりの訴訟社会であった巴県では、もちろん李呉氏のように人びとは狡猾であって従順さ素直さとはほど遠く、「民の父母」にたいしてウソをつきつづけた。「民の父母」であるはずの劉衡のほうも、子どもであるはずの人民をまったく信用せず、手荒な手法を用いて受理件数を減らした。その彼でさえ、州県官はいかにあるべきかを議論するとなると、やはり「民の父母」として人民に臨めと言っている。[*24] 彼が書き残したいくつかの官箴書によるかぎり、彼が裁判を恩恵だと考えていたようには、まったく見えない。

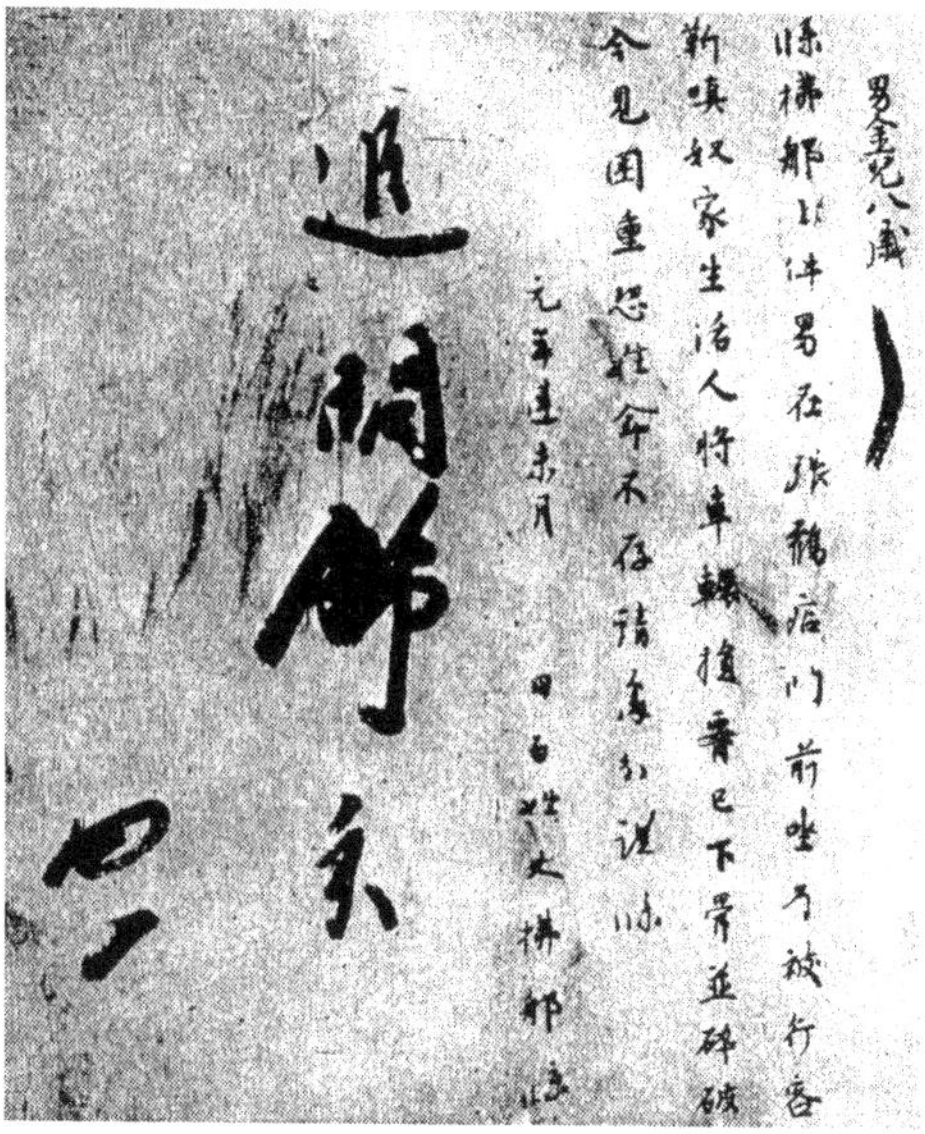

図32　762年（唐宝応元年）トルファン文書に見える牒（訴状）と示（批示）（太い草書体「追問錚示［追問せよ。錚、示す］」が批示。錚は県令の署名。交通事故による傷害訴訟。唐長孺主編『吐魯番出土文書　肆』［文物出版社、1996年、頁329］）

儒教と専制の合体と宋代

漢の武帝のときに、孔子に始まる儒教と秦の始皇帝に始まる中央集権的専制統治とが合体し、これが基本的には清末まで続いたことを理解しない者は、中国史でももっとも大切なものをすくい取れないだけでなく、そこでの訴訟と裁判についても理解できないであろう。

明清時代の訴訟手続きが放告、批閲、審訟という順であったことは、なんども述べた。秦漢時代の刑事訴訟は「告」（告発）、「訊」（訊問）、「論」（判決）という手順を踏んだとされるが、告発と訊問の間に「聴」（受理）にするか「不聴」（不受理）にするかの弁別が行われた。[*25] もっともこの時代は紙ではなく木簡、竹簡の時代であったから、「告」はふつう口頭でなされ、これが官庁の書記によって文字化されたであろう。

唐代では「辞牒《じちょう》」（訴状）をみずから提出するか、これを自分で書けないときは官庁で代筆した。そのどちらの場合でも、やはりまずこれを受け取り（「受辞牒」）、これに「示」（批示）を加え、次いで「問」（聴理、審問）に及んだ。[*26]

唐代ではまだ訴訟の数は少なかったから、特別な放告日は一般に設けなかったが、宋代ではこれが増えたので放告日（放詞状日、引詞状日）を設けた。しかし訴状を受け付け（受詞）、次に長官が審閲《しんえつ》署名し、さらに審訊へ進むという過程は、まったく変わらなかった。[*27] 一二一二年（嘉定《かてい》五年）には、受理する案件については即座にその旨を告示し、受理しない案件についてはその理由を書いて告示せよ、との法令が出されている。[*28]

訴訟手続きの大枠から見れば、このように秦漢時代のものと清末のものとの間で大きなちがいは見られない。ところが放告つまり訴状受け付けについて詳しく見るなら、唐代に法規としてあった制度が北宋時代には改定され、さらに南宋時代になると実質的に廃棄されているのが注目される。立案三審制がそれである。

唐代の立案三審制とその廃棄

立案三審制とは、官司（衙門）が訴状を受け付けるに当たって、三回訴状の内容を審問せねばならない、そののちはじめて立案つまり正式に受理できるというものである。[*29] 唐の『開元令』（獄官令）と『大唐六典』（刑部）では、案件が謀叛以上のものでないかぎり、三回審問をくり返さねばならない、訴状を受け付ける官司はすべて、三回みな訴えにきた者にたいして誣告であれば反坐に処せられることをよく説明すべきこと、この審問は三回ともみな別日に訴状を受け取って行うべきこと、と定めている。[*30]『通典』（刑制下）ではこれに加え、旅人が滞在地の衙門に訴えた場合、別々の日に三審されるのを待てないのであれば、一日のうちに三審してもかまわない、との規定まで見える。

これら三史料はすべて、安禄山の乱が起きた七五五年（天宝《てんぽう》十四年）までに編纂されたものだから、少なくともこのころまではこれが行政法規であり、こうあるべきだとされていたことはまちがいない。

日本の江戸時代では目安糺がまずあり、そのあと別の日に本目安を提出したときにまた審査を受けたことは、すでに述べた。それはいわば立案二審制であったと言ってよい。かりに中国唐代に立案三審制が法規どおりに行われていたとすれば、審問と審査の回数が日本江戸時代の制度に比べてさらに一回多いのだから、これが訴訟制限につながっただけではなく、誣告をも減少させたであろう。またこのように至れり尽くせりというべき法規が定められたのは、国家が司法行政の厳粛さを確保しようとしたからであるよりも、民の訴えは必ず丁寧に聴くが、その偽りや誣告はけっして聴き入れないという、父母官の決然とした威厳を示したものだと私は考える。

しかし逆に言うなら、このように丁寧ではあるが煩瑣な訴訟手続きは、訴訟が少ないことを前提にして、はじめて構想されることができたし、実施されることができた。はたして訴訟が多くなった北宋時代になると、この立案に際して三審すべきであるという規定が大きく改定される。唐の『開元令』ではもともと、「訴状を受け付ける官司は、……審問は三回ともみな別日に訴状を受けて」行うべきであると定めていた。ところが北宋の一〇二九年（天聖《てんせい》七年）に成った『天聖令』（獄官令）では、『開元令』を下敷きにしながらしかも、「受理に当たる官はみな先に面と向かって審問し」、誣告であれば反坐に処せられることを説明しなければならない、と改められている[*31]。これからすれば、『天聖令』は実質的に「立案一審制」を定めたものであると言ってよい。このような改定がなされたのは、訴訟が増えたために、別々の日に三回審問してから案件を受理するというのでは、あまりに煩瑣になったからだと考えるのが、もっとも自然であろう。現実の変化を前に理念をそのまま法規に盛りこむことができなくなり、逆に法規を変えたのである。

南宋時代の官箴書『州県提綱』巻二「受状不出箱」で描かれる放告（受状）になると、そこでは『天聖令』で規定されていた一回の審問さえ行われない。審問なしに訴状は直接に胥吏に手渡しされている。誣告反坐についての説明も原告にたいしてなされない。そこでは立案三審制が完全に捨て去られているだけではなく、北宋の『天聖令』で定める立案一審制すら行われず、むしろ審問が行われない清代の放告に近いものになっている。

中田薫が紹介する目安糺の光景には、清代中国の放告では人びとが「魚が列をつくるように進み」、訴状を次々に机の上に置いてゆくだけという光景に比べるならば、なにかゆったりしたものを感じさせる。そこに見える余裕は、訴訟が少ないことを前提にして構想された唐代の立案三審制とあい通じるものがある。

中国の訟師とは、訴訟の増加にともないこの立案三審制が改定され、その改定された法規さえ守られずに廃棄されるという、大きな変化の時代に生まれた。この意味で、中国で健訟社会の出現がなければ、訟師は生まれなかったと考える。

註

＊1　瀧川政次郎『公事師・公事宿の研究』（赤坂書院、一九八四年）。
＊2　服藤弘司「近世民事裁判と〝公事師〟」（大竹秀男・服藤弘司編『幕藩国家の法と支配』有斐閣、一九八四年、頁三六一）。
＊3　胡鉄球『明清歇家研究』（上海古籍出版社、二〇一五年、頁四四八）。
＊4　『巴県檔案（同治朝）』〈兇殴〉no. 10318.
＊5　大平祐一「駕籠訴・駆込訴の背景」（『近世の非合法的訴訟』創文社、二〇一一年、頁八〇、八二）。
＊6　『珥筆肯綮』戸、銭糧戸役、賄弊脱役事（邱澎生「覚非山人『珥筆肯綮』点校本」『明代研究』第一三期、

二〇〇九年、頁二三六。また孫家紅・龔汝富整理『明清訟師秘本八種匯刊　上』社会科学文献出版社、二〇一二年、頁七）。

*7 第2章註7、頁五四。

*8 同前註、頁三二。

*9 中田薫「徳川時代の民事裁判実録」（『法制史論集　第三巻下』岩波書店、一九四三年、頁七六〇、七八六）。

*10 平松義郎『近世刑事訴訟法の研究』（創文社、一九六〇年、頁四〇六）。

*11 石井良助『日本法制史概説』（創文社、一九四八年、頁四七一、五一八、五三〇）。浅古弘他編『日本法制史』（青林書院、二〇一〇年、頁二三五、二四二）。

*12 金田平一郎「徳川時代の特別民事訴訟法――金公事の研究――一・二・三・四」（『国家学会雑誌』第四二巻第一一号、一九二八年、第四三巻第二号・第七号・第九号、一九二九年。引用は第九号、頁一四四一）。

*13 日本国会図書館蔵『太湖理民府文件（太湖庁檔案）』第二四冊（光緒元年）。『巴県檔案（同治朝）』〈借貸〉no. 3611, 3624, 3945、〈詭詐〉no. 4386, 4434, 4989、〈兇殴〉no. 9619, 9842など。

*14 『巴県檔案（乾隆朝）』〈銭債〉no. 1031, 1869。『巴県檔案（同治朝）』〈商貿〉no. 8521, 8528, 8536、〈工礦〉no. 14417など。邱澎生「十九世紀前期重慶城的債務与合夥訴訟（『当経済偶上法律：明清中国的市場演化』聯経出版事業股份有限公司、二〇一八年、頁三一七）。

*15 石井良助『近世民事訴訟法史』（創文社、一九八四年、頁四〇）。

*16 『巴県檔案（乾隆朝）』〈銭債〉no. 1012。

*17 石井良助「目安糺、相対済令および仲間事」（『近世取引法史』創文社、一九八二年、頁二五）。服藤弘司「相対済令考」（『刑事法と民事法』創文社、一九八三年、頁五五五）。本章註11、浅古他編書、頁二四三。

*18 本章註17、石井著書、頁二六。

*19 本章註12、第九号、頁一四四〇。

*20 本章註17、服藤著書、頁五五六。

*21 『太湖理民府文件（『太湖庁檔案』）』第三一冊。

*22 第2章註7、頁一三。

*23 小早川欣吾『近世民事訴訟制度の研究』（有斐閣、一九五七年、頁二二）。

＊24 『庸吏庸言』巻上、厳禁捕役妄拏告示。『庸吏余談』発昭化県具覆遵査何定元上控差役趙喜等一件稟批。

＊25 第4章註7、籾山著書、頁五六、一〇八。

＊26 陳璽『唐代訴訟制度研究』（商務印書館、二〇一二年、頁二八）。

＊27 戴建国「宋代刑事審判制度研究」（『宋代法制研究叢稿』中西書局、二〇一九年、頁一七三）。

＊28 『宋会要輯稿』刑法三の四一。

＊29 劉俊文「唐代司法研究」（『唐代法制研究』文津出版社、一九九九年、頁一七三）。

＊30 仁井田陞『唐令拾遺』（東方文化学院東京研究所、一九三三年、頁七七六）。『唐六典』（陳仲夫点校、中華書局、一九九二年、頁一九〇）。

＊31 『天一閣蔵明鈔本天聖令校証　附唐令復原研究』（天一閣博物館・中国社会科学院歴史研究所天聖令整理課題組校証、中華書局、二〇〇六年、頁三三二）。また中国社会科学院歴史研究所『天聖令』読書班「『天聖令・獄官令』訳注稿」（『中国古代法律文献研究』第一二輯、二〇一八年、頁四〇三）。

第11章　訟師自身による訟師観

1　訴訟も誣告もするな

訟師いかにあるべきか

訟師について語り残したことがひとつある。それは訟師自身が訟師であることをどう考えていたのか、なかでも虚偽や誣告を訴状に入れこむことをどう考えていたのか、である。

訟師には大きく分けて悪訟師としての姿と、無念の思いを晴らしてくれる「智能の士」としての姿の二つがあったことは、以上でご理解いただけたと思う。ここで問題とするのはもちろん、「智能の士」がもった訟師観、誣告観である。

まず訟師は自分自身をどう見ていたのだろうか。

清末一九〇四年（光緒三十年）に発行された『東方雑誌』には、訟師について次のような論評が見える。

　そもそも訴訟を起こそうとして訟師にお願いしないのは、誰もが法律を知るようになって、はじめて可能である。……中国の訟師はもともと善良な士が少ない。しかしその原因を推し量るに、お上《かみ》が訟師を軽視するからである。だから訟師も自分を卑下し、悪事といえば何でもするに至るのである。[*1]

　訴訟しようとすれば、法律を多少とも知る訟師の助けが必要なことは、誰もがわかっていた。ところが彼らは地方官たちの蔑視にあって、みずから卑下しているという。穏当な論評であり、これを訟師たち自身がもった訟師観の大前提であるとしてよいであろう。

　しかし訟師秘本のなかには、これとはひと味もふた味もちがう訟師の自己主張が出てくる。訟師秘本と呼ぶ訴訟のためのマニュアル本については、すでに第9章で簡単に紹介した。そこには訟師とはなにか、それはいかにあるべきかを論じたところがある。[*2]

　たとえば『袖珍珥筆全書《しゅうちんじひつぜんしょ》』（一二〇ページ表1⑭）序文では、次のように論じている。

　人は「教唆する者」は利益を貪り人びとを害するというが、訴訟文書を作ることこそが仁中の直であること、人への思いやりのなかでも最高に正しいことをまったく知らない。善を心に置いてこそ人の悪を攻めることができるし、理をもって己《おのれ》を律してこそ悪者どもを退治できるのだ。ものを言えない者に代わって言い、目の見えない者を扶《たす》けて歩き、道なき道を切り拓き、深い河を渡る。弱者を救い倒れた者を扶け、善をほめ悪を貶《おとし》め、利を均しくし害を除き、主張も公平である。ここに己を利し人を害する意図があるだろうか。

これは堂々たる訟師の自己主張である。

訟師による悪訟師批判と「訴訟は努めてするな」

また『新刻校正音釈詞家《しんこくこうせいおんしゃくしか》便覧蕭曹遺筆《びんらんしょうそういひつ》』（二二〇ページ表1⑦）の「法家体要」には、次のように言う。

韓愈《かんゆ》は、「およそ万物は平衡状態を保てなくなったときに音を出す」と言った。訴訟とは人心の不平から発する鳴き声である。およそ訴訟のために筆を執るには、情が真実で理が真実なのは必須のこと、しかる後に理に順《したが》い情を陳《の》べる。是非を転倒し、曲直を変乱し、これで罪もない人を陥れてはいけない。天がここで監視している。慎まねばならない。

　およそ政治が行き届き平和な世には、情、理、法の三者がある。自分のほうから訴訟を起こし人を告発しようとするときは、相手が情を飾って敵対してくることを防がなければならない。もし小さな問題で、争いをやめることができるのであればやめるべきで、訴訟を起こすべきではない。必ずやむをえず、身家に切迫した情況となって、はじめて筆を執るべきである。まずもともとの実情がどうであるか、次いで理に基づいた場合、法を按《あん》じた場合どうであるか、十分に考える。人と碁を打つように、相手と自分の情勢を計算し、攻撃するか防御するかの方策を考え、こちらの一手は相手の一手より深く、結局どのように勝負がつくか、知恵をはたらかせて機先を制する。謀《はか》りごとが万全であるならば、人を制し人に制せられることはない。かくして百戦して百勝である。

これもまた、堂々たる訟師の自己肯定論である。しかも「是非を転倒する」悪訟師にたいする批判である。作者はここで、天が監視しているから、曲直を変乱し誣告をしてはいけないと戒めている。

情、理、法を重視せよとは、裁判する側の者が常に言う戒めである。「百戦して百勝」するというとおり、ここには闘争的な訟師の姿をうかがうことができるが、しかし「小さな問題で訴訟を起こすべきではない」と言うとおり、その論はあくまで実践的である。つまらぬことで訴訟を起こすな、こっそり裏で手をまわしてでも和解にもちこめなどは、訟師秘本でしばしば見える戒めである。

誣告はするな

多くの訟師秘本には、誣告を戒める主張も見られる。

ここではひとつだけ、『刑台秦鏡《けいだいしんきょう》』（一六七三年〈康熙十二年〉刊）巻上「十法須知」に見える

「誣告説」を一部引用しておこう。

人と小さな訴訟があるとき、それを大げさにしてデタラメを言う者がいる。愚かで法律をよく知らないために、訟師に訴訟文書を書いてもらう。文書一面にぎっしり虹の橋のようなありもしないことが書かれ、裁きの公廷を顧みないのであれば、処罰を逃れることができるだろうか。律で言う、誣告には相手に科されるはずであった処罰に三等を加えて科す、とはこれである。

ここで批判されている「訟師」こそ、これまで見てきたような中国独特の訴訟制限を突破するために、虚偽や誣告を訴状に入れこむことを期待された私代書、悪訟師であった。

『東方雑誌』に見える訟師論は、周囲の蔑視にあってみずから卑下して自暴自棄となり、どんな悪事でもやるようになると論ずるが、訟師秘本に見える訟師論はこれと大きくちがっている。そこに盛られているのは、「智能の士」である訟師による悪訟師批判である。

訴訟では情、理、法を尊重すべきである、是非を転倒してはいけない、誣告をしてはいけないという戒めを読む者は、これもまた訟師一流のまやかし、デタラメではないか、と言うかもしれない。そのような解釈ももちろんできる。というのは、訟師秘本は現在まで知られているかぎりで言えば、ひとつとしてその著者名を実名で記したものはなく、さらに清代になると一括して禁書とされたような、危ない書物であった。取り締まりの目を逃れるために、出版に際してはキレイゴトをそこで並べ立てたと考えることも、十分に可能だからである。

　しかし以下で紹介する覚非山人著『珥筆肯綮《こうけい》』は一風ちがう。それは出版されたことがない、文字どおりの「訟師の秘本」である。そこでは、ある種の案件については誣告もやむなし、と正直なことが書かれている。また裁判官としての地方官がこれを読んだら、不愉快きわまりなかったであろうことも、平気で書かれている。このような正直で率直なことを書く著者が、仲間内で使う「秘本」のなかに、キレイゴトやマヤカシをわざわざ書きこむ必要はまったくないのである。

2 『珥筆肯綮』に響く肉声

「秘本」中の秘本

『珥筆肯綮』もやはり明末に編纂された訟師秘本である。ただ第9章で紹介し、また前節で引用した訟師秘本が、すべて木版の印刷物であるのにたいして、これは抄本、手書き本である。出版されることなく、仲間うちで転々と秘かに書き写されてきたものらしい。現在、江西省の婺源《ぶげん》県図書館に一本が蔵されるだけである。[*3]
　婺源県は明代には南直隷徽州府、清代には安徽省徽州府に属した。江西省や徽州が健訟の地であることは、宋代から有名であった。『珥筆肯綮』がその内容から見て、徽州で生まれたことは疑いない。著者の覚非山人がペンネームであることは言うまでもなく、これは仲間うちでの手書き本ですら、実名を出すのが憚られたことをあらわしている。『珥筆肯綮』が貴重であるのは、出版された各種の訟師秘本とちがって、訴状の例文のいくつかに著者がコメントを加えている点にある。それらコメントから見て、著者が訟師であったことは疑いない。

また、この書のはじめに、訴状作成者が守るべき戒めが、「附録口訣《こうけつ》」と題して付せられている。「附録口訣」と訴状例文へのコメントによって、この書は先輩訟師が後輩訟師に与えたアドバイスのようなものになっている。われわれはこの書から、ほかの史料ではめったに聴くことができない訟師の肉声、彼らの本音を聴くことができる。

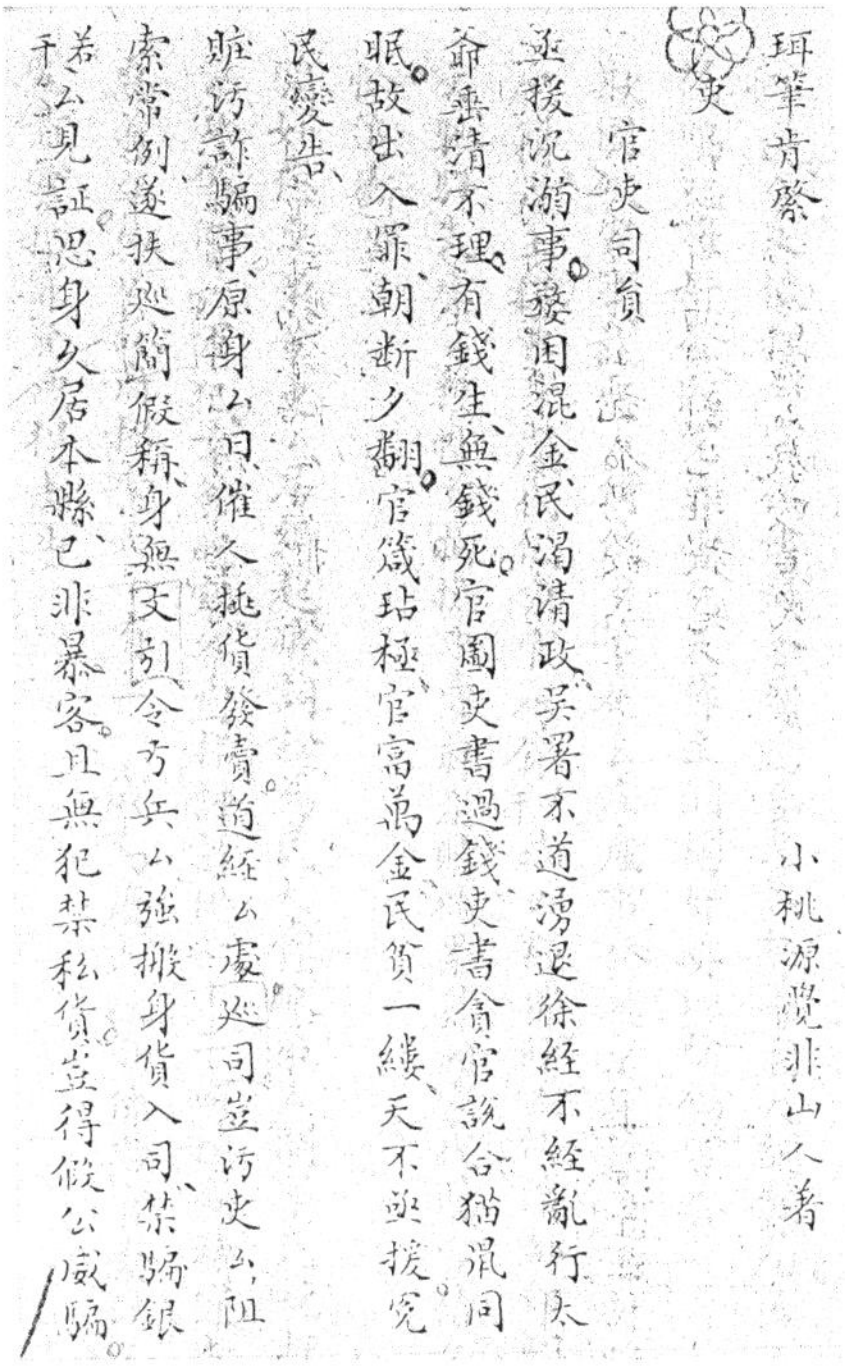
珥筆肯綮　　小桃源覺非山人著

図33 『珥筆肯綮』(婺源県図書館蔵)

先輩から後輩へのアドバイス

そこで主張されアドバイスされているのは、まず文章テクニックを磨け、訴状の語気に緩急をつけよ、的確な言葉を選べという、訴状作成者として当然のことである。
たとえば文章の構成について著者は、訴状ではわれわれが起承転結と言うところを三段で書けと説く。そして結論である第三段目では、厳しい言葉を用いてこれまで述べてきたことをピシャリと表現し、気の抜けたものにしてはいけないと教える。相手が言い逃れできない論理を備えよとも言っている。

訴状を読む州県官や幕友に対抗し、彼らをハッとさせ受理させるためには、的確な言葉とともに四書五経など、中国古典の知識も必要であった。これは科挙の受験者に求められるものと同じである。

また裁判官の心理を読め、裁判官を誘導するような一つの方向（一条の去路《きょろ》）を訴状のなかで指し示せ、とも教えている。裁判官である地方官がこれを読んだら、自分が知らず知らずのうちに訟師に操られていることを知り、はなはだ不愉快であっただろう。

当然のことながら、訴状作成者は法律を学ばねばならない。これらは科挙受験者に求められるものを超えている。訴状にはわずか百数十字から三百字程度の字数制限が設けられている。そのなかで、これら多くの要件を満たさねばならないのだから、優秀な訟師＝「智能の士」には高い技能が必要とされた。先に清代乾隆年間のある県では、訟師のような能力を持たない者が訴状を代作して生活費を稼いでおり、彼ら「唆訟《さしょう》の輩」は百人以上いるという史料を紹介した。このように多くの要件をクリアしているかどうかが、訟師と呼ばれる者と「唆訟の輩」とのちがいであった。

紛争や訴訟になる前に、法律に照らしてなにをどう処置しておくべきかを教える箇所もある。これは現在でいえば、訟師が法律アドバイザーでもあったことを示すであろう。『珥筆肯綮』にかぎらず、訟師秘本には訴状の例文だけではなく、衙門への申請書、嘆願書の例文も採録されている。これは訟師が訴状の代作者であるだけではなく、広く申請書、嘆願書の代作者であったことを物語るであろう。

『珥筆肯綮』に記される著者の発言によるかぎり、「悪訟師」のイメージをそこに見いだすことはむずかしい。法律アドバイザーとしての発言も、生前に遺産相続の手続きをどう取っておくべきか、一族のために祠廟《しびょう》を置いたのだが、これが廃絶しても不動産の所有権を確保するためになにをしておくべきか、などを教えたもので、当時の法律と慣習から見てなんの不正も無理もない。

法律こそが決め手だ

『珥筆肯綮』では、「法律を尊重せよ、重視せよ」という主張もしばしば説かれる。

たとえば翻告とは、すでに下りた判決を不服として、再度訴えなおすことである。著者はこの場合、「判決文と相手の自供のなかで、律（律文）に合致しないところを見つけ、明白に摘出すべきである。初回に出した訴状のようにこれが曖昧であれば、翻告してもムダである」と言っている。[*4] 法律こそが決め手だというのである。

またしばしば、『大明律』の規定を引用しながら、訴状例文の主張が正しいかどうか、それで勝訴できるかどうかコメントしている。ある例文にたいするコメントでは、立場の弱い寡婦に同情を寄せながら、しかも人情よりも法律と道理を重視し、彼女の出した人情だけに依《よ》る訴状では敗訴すると暗示している。これらからうかがうことができるのは、『珥筆肯綮』の著者は法律を蹂躙《じゅうりん》する者ではまったくなく、逆に法律が効力をもつことを承認し、それを期待する者であることである。[*5]

訟師の仲間うちで転々と書き継がれた本来の訟師秘本のなかに、以上示したような主張やアドバイスが盛られていることは、訟師と言えば悪党であるとする通念からすれば、むしろ驚きである。これは虚偽や誣告を訴状に入れこむことを期待される情況のなかで、これに応ずることなくわが道を行く訟師が、確かに当時いたことを伝えるであろう。

やむをえない誣告もある

さて次に、これまでしばしば問題にしてきた、訴状に虚偽や誣告を入れこむことについて、著者はどう考えていたのか、見てみよう。これについては『珥筆肯綮』の冒頭「附録口訣」に掲げる五原則の一条で、まず次のように言っている。

> 訴状を作成する者は、いいかげんな言葉を拾い集めて別の事実をこしらえてはいけない。何の関係もないところへ人を引きずりこんではいけない。そんなことをすれば、誣告したと自供したうえ重罪を負わねばならなくなる。
>
> もしかして、ほんとうのことをそのまま書けば受理されにくい訴状を書かねばならなくな

ったとき、架空のことをそこにまじえざるをえない場合であっても、それは誣告でしたと自供するときになって必ず大罪にならないかぎりで許される。また必ず読む者をしてほんとうだと信じさせてこそよい。[*6]

前半では虚偽や誣告を訴状にまじえてはいけない、とはっきり記しており、これまた訟師と言えばウソを書きこみ人を誣告する者だとする凡百の通説とは、百八十度もちがっている。先に見た『新刻校正音釈詞家便覧蕭曹遺筆』や『刑台秦鏡』と同じ主張である。さらに興味深いのは後半である。

そこでは「受理されにくい訴状を書かねばならないとき」があり、「架空のことをそこにまじえざるをえない場合」があると、率直に認めているからである。前半で誣告はいけないと明言しながら、後半で誣告もやむなしと譲歩するとは、どういうことであろうか。覚非山人はいったいなにを考えているのであろうか。ここには、訟師に避けて通れない難問があるようである。「架空のことをそこにまじえざるをえない場合」とはどのようなケースなのか、「誣告でしたと自供するときになって必ず大罪にならないかぎり」とは、具体的にどのようなケースなのか。

婚約を破棄し結納金を取り戻すために

まず、弟の結納金を取り戻し婚約を解消するために、婚約者の父と従兄弟《いとこ》を相手取り、婚約者がその従兄弟と「姦通」したと誣告した事例である（刑、告姦）。

原告の訴えによれば、その弟が某の娘と婚約し高い結納金を払ったのだが、娘をこちらに嫁がせなかった。彼女は従兄弟である某と姦通して妊娠した。こっそり生んだことは産婆が証人となる。事実を究明して結納金を返させ、弟が別の女性を娶《めと》ることを認可していただきたい。これが訴状の文例である。

　これにたいする著者すなわち訟師のコメントは、次のとおりである。

> この娘が子どもを生んでいる以上は、なんらかの密通（姦淫《かんいん》）があったことはまちがいない。たとえその相手がその男（従兄弟）ではなくても、それは誣告でしたと自供しても罪にならない。[*7]

　婚約を解消し結納金を取り戻すという民事案件について、これを「姦通」という当時であれば刑事案件にすりかえたわけである。

　われわれから見れば、証拠もないのに従兄弟が姦通の相手であると名指ししたのは明らかに誣告にあたるし、従兄弟にとってもこの事実がないとすれば、はなはだ迷惑なことであったにちがいない。実際、この訴状では密通の相手であるとしてその名を明記しながら、その証拠や証人を掲げていない。だからこそ、著者は「たとえその相手がその従兄弟ではなくても」と言ったのである。

受理してもらうためにはここまで書く

しかしなぜ、わざわざそれが誣告であることを十分承知のうえで、原告は従兄弟の実名を挙げて訴状を書かねばならなかったのだろうか。しかも『珥筆肯綮』の著者は、ほかの文例にたいするコメントからわかるとおり、法律を重視し、これを大前提として誣告はいけないとしながら、一方でなぜこれを是認しているのだろうか。

私はおそらく、ここまでしないと、単純な婚姻問題では「仲人《なこうど》に解決してもらえ」などと批示され、訴状は受理されなかったからだろうと思う。

また婚約者がほかの誰かと通じて子を生んだので婚約を解消したい、結納金を返してほしいと主張するだけでは、その訴状はなかなか受理されなかったのではないか。というのは密通の相手が誰かさえ、わかっていないからである。

『大明律』の一条「犯姦」では、「姦通した現場で取り押さえなければ、姦通したと訴えるだけなら受理しない」とはっきり定めている。一方、娘と従兄弟とは近親であり兄妹であった。実際この訴状でも「兄でありながら妹を淫した」と告発している。兄と妹の「姦淫」であれば近親相姦であるから、当時にあっては『大明律』「親属相姦」の条にしたがって絞罪《こうざい》に問われるような重罪であり、訴状は必ず受理されたのである。

また著者の判断では、「たとえその相手がその従兄弟ではなくても、それは誣告でしたと自供しても罪にならない」のであった。これはおそらく当時、ここで例文として示されたような訴状であれば原告は誣告罪に問われない、あるいは処罰を受けるにしても軽微な処罰が下されるにすぎないという、訴訟界の通念があったことを示すのではないだろうか。これが原則五条の一条で言う、「架空のことをそこにまじえざるをえない場合であっても、それは誣告でしたと自供するときになって必ず大罪にならないかぎりで許される」一事例であるにちがいない。一方、「姦通」の相手だと告発された従兄弟も、証拠がまったくないのだから無罪となったであろう。

これは当時の裁判システムにあっては、誣告であったとしても結果として大罪に問われないということがしばしばあったことを暗示する。とすれば、受理された後になって誣告であったと自白しても罪にならない、あるいは大罪にならないと判断する著者、訟師の考えかたに問題があると見るより、このように誣告をまじえた訴状を提出せざるをえない訴訟制度、このように判決せざるをえない法律の不備そのものに問題があったと言うべきであろう。このあたり、節をあらためて考えたい。

3　われわれは長年読書している

父親から告発されたら……

実例に即して、虚偽や誣告についての著者の考えをもうひとつ見てみよう。それは父親が自分を「不孝」の罪で訴えた場合である。

中国では歴代、親と子の置かれる法律上の地位は大きな差があった。それは天と地のちがいと言ってよいものであった。父がその子を不孝であると訴え出ることはまったく問題なかったが、逆に子がその父を訴え出ることは、『大明律』「干名犯義《かんめいはんぎ》」の規定にしたがえば杖一百のうえ徒三年であり、もしもそれが誣告である場合には絞刑となった。

『珥筆肯綮』で挙げられる文例は、父に不孝の罪で訴えられた子が提出した答弁書である。それはおおよそ次のとおりであった（刑、訴不孝）。

> 父は継母を娶り弟を生んだ。弟はその母が父に寵愛されているのを恃《たの》みとして、自分からも父に取り入って気に入られ、たびたび兄である自分をひどい目に遭わせてきた。叔父は兄弟がそむき合うようになるのを恐れて、父に勧めて分家させようとした。弟は財産を独り占めしようと思ったのだがうまくゆかず、父を唆《そそのか》して自分を不孝者だとお上に訴えさせた。弟が幼いときには自分は父と言い争うことはなかったのに、弟が大きくなってついに父の譴責《けんせき》に遭ってしまった。族長を審問してこの家難を救っていただきたい。

これにたいするコメントは次のとおりである。

> 父が子を告発した場合は、たとえそれが虚偽であっても法律では誣告にならない。したが

って父から告発された子は、他人すなわちここでは弟を巻き添えにし、裁判官が軽い処罰で判決を下しやすいようにもっていったのである。父ではない他人を相手にして反論するときは、すべて「誣告された」と答弁書で書くのがふつうであり、この例で言えば「ついに父の誣告に遭ってしまった」と書くべきところを、父を誣告罪で訴えられないから、「ついに父の譴責に遭ってしまった」と表現したのである。*8

弟を誣告して円満な解決を図れ

このコメントで「父が子を告発した場合は、たとえそれが虚偽であっても法律では誣告にならない」というのは、同じく『大明律』「干名犯義」で「祖父母と父母が子や孫を誣告しても罪に問わない」と規定されるとおりである。これまた『珥筆肯綮』の著者は法律によく通じていたことを物語る。そして『大明律』という法律を尊重しつつ、ギリギリのところで依頼者の立場に立つのである。

すなわちここで著者は、弟がほんとうに父を唆して兄を不孝であると告発させたと考えてはいない。子は父を誣告罪で訴えることができないから、他人を巻き添えにせざるをえないと言う。しかし、もしかして子を不孝者たとした父の告発が、単にそのわがままから出たものにすぎず、弟が父を唆して告発させたのではないとしたら、弟にとってははなはだ迷惑なことであったにちがいない。

著者は兄が弟を巻き添えにしたことを咎めない。これはまさしく当時の官箴書などで言う訟師の手口、「是非を転倒する」「虚偽のことを真実だという」であろう。しかしこのような不正をせざるをえないのは、「父が子を誣告しても誣告罪が成立しないが、逆に子が父を訴えれば罪になる」という法的な大前提があったからであった。

この大前提がある以上、子がいくら父の言ったことは虚偽である、誣告であると正面から主張しても無意味である。この兄は父を誣告罪で訴えてみずからの冤罪を正面から晴らすことができない以上、弟を巻き添えにする以外にどのような方法がありえたのか。これも「架空のことをそこにまじえざるをえない」一例であろう。

さらにこの著者には、裁判官も子は父を誣告罪で訴えることができないという大前提で裁く以上、このような方便を取らざるをえないことを暗黙のうちに諒解しているはずであるから、たとえ訊問の場で「誣告でしたと自供するときになって必ず大罪にならない」という読みがあったのであろう。

おそらくは当時、訟師も、被告としての兄も、そして裁判官も、「孝」という倫理を是認しながら、しかもそこに法的にははなはだしい不公平がある、これは正しくないという一種の平衡感覚があり、三者ともこの感覚を共有して訊問裁判に臨んだのであろう。このような答弁書によってはじめて、依頼者も父も弟もともに重罪に問われずに円満に解決するとの判断が、訟師たる『珥筆肯綮』の著者にはあったのである。

以上の例は、法律を知り、ギリギリのところで依頼者を助け冤罪を救う「智能の士」が確かにいたこと、必要であったことを教えてくれる。

少額の貸借訴訟には手を出すな？

金銭貸借訴訟についても見てみよう。『珥筆肯綮』の著者は、第4章で紹介した李呉氏のような場合を、どのように考えていたのだろうか。

これについて著者は、五両という少額の借金の返済を求めた訴状の文例にコメントするなかで、「これは小さな問題（小事）であるから、多くの場合、受理されにくい」とはっきり述べている（戸、財本私債[*9]）。

どうやら高額でない借金の返済を求める訴状は、『珥筆肯綮』が書かれた明末のころから、すでになかなか受理されなかったようである。これには著者にも妙案がなかったらしい。

常識的に考えれば、受理されないような訴状を代作することは無意味である。つまり著者はむしろ、このような例文を掲げ、これにコメントを加えることによって、少額の貸借訴訟には手を出すな、受理されようとして無理な誣告のまじった訴状を書くな、と無言のうちに後輩訟師たちにアドバイスしているかのようである。

全体としてみれば、「悪訟師」の姿を見いだせない『珥筆肯綮』に、誣告もやむなしとする主張が見られるだけでなく、少額な貸借訴訟の例文が掲げられ、「多くの場合、受理されにくい」とはっきりしたコメントが加えられていることは、貴重である。

これはおそらく、訟師のなかでも倫理観や職業観が千差万別であったこと、すなわちやってよいことと悪いことの線引きがそれぞれであったことを物語っている。

生員クラスの訟師のプライド

なにを恐れて誣告しないかという一事を取ってみても、先に引用した『新刻校正音釈詞家便覧蕭曹遺筆』は「天が監視している」からやってはいけない、と戒めていた。これにたいして『珥筆肯綮』では、誣告をしたら「重罪を負わねばならない」と戒めるとともに、「それは誣告でしたと自供するときになって必ず大罪にならないかぎりで許される。また必ず読む者をしてほんとうだと信じさせてこそよい」と教えていた。ここに天罰よりも国法を恐れ、原理的な倫理よりも戦術的な方便を選択する、『珥筆肯綮』の著者の立ち位置を見て取ることができる。

これまで見てきたように、訟師となっていたのは、しばしば生員であるか生員クラスの者であった。生員は挙人、進士さらに官僚へと進むという社会構成からすれば、たしかに下級知識人であったが、全国の各地方に置かれた国立学校の学生であるから、その地のちょっとした名士であった。彼らは『論語』『孟子』『史記』など中国古典に親しんでおり、一般の民衆とはちがうというプライドがあった。

すでに紹介したように、ある「訟棍」を逮捕したところ、彼は訊問の席でも怯《ひる》むことなく、傲然と「民間に訟師がいるのは、ちょうど官衙門に幕友がいるようなものだ。官衙門で幕友を用いることができるのに、民間でなぜ訟師を用いてはいけないのか」と抗弁したという。この「訟棍」が生員であったかどうかはわからないが、その訴状に凝った用語が使われていたため逮捕されたことから見て、彼もまた生員クラスの者であったにちがいなく、また官僚や幕友に対抗できるある種のプライドをもっていたことは、明らかである。「智能の士」である彼ら訟師が、すべてこのプライドを捨て去り、悪訟師として暗躍するだけであったとは、とうてい考えられないところである。先に見た四川省合州の張正常や、蘇州王有孚の老友がそれである。彼らの一部は『珥筆肯綮』の著者のように、自分が守るべき一線をそれぞれにもっていたと考えるべきであろう。

陳常という一訟師

またたとえば清末上海の有名なジャーナリスト王韜《おうとう》は、陳常（陳少逸《ちんしょういつ》）という一訟師について、おおよそ次のように伝えている。[*10]

陳常は上海郊外のある町に住む生員で、訴状を書くのがうまかった。その町の風俗ははなはだ健訟であり、人びとがこれから上海県衙門へ行って訴訟しようとし、彼に依頼しに行くといつも、陳常は「『易経』に言うように、〝訴訟はとことんやれば凶〟である。長引かせてはいけない」と戒めていた。このため彼は人望を集めていたという。

その後、陳常はあることで逮捕され獄につながれた。一八六〇年（咸豊十年）、太平天国軍がこの町に迫ったため、ある貢生《こうせい》（高等生員）が王韜に、人望のある陳常に団練（自衛団）を統率させてはどうか、と相談した。陳常も獄中から王韜に手紙を送り、そこには「われわれは長年読書している。人びとが苦しみにあえぐ今このときこそ、命を投げ出すときである」と書いてあったという。彼は出獄し、はたして太平天国軍と戦い、五十四歳で死んでいった。

生員である陳常は、訟師秘本でしばしば教えられているように、訴訟はとことんやるなと人びとに戒め、これによってかえって人望を集めていた。陳常は獄につながれたと言うから、彼は生員身分を剝奪されていたと考えられるが、それでもなお彼は、「われわれは長年読書している」というとおり、王韜のような文化人や貢生と自分とを同列に置くプライドをもちつづけていたのである。

惡訟師與紹興師爺鬬法 奇謀秘計目錄

●輪姦婦女類
紹興師爺嚇走惡訟師……一至六
▲處女含羞 被姦之女並不聲張 姦徒仍處死刑
●疑賊殺人類
惡訟師推翻紹興師爺……七至一五
▲犬吠猪叫 紹興師爺既已判決 惡訟師推翻其原判
●家庭冤獄類
紹興師爺通緝惡訟師……一五至二三
▲隔室審案 媳婦揑破夫父臀 囊是否有姦情
●嫖院慘事類
惡訟師勝過紹興師爺……二三至三〇

惡訟師與紹興師爺鬬法 目錄　一

図34　呉虞公『悪訟師と紹興師爺の闘い　奇謀秘計』（上海図書館蔵、目録、上海世界書局、1921年出版）

訟師業務と悪訟師イメージの膨張

『珥筆肯綮』は一部の訟師が持っていた訟師観や、彼らのプライドを教えてくれるだけではなく、冤罪を防ぐ「智能の士」が狡智にたけた悪訟師となり、これと重なることになる可能性も教えてくれて貴重である。なぜならそこでは、「誣告はいけない」と言いながら、しかも「誣告もやむなし」と言ってい

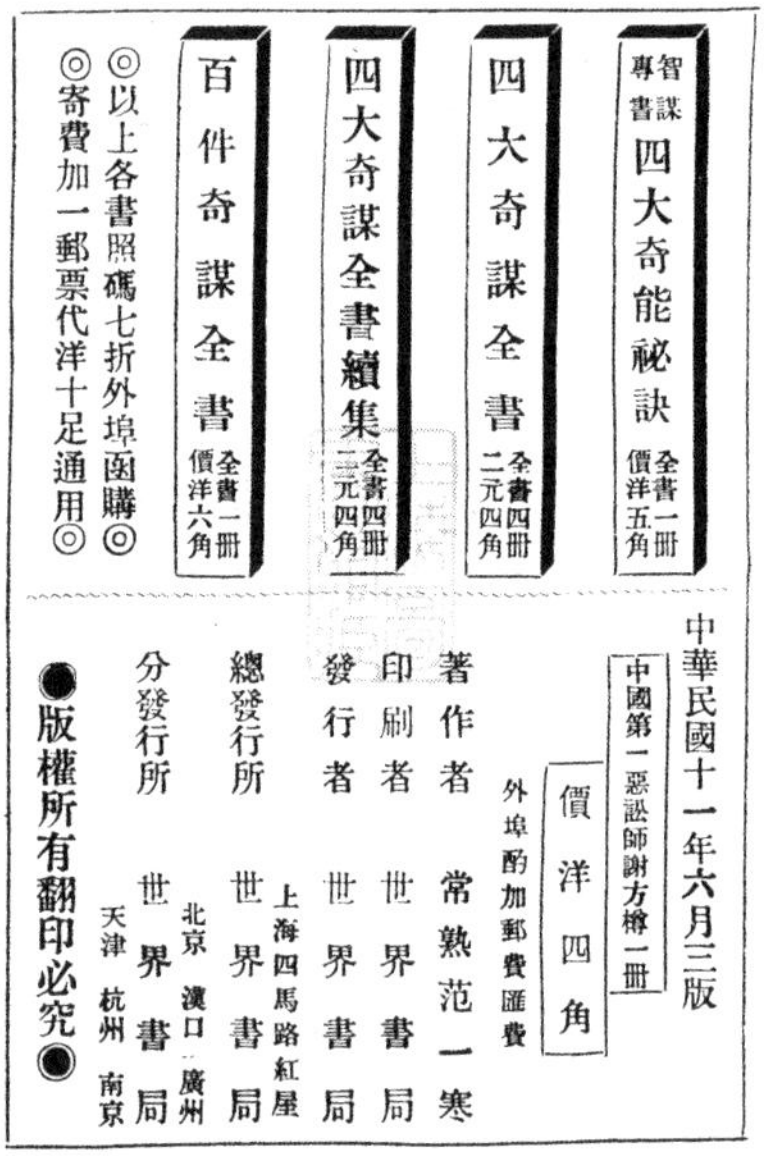

智謀專書 四大奇能秘訣 全書一冊 價洋五角

四大奇謀全書 全書四冊 二元四角

四大奇謀全書續集 全書四冊 二元四角

百件奇謀全書 全書一冊 價洋六角

◎以上各書照碼七折外埠函購◎

◎寄費加一郵票代洋十足通用◎

中華民國十一年六月三版

中國第一惡訟師謝方樽一冊

價洋四角

外埠酌加郵費匯費

著作者 常熟范一寒

印刷者 世界書局

發行者 世界書局

總發行所 世界書局 上海四馬路紅屋

分發行所 世界書局 北京 漢口 廣州 天津 杭州 南京

●版權所有翻印必究●

図35　范一寒『中国第一悪訟師謝方樽』（出版事項と宣伝、上海図書館蔵、世界書局、1922年第3版）

るからである。

訟師が「誣告もやむなし」と考え、訴状の上で偽装工作を施してくれるのであれば、その業務の延長として、現実の世界でも偽装工作をしてくれ、そのために知恵を貸してくれるであろう。実際の事件をでっち上げることもしてくれるであろうし、逆に不正な手段を使って、事件をもみ消してもくれるであろう。訴訟を丸ごと請け負うのであれば、訴状を偽装することと現実を偽装することの区別は、つけにくい。

これらの例は、「悪訟師のイメージ」としてすでにいくつか紹介したし、たとえば藍鼎元《らんていげん》『鹿《ろく》洲《しゅう》公案』など多くの書物に充ちている。*11 そこで出てくる訟師たちは、訴状の代作だけでなく、自分のため依頼者のために事件をでっち上げ、手を替え品を替えて強請りたかりを働く悪訟師たちである。有名な小説『紅楼夢』でも、女主人公の一人薛宝釵《せつほうさ》の兄が殺人を犯したときに、「刀筆先生」に頼んで事件のもみ消し、すりかえを謀ってもらっている（第八十五回、第八十六回）。刀筆先生とは訟師の別名である。こうなると一般大衆からだけでなく依頼者からさえ、訟師は信用されない。訴状代作者としての訟師は、一方で悪徳訴訟ブローカーのおもな供給源であったにちがいない。
　これまで、このような悪訟師こそが訟師であるとされてきた。これは訴状に偽装工作を施す本来の訟師よりも、現実世界で偽装工作を請け負うような堕落した訟師のイメージのほうが、むしろ一般化したからである。このイメージは、次章で述べるように、民国の時代に訴状の代作者としての訟師の役割が消滅してゆくとともに、いっそう膨張したものとなっていく。これには平襟亜『中国悪訟師』などのフィクションが、次から次へ生み出された役割が大きい。そこで登場する訟師は、ほとんど訴状の代作と関係をもたない、悪徳訴訟ブローカーなのである。

註

＊1　『東方雑誌』第一巻第八号、一九〇四年十月四日、論中国改革刑法。

＊2　夫馬進「訟師秘本の世界」（小野和子編『明末清初の社会と文化』京都大学人文科学研究所、一九九六年、頁一九三）。

＊3　夫馬進「訟師秘本『珥筆肯綮』所見的訟師実象」（邱澎生・陳熙遠編『明清法律運作中的権力与文化』中央研究院・聯経出版事業股份有限公司、二〇〇九年、頁一二）。同書はまた広西師範大学出版社からも二〇一七年に刊行、頁一五。

＊4　第10章註6、『珥筆肯綮』邱澎生点校本、頁二三五。孫家紅・龔汝富点校本、頁四。

＊5　本章註3、頁二六（頁三四）。

＊6　本章註4、邱澎生点校本、頁二三五。孫家紅・龔汝富点校本、頁四。

＊7　同前註、邱澎生点校本、頁二七四。孫家紅・龔汝富点校本、頁五五。

＊8　同前註、邱澎生点校本、頁二七七。孫家紅・龔汝富点校本、頁五九。

＊9　同前註、邱澎生点校本、頁二四九。孫家紅・龔汝富点校本、頁一二。

＊10　『瀛壖《えいぜん》雑志』巻二、陳少逸。

＊11　藍鼎元『鹿洲公案　清朝地方裁判官の記録』（宮崎市定訳、平凡社、一九六七年、頁一八、五三、一一九、一七三、一九三）。ただし、原文で「訟師」と記すところ、「三百代言（人）」と訳される。

第12章
訟師の終焉

1　民国初年、訟師の急激な凋落

訟師凋落の趨勢

以下では、中華民国の時代に訟師はどうなるのか、語っておこう。

訟師、訟棍という言葉は、現代中国でも生きている。マスコミでも一般庶民でも使っている。訴訟を利用して悪事をはたらく者、無意味な訴訟を道理があるかのようにいつまでも続ける者、さらには日本で言う悪徳弁護士をもこう呼んでいる。民国時代でもたとえば新聞『申報』では、訟師、訟棍が「訴訟を請け負う（包攬詞訟）」悪徳ブローカー、あるいは詐欺師としてしばしば登場する。

訟師は文献で「訟師」と出てくるかぎりで言っても、南宋時代後期からほぼ七百年、民間で数多くの訴状代作者が生まれはじめた北宋時代を含めるならば、一千年近くの歴史をもつ。しかも歴代の王朝政府はこれを退治するのに手を焼き、清代にはついに「積慣の訟棍」という悪法まで作って禁圧しようとした。

ここまで中国社会に深く根を張った訟師である。中華民国政府が欧米や日本の影響を受けて近代式の新しい訴訟制度をはじめたからといって、そう簡単になくなるはずがない、と誰でもそう思うであろう。

ところがそうではなかった。いったい、何が起こったのか。

訟師が急速に凋落《ちょうらく》したのは、もちろん日本の弁護士に当たる律師《りっし》が、民国初年に大都市を中心に活躍しはじめたからでもあったが、そんな単純な話ではなかった。かつてであれば訟師に比べ一段も二段も劣るとされていた私代書たち、すなわち「唆訟の輩」などと呼ばれていた安手の代書屋が急速に力をつけ、訴状の書き手の主力となったからである。新しい訴訟制度のもとでは、訴状は清代とちがって原則的にどれでも受理されることになり、訟師に期待された「受理を獲得する」という仕事の必要はなくなる。訴状は誰が書いてもよく、安手の代書屋が書いた訴状でも、問題なしに受理されるようになったからである。これによって、訟師はこれら二つのグループに挟撃され、急速に衰え、両極に分化してゆく。

訟師も律師会に加入でき、稼業を続けられますように

訟師を凋落させたのはまず、律師の登場である。

律師が国家によって正式に認められたのは、中華民国が成立した直後のこと、一九一二年（民国元年）九月に『律師《りつし》暫行章程《ざんこうしょうてい》』が公布されたときである。

訟師の凋落は上海のような大都会では急転直下であった。これをもっとも雄弁に物語るのは、『申報』一九一三年（民国二年）十二月三十一日に掲載された「戯れに訟師のために律師会（弁護士会）に入れてくれるようお願いする手紙」であろう。これは『申報』に設けられたコラム「遊戯文章」の一文であって、かつての訟師を「老訟」と呼んでその凋落と逼塞《ひっそく》を哀れむとともに、これとの対比で新しく活躍しはじめた律師を「大律師先生」と呼び、彼らが訟師とよく似ているにもかかわらず、権勢をもち傲慢であることを皮肉ったものである。

> 訟師はまともな人間には相手にされず、官吏にはお尋ね者であったから、やむなく黒幕の軍師として暗闇で手探りするほかなく、これまでけっして大胆不敵にも、こんにちの大律師先生のように正当な営業をやっているなどと考える者はいなかった。民国成立以来となると、老訟の刀筆は袋のなかへしまいこまれて訴状の代作に使われず、誰からも見向きされない。
>
> これにたいして「大律師先生」はといえば、目抜き通りに客寄せの看板や広告をデカデカと掲げ、堂々と事務所を開いている。民事であれ刑事であれ、彼らは依頼者の委任を受けて法廷へ出席し、裁判官に赤恥をかかせて停職処分を食らうこともあるが、これは彼らの恥にはならない。さいわい勝訴すれば律師公費だけでなく成功報酬までもらえる。彼らの生活は朝から晩まで、酒

と女に入り浸りである。老訟がむかし、こそこそ陰に隠れ人に代わって訴訟しながら、法廷に公然と姿を現すことはけっしてなかったのに比べれば、これは天と地の差ではないか。しかも今、「老訟」にできることと言えば、古風なもったいぶった文体で訴状を書くことだけで、法律の一言も知らない。

この戯文作者は、この気の毒な「老訟」に代わって、次のような手紙を大律師先生に書いて、訟師も弁護士会（律師会）へ参加させてくれるよう懇願する。

> 東方の倭人国（日本）から、本物か偽物かは知らぬが「ナントカ法政大学」の卒業証書を買いこみ、謹んで大律師先生にお願いし、律師会に入れてもらい、老訟が昔の稼業をもう一度できますように。

戯文では、訟師が見向きもされなくなったのは、民国成立以後のことだという。律師が公認されたのは、この戯文が書かれた一年あまり前のことだから、上海のような大都会であれば、訟師がいかに急激に凋落し、律師に駆逐されていたのか、この一文は物語るであろう。そこに描写された「老訟」には、これより三十年ほど前の一八八五年（光緒十一年）、同じ上海で発行された『点石斎画報』で描かれていた傲岸《ごうがん》な訟師の面影は微塵もない（第1章参照）。

科挙が廃止されたのは一九〇五年（光緒三十一年）である。かつての訟師は生員クラスの下級知識人が多かったから、この社会層の者は短期であれ、近代化が先に進んだ日本に留学するか、国内各地に建てられはじめた法律学堂（法政学堂、法科大学）に入学し、律師となる資格を取得したのであろう。

清末の訴訟制度改革

訟師がなぜこんなにも急転直下に凋落したかというと、清末から近代的な訴訟制度を採用しようとする動きが始まり、これを民国政府が受け継いだからである。訟師という問題は社会が生んだ問題ではなく、国家の裁判理念と訴訟制度が生んだ問題だったからである。

中国でも上海などの租界ではいち早く、イギリスやアメリカなどの外国人律師が活動していた。当時の上海では、律師を多くは状師《じょうし》と呼んだ。新聞『申報』ではすでに一八七三年（同治十二年）に、ヨーロッパ起源の律師（状師）は訟棍とはまったく別物だ、として肯定的に紹介する記事があらわれ、やがて律師制度を中国でも導入すべきである、とする論説が続く[*1]。

図36　襟亜閣主『中国大状師』（ハーバード大学エンチン図書館蔵、中華法学会社、1927年第3版。中身は平襟亜『中国悪訟師』とほぼ同じ。謝方樽の「耳に噛みつく訟師」も状師［弁護士］物語に置き換えられている）

しかし政府のレベルで律師制度を含めた訴訟制度の改革が提唱されるのは、列強の侵略が進み、さらには清朝打倒を唱える革命派まであらわれ、国家存亡の危機に立たされたときである。清朝が制度の近代化は必至とし、二千年来続く専制統治を廃止して立憲制度を採用することすらやむなし、と判断したときである。その一環として一九〇六年（光緒三十二年）に、沈家本《しんかほん》らによっていわゆる『大清刑事民事訴訟法草案』が作られた。

　健訟と訟師にかかわることだけを挙げれば、そこでは律師を置くべきこと、訴訟を刑事訴訟と民事訴訟の二つに区分すべきこと、訴訟する者からははっきりした訟費（訴訟費用）を徴収するとともに、勝訴した者の訟費は敗訴した者が負担すべきことなどが、国家によって提言されている。ここで律師とは「法律学堂（法科大学）で合格し、律師証書を支給された者」と記され、訟師を禁止するなどとは一言も言わないのに、これをもたない彼らは法廷から排除されている。[*2]

　ところがこの草案にたいしては、律師を公認すれば訟師を跳梁《ちょうりょう》させることになる、などの反対意見が出されたため、廃案となってしまう。これらのうち訴訟を刑事と民事に分けることと、訟費を敗訴者から徴収することについては、一九〇七年（光緒三十三年）に公布された『各級審判庁試弁章程』にも盛りこまれた。この章程（規定）は司法を行政と切り離して独立させ、近代式の審判庁（裁判所）を設けるために作ったものである。これにしたがって各省都には高等審判庁、省都および重要都市には地方審判庁、各県には初級審判庁が次第に設置されてゆき、この動きが民国政府によって受け継がれる。

　次いで一九一一年（宣統二年十二月）に『大清刑事訴訟律草案』『大清民事訴訟律草案』が作られた。前者では被告の刑事弁護人には原則として律師が当たるべきこと、後者でも当事者の訴訟代理人には律師が当たるべきこと、両者ともに審判衙門の許可を得た者であればこれに当たることが可能であると定められ、ここでもやはり訟師は原則として、法廷から締め出されている。[*3] これら二つの草案は、清朝がまもなく滅びてしまったから公布されなかったが、民国に入ってからも、新しい訴訟法が成立するまでのつなぎとして準用された。

当時、律師を雇うことができたのは、富裕層が多かったにちがいない。訟師は法廷に立つことができず、しかも新しい法律を知らないのだから、これら富裕な顧客を次々と失い、逼塞するほかなかったであろう。こうして上海のような律師が多い大都市では、彼らは急速に没落していったのである。

2　浙江省龍泉県では

『龍泉司法檔案選編』

ただこれは上海のような大都市の場合であるし、戯文には誇張もあろう。全国の一般的な重要都市、あるいは県レベルの都市で見るなら、健訟社会を受け継いだ民国政府は、これに見合った数多くの律師をまったく準備できなかった。その具体的な姿を浙江省龍泉県の場合について簡単に語っておく。

近年、『龍泉司法檔案選編』全九十六冊が出版され、清末から中華人民共和国が成立する一九四九年に至るまで、この地で起きた訴訟とその変化が手に取るように明らかになった。[*4] 浙江省の

図37　浙江省龍泉市八都付近の一風景（訴訟案件では木材植林関連が多い。2019年著者撮影）

龍泉と言えば、龍泉窯《りゅうせんよう》として日本でも有名な陶磁器の産地であるが、そこは四方を山に囲まれた辺鄙な地である。それは北京、上海、杭州のような大都会ではない、中国の山間部であればどこにでもありそうな一地方である。ただ林業が盛んなことが、この地を健訟の地としたらしい。

　この資料集によれば、龍泉県で代書戳記が廃止されたのは、一九一〇年（宣統二年）であった。これによって、訴状は訟師を含めて誰が書いてもよくなった。一九一二年に律師が公認されると、彼らも律師という肩書きでこれを書いた。ところがこの資料集によるかぎり、龍泉県の法廷に提出された訴状のうち、律師が書いたと記されるものは、中華人民共和国が誕生した一九四九年に至っても、けっして多くない。つまりこの地の初審法廷に提出される訴状は、一九四九年になっても、おもに律師ならざる人物らによって書かれていたのである。

杭州の「律師」季観周

ではこの資料集のなかで、「律師」が初めて出てくるのはいつのことかと言えば、それは一九一五年（民国四年）一二月のことである。しかもそれは龍泉県の初審法廷で登場するのではない、省都杭州にある浙江高等審判庁で行われた控訴審で登場する。それは刑事弁護人となった「律師」季観周《きかんしゆう》であった。[5]

　次いで一九一五年の八月、同じ「律師」季観周が一民事訴訟の原告「代理人」として登場する。ところがこれまた龍泉県の初審法廷ではなく、温州の浙江高等分庭で開かれた控訴審においてであった。[6]この前年の一九一四年四月、龍泉県の田舎町八都《はつと》の人である李鏡蓉《りきようよう》（李承綸《りしようりん》）が原告となり、王朝信《おうちようしん》らを相手取って約三百元の借金を返せという訴えを起こした。李鏡蓉はその後、龍泉県での初審判決を不服として杭州の浙江高等審判庁に控訴した。このときに雇ったのが「律師」季観周であった。この案件は龍泉県を管轄下に置く温州の浙江高等分庭へまわされたため、律師季観周は温州の分庭で作られた控訴審記録に登場するのである。

　つまり季観周は龍泉県に弁護士事務所を置く律師ではなかった。彼は杭州にその事務所を置く律師であり、温州へは控訴審での口頭弁論のために出張したのである。またこのときに彼は、一度も龍泉県に足を運ばなかった。これがわかるのは、温州の分庭が敗訴した王朝信らに訴訟経費の十分の九を支払えと命じた文書があり、そこに李鏡蓉と季観周が用いた旅費が計上され、どこからどこまでと明記されているからである。

　どうやら一九一五年のころには、龍泉県には一人の律師もいなかったらしい。もちろん『龍泉司法檔案選編』は当地で起こった訴訟案件のすべてを収録していないから、そうだとは断言できない。しかしこの資料集のなかで初めて出てくる律師が杭州の人であり、しかも龍泉県へは一度も来たことがなかったことは、龍泉県で律師を求めるのがきわめて難しかったことを示すものである。またこのころにそこでは、律師が一人もいなかったことを推測させるものである。

「健訟紳士」李鏡蓉の訴状ハイカラ文体

とすれば民国時代を通じて、龍泉県で訴状を書いていたのは誰なのか。

結論を先に言えば、その多くは「代書」と呼ばれる人びとであった。訴訟記録では、彼らは「代書人」「撰状人」「做状《さくじょう》人」などとも呼ばれている。この「代書」を除くなら、その一部は自作により、一部は当事者の親戚縁者が書き、きわめて少数のものは律師が書いていた。「代書」にはかつての訟師と官代書も含まれるが、そのまた大多数を占めたのは、かつてであれば「唆訟の輩」などと呼ばれた私代書たちである。この間の事情についても、李鏡蓉が起こした一民事訴訟を例にとって説明するのが便利である。

原告の李鏡蓉が龍泉県の法廷に提出した訴状は、すべて彼の自作であった。彼は田舎町八都で一九〇八年（光緒三十四年）、近代式な小学校を創設した人物である。*7 訴状の職業欄では「儒」であると自称し、民国期に書いた一文では前清の廩生《りんせい》（特待生員）であったと自らの肩書きを記し、また彼の子孫もその伝記で清代には貢生であったと記すが、これははなはだ怪しい。彼はどうやら独学で新しい法律を学び、独学で新しい訴状の書きかたを習得したものらしい。このためか、彼が書いた訴状にはペダンティックなところがあり、古風な様式でも書けるぞとばかりに引用する中国古典も、間違った用いられ方がなされることがある。彼は「健訟紳士」と名づけるのがふさわしい人物であり、生涯にわたって多くの訴訟に関わりつづけた。

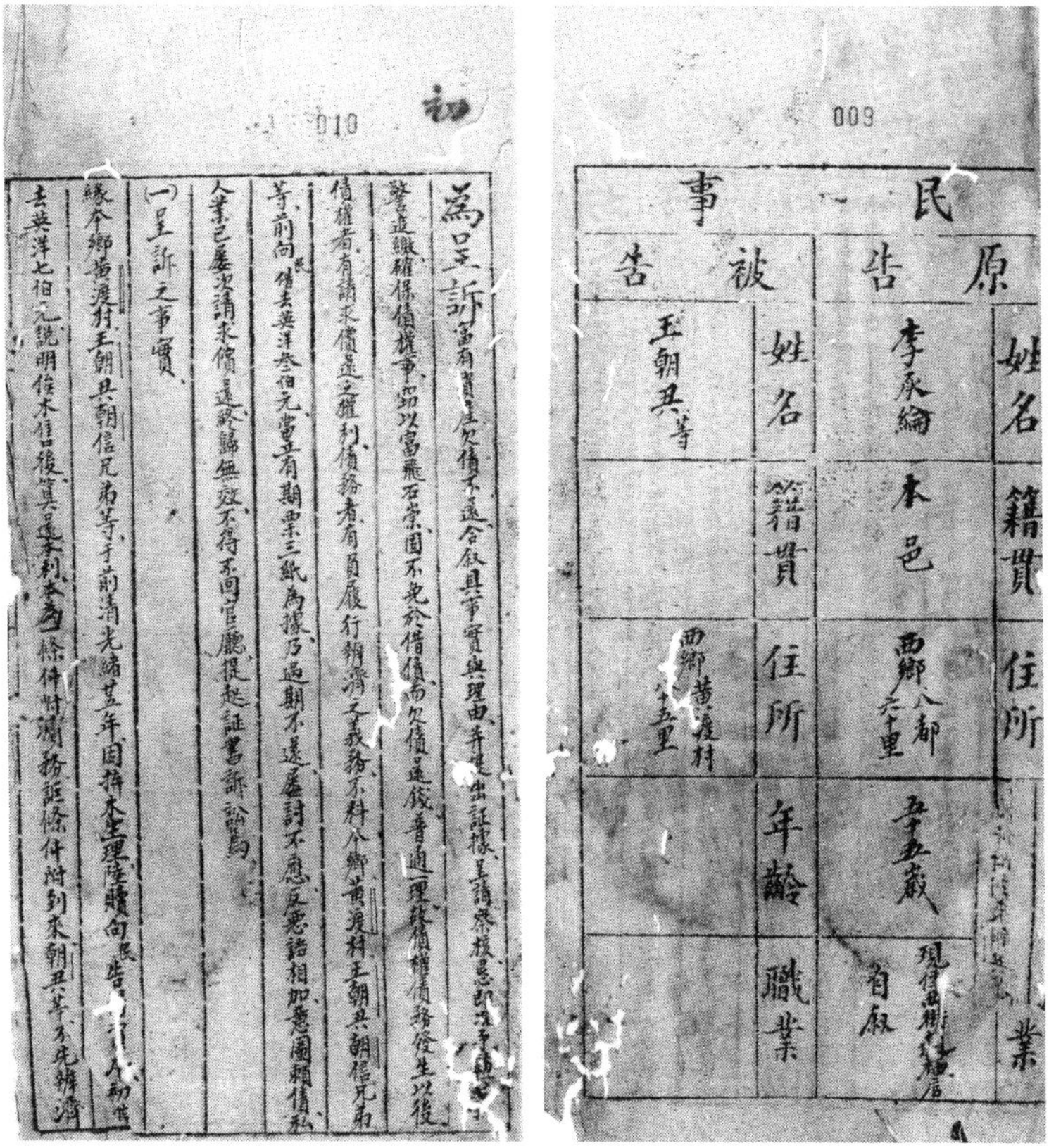

民事			
原告	姓名	李承綸	
	籍貫	本邑	
	住所	西鄉八都六十里	
	年齡	[illegible]歲	
	職業	自叙	
被告	姓名	王朝共等	
	籍貫		
	住所	西鄉黃渡村[illegible]里	
	年齡		
	職業		

為呈訴當有[illegible]欠債不還合叙具事實與理由并提出証據呈請察核[illegible]

鑒追繳確保債權事竊以富如石崇固不免於借債而欠債還錢普通之理[illegible]債權債務發生以後

債權者有請求償還之權利債務者有負履行銷濟之義務不料今鄉黃渡村王朝共朝信兄弟

等前向民借去英洋叁伯元當立有期票三紙為據乃過期不還屢討不應反惡語相加意圖賴債私

人業已屢次請求償還終歸無效不得不向官廳提起証書訴訟焉

(一)呈訴之事實

緣今鄉黃渡村王朝共朝信兄弟等于前清光緒廿五年因辦木生理陸續向民告[illegible]人初借

去英洋七伯元說明俟木售後算還本利[illegible]條件[illegible]務[illegible]條件附到來朝共等不先辦濟

図38　李鏡蓉（李承綸）自作の訴状（『龍泉司法檔案選編』第2輯 1914年、頁241）

彼の自作による訴状には、資産、事実、理由、償還、権利、条件附《つき》、期限附、訴追、確保、債権、債務、執行規則、強制執行など、日本から逆輸入された言葉で埋めつくされ、明清時代の独特の訴状を読み慣れている者からすれば、まるで漢文で書かれた日本の訴状を読んでいるかのようである。訴状の文体が清代のものとはまるでちがっている。「国家の法律は、人民の利益を保護するために設けられている」といった、しゃれた言葉も見える。[*8]

伝統的文体のもと「訟師」李春泉

これにたいして被告の王朝信が雇った訴状書きは、龍泉県城内に住む李春泉であった。彼はみずから「代書」と名乗っている。[*9] 彼が代作した訴状の一枚は、その文体がかつて清代で用いられていたものそのままである。

当時、龍泉県には新式の審判庁すなわち裁判所はまだ置かれておらず、龍泉県知事が裁判官を兼ねていた。「代書」李春泉は裁判官である龍泉県知事を「天台」（天のごときあなたさま）と呼び、「一邑《ゆう》（一県）の父母」と呼んでいる。そして県知事が「民の父母」として人びとを慈《いつく》しんでいるさまを、「文王治岐、発政施仁（周の文王が岐《き》の地方をお治めになるや、政治をもって人びとに仁愛を施されました）」と、『孟子』の言葉をそのまま使って表現する。訴状にはほかに、『詩経』『史記』『荘子』『文苑英華《ぶんえんえいが》』などにもとづく言葉が自由自在に散りばめられている。[*10]

李春泉はほかの訴訟でも、訴状の書き手としてその名がしばしば出てくる。これから見て、彼がかつて「訟師」と呼ばれていた人物であり、生員クラスの知識人であったことは、ほとんど疑いない。王朝信は多くの山林を持つ材木業者で金持ちであったから、「健訟紳士」李鏡蓉に対抗するため、おそらくは龍泉県でこれまで有名であった訟師を「代書」として雇ったのであろう。『申報』に載った戯文で、いまや「老訟にできることと言えば、古風なもったいぶった文体で訴状を書くことだけである」とあるのは、まるで李春泉のことを言ったかのようである。しかし、かつては「黒幕の軍師」として暗躍するほかなかった者が、民国時代になったと思うや堂々とその名を訴状で出すようになっているのは、訟師の歴史から見るなら、まさしく驚天動地の事態である。

律師の文体をまねて訴状を書く「代書」

ここでかつての「訟師」李春泉が、みずから「代書」と名乗っているのを見るがよい。

新しい訴訟制度のもとでは、訴状から字数制限がほぼ取り払われてゆき、またそれはしだいに平易な文章で書かれるようになってゆく。『珥筆肯綮』に盛られたような、訟師になるための特別な修練を積まない者でも、堂々と訴状を書くことができるようになる。もと訟師であった李春泉も、先で示した一枚の訴状では旧式の文章を書いているが、ほかの訴状では平易な文章で書いている。彼らはかつてであれば、「唆訟の輩」などと呼ばれた訴状の代作者である。清代乾隆年間の湖南省湘郷県であれば、訟師と呼ばれる者のほかに百人以上いる、とされた人びとである。

かつての「訟師」李春泉もいまや「代書」であり、かつての「唆訟の輩」も今や「代書」であった。「唆訟の輩」がかつて、見よう見まねで訟師が書いた文体をまねて訴状を書いていたように、彼らは新しい時代に即応して、李鏡蓉が書くような、あるいは律師が書くような文体をまねてそれを書くようになったのである。

新しい訴訟制度のもとでは、かつての訟師は修練によって獲得した特殊な技能を発揮できる場がしだいになくなり、持っていたはずのステータスを失ってゆく。かわって、かつての「唆訟の輩」が新しい時代に順応して新しい文体と用語を仕入れながらその腕を磨き、その地位を上昇させてゆく。この意味で、訟師を凋落させたのは新しい律師だけではなく、かつての「唆訟の輩」もまたこれを駆逐したのである。

3　批示による不受理を止める

これでは訟師の仕事がなくなる

文体や字数制限の問題だけではない。新しい訴訟制度ではまた、訴状は簡単な条件さえ満たしておれば、その内容がどのようなものであっても、受理することがめざされた。これは言い換えれば、かつて批閲の段階で批示を加えて不受理としていたのをやめることである。これでは批閲の段階で魅力的な訴状を書き、「准」つまり受理を勝ち取るという、訟師に期待された存在意義の大半がなくなってしまう。

形式的な訴状審査が通れば、訴えは基本的にすべて裁判にまわされるということは、審理は主に法廷での口頭陳述をもとになされるということである。一九一一年（宣統二年十二月）に作られた『大清民事訴訟律草案』第三篇「普通訴訟程序《ていじょ》」は新しい訴訟手続きの精神を高らかに宣言し、第一に「言辞審理主義（口頭審理主義、口頭主義）」と「書状審理主義（書面審理主義、書面主義）」のちがいを説明している。

言辞審理主義とはわれわれが訴訟、裁判といえばただちに思い起こす光景、すなわち裁判官が訴訟当事者の口頭陳述を根拠に審理する方式である。また先に述べたイスラム法廷が、その典型と言ってよかろう。書状審理主義とはこれと異なり、裁判官が当事者の提出した書状、つまり訴状など書面に書かれていることを根拠に審理する方式である。批閲の段階で審査し、批示を与えるのもこれである。

書状審理主義は中国に伝統的な文書主義を受け継いだものであるが、そこでも口頭審理が併用されてきたことは言うまでもない。ただ「普通訴訟程序」では両者ともに一長一短があるとし、本草案では両方の主義を併用するとしながら、しかし「言辞審理主義を基本とする」とはっきり宣言している。口頭陳述を審理の中心にすえて裁判するという大転換の方向は、この段階ですでに決まっていた。

「わが国特有の奇怪な現象」

もちろん新しい裁判方式はそう順調に政府機関で実施されなかった。この『大清民事訴訟律草案』が作られたのに少し遅れて、一九一一年（宣統三年）の『東方雑誌』に書状審理主義を批判した論説が載っており、当時の情況がよくわかる。それは「審判庁が訴訟を不受理とすることを論ず」と題するもので、ある雑誌からの転載だという[*11]。そこでは新式の審判庁（裁判所）でも依然として訴訟を不受理としているが、これは司法の趣旨におおいに違反していると批判する。大意は以下のとおりである。

> 行政と司法が未分化の時代には、州県官は「無訟主義」に則《のっと》り、訴訟をできるだけ多く不受理として処理してしまい、これを少なくすることこそが、人びとの道徳向上に役立つと考えられてきた。
>
> これまで裁判官は案件を任意に准（受理）と駁《ばく》（不准、不受理）とに分けることができたが、これで臣民の権利は守られるのか。
>
> 書状審理主義（書面主義）によって裁判をすれば、『各級審判庁試弁章程』の規定するところと異なり、原告が審問を一度も受けることなしに敗訴した立場に立たされることがある。裁判官が准駁する権力、つまり准（受理）とするか駁（不准、不受理）として突き返すかの権力をもつから、訴訟当事者は受理とされるか不受理とされるか心配になる。
>
> 訴状が複雑で筋がとおらなければ不受理とされるから、そうならないようにいかにもスンナリして筋がとおったように見せかけて提出する。これは訴訟当事者たちすべてに実情を隠させ、虚偽を言わせるものであり、審判庁（裁判所）が人に誣告せよと教えるものだ。

ヨーロッパやアメリカの裁判所では、必ず原告と被告を法廷に呼んで実情を問いただすのであり、裁判を開く前から案件の内容を推し量ってそれを却下することなど、断じてない。この准駁の制度こそは、わが国特有の奇怪な現象である。

この論説は中国に伝統的な訴訟制度の特色をえぐり出し、本書のテーマである「中国で訟師がなぜ登場し、なぜいつまで経ってもなくならなかったのか」、その裏側の事実をズバリと要約してくれている。なかでも、「これまで裁判官は案件を任意に准（受理）と駁（不准、不受理）とに分けることができた」と言うところ、この制度こそが「訴訟当事者たちすべてに実情を隠させ、虚偽を言わせるものであり、審判庁（裁判所）が人に誣告せよと教えるものだ」と指摘するところ、そして「准駁の制度こそは、わが国（中国）特有の奇怪な現象である」と結論づけるところは、まさしく本書が言わんとしたことを代弁しているかのようである。

刑事訴状と民事訴状が分かれる

司法が独立しているはずの新設審判庁（裁判所）でさえ、訴状による書面審理つまり批閲だけで不受理とされることがあったというのだから、県知事が裁判官を兼ねた多くの県で昔どおりに批示を加えていたことは、当然である。龍泉県の場合、民事訴訟が批示によって不受理とされなくなるのは、一九二七年に南京国民政府が誕生したさらに後、一九二九年に龍泉県法院（裁判所）が設けられ、行政と司法が分離して以後のことだという。*12

実際に『龍泉司法檔案選編』を見ると、民国誕生から二十年近くの間、しだいに案件すべてを受理する傾向にあったようであるが、批示によって不受理とされているものもしばしばある。そうだとすれば、批閲を突破して受理を勝ち取るため、「代書」はかつての訟師と同じように、あいかわらず虚偽や誣告を混じえた訴状を書いていたのだろうか。

答えは否である。

理由のひとつは、一九一二年（民国元年）には早くも、訴状に当事者みずからが刑事訴訟か民事訴訟かの別を書くことが定められ、訴状が分かれるからである。これでは『巴県檔案（同治朝）』で見た李呉氏のように、単なる借金問題を傷害事件が起こったと偽装して刑事訴訟とすることができなくなる。

同じ不受理でも

もうひとつは、『大清民事訴訟律草案』で謳《うた》われた「口頭陳述をもとに審理する」という裁判理念が、提出された訴状が初歩的な条件さえ満たしておればすべて受理するという方針となったからである。批示つまり書面によって不受理とする方式がしだいに廃棄されてゆくからである。

たとえば一九一六年（民国五年）、ある原告が刑事訴状の用紙を用いて案件を龍泉県知事に訴えた。これにたいして県知事は、「婚姻関係は純粋に民事問題である。原告はあらためて民事訴状に切り換えて書くべきである」と批示し、この案件を不受理としている[*13]。これは批示によって不受理にした点では、清代と同じであるが、じつは百八十度ちがっている。と言うのは、たとえば清代の巴県知県は、金銭貸借のようないわば民事案件については、極力これを不受理として処理しようとしていたのにたいして、民国の龍泉県知事は逆に新しい司法原理に則って、正当な手続きを踏んだ訴えであれば極力これを受理しようとして、民事訴状の用紙を用いてあらためて提出すればよいと、親切に教えているからである。実際この原告がさっそく民事訴状に切り換えて提出したところ、こんどはなんの苦もなく受理されている。

　またたとえば一九二六年（民国十五年）、原告が家屋の明け渡しを求めて刑事訴訟を起こした。これにたいしてその批示では、「提出された訴状を読んだところ、案件は純粋に民事問題である。先に〝刑事〟と題して提出されたものは、法律に違反してまで受理するわけにはいかない。ただちにこの批示にしたがうように」と記し、不受理としている。原告は被告に暴力を振るわれそうになった、危険な現状であるということを強調するため、刑事訴状を提出したのであろう。そこには清朝時代と同様、刑事案件であるとして訴状を出せば受理されやすい、という下心があったのかもしれない。ところが批示はこれをむしろ不適切であるとしたのである。[*14]そこで原告はさっそく、民事訴状に切り換えて提出したところ、「規則にしたがい、裁判費を納入せよ。その後でしかと処理する」との批示があった。そこで原告が裁判費を納入したところ、案件はただちに受理されている。

　これは日本の現在の民事訴訟制度でいう形式的な「訴状審査」と基本的に同じであり、これを批示という昔の制度にしたがって行ったのである。同じ不受理とする批示でも、清代に書かれた批示と比べて、まさしく隔世の感がある。これでは訴状代作者としての訟師の出る幕はない。史料で現れるかぎり南宋に始まる彼らの仕事、訴状が受理されるために事案を大げさにし、偽装するといった仕事の必要はなくなる。訴状代作者としての訟師は、ここに終焉《しゅうえん》を迎えたと言ってよいであろう。

訟棍と疑われる代書

民国時代になると、代書は龍泉県の李春泉のように、虚偽がない訴状であればこれを何枚代作してもなんの問題もなかった。民国時代に訟師、訟棍とされたのは、すでに述べたとおり「包攬詞訟」する悪徳訴訟ブローカー、訴訟詐欺師である。

ところが代書が実際にこの悪徳訴訟ブローカーを兼ねることがあったし、そうでなくても彼らはしばしばそのように疑われた。訴状の代作と訴訟戦術とはつながっていたからである。たとえば『申報』によれば一九一四年（民国三年）、上海の一代書がある地区で訴状を代書するという広告をあまねく貼り出したところ、彼は警察に拘留され取り調べを受けることになったということである[*15]。

また一九二七年、江蘇省嘉定《かてい》県の銭小池《せんしょうち》という男は、もっぱら人びとに代わって訴状を書いて生活していたのだが、嘉定県の県長（知事）は彼が訴訟を請け負って（包攬詞訟）田舎の愚かな者を騙していると聞きつけ、厳しく懲罰を加えたという。ところがこの銭小池、自分はたしかに人のために訴状を代書しているが、しかし包攬詞訟をしたことなどない、と承服しなかった。そこで県長は証拠がない以上は処罰できないと考え、銭小池に騙され被害を受けた者は届け出てこい、これをもとに処罰するとの告示を出したということである。[16]

この記事は当時、代書が訴状を代作して生計を立てていたとしても、それだけではなんの罪にもならなかったことを見事に伝えている。清代とまったくちがう時代になっていたことをあらわしている。それと同時に、彼らは相変わらず「包攬詞訟」する訟棍と同類だと疑われていたことも、見事に伝えている。

このように清代とちがって、民国時代には代書であれ律師であれ初歩的な審査が通れば、誰が書いた訴状でも原則としてすべて受理される。もちろんこの時代は政権がきわめて不安定であり軍閥が各地で割拠したから、受理された訴状数は各地の政局の変化にしたがって大きく変動したであろうが、訴訟制度そのものは清代と大きくちがっていた。とすれば当然、これらすべてに判決を加え処理し終えるのには時間がかかる。南京国民政府が成立するのは一九二七年である。これから人民共和国が誕生する一九四九年にいたるまで、訴訟と裁判の現場で大きな問題は一貫して「遅延《ちえん》」と「積案《せきあん》」の問題、すなわち案件の処理が遅れて未決案件がたまりにたまることであった。[17]

註

＊1　夫馬進「清末『申報』に見る律師観の進展と訟師観の推移——訟師から律師へ（一）」（『東方学』第一三四輯、二〇一七年）。

＊2　懐效鋒主編『清末法制変革史料』上巻（中国政法大学出版社、二〇一〇年、頁四四九）。

＊3　同前書、頁五一一、五七一。

＊4　包偉民主編『龍泉司法檔案選編』（中華書局、第一輯 晩清時期、二〇一二年、第二輯 一九一二―一九二七、二〇一四年、第三輯 一九二八―一九三七、二〇一八年、第四輯 一九三八―一九四五、二〇一九年、第五輯 一九四六―一九四九、二〇一九年）。

＊5　同前書、第二輯 一九一四年、頁六七九。

＊6　同前書、第二輯 一九一四年、頁二八五。

＊7　呉錚強『羅建功打官司（一九一四―一九四〇）：郷紳権勢、宗祧継承和婦女運動』（浙江大学出版社、二〇二二年、頁一一）。

＊8　本章註4、第二輯 一九一四年、頁二四一、三〇五。

＊9　同前書、第二輯 一九一四年、頁二五九。

＊10　同前書、第二輯 一九一四年、頁二六五。

＊11　『東方雑誌』第八巻第七号、一九一一年九月十七日、論審判庁不受理訴訟。

＊12　呉錚強・傅俊「一九二八至一九三七年浙江省龍泉県的審判制度与訴訟文書」（本章註4、第三輯、第一冊、頁四）。

＊13　同前書、第二輯 一九一六年、頁四。

＊14　同前書、第二輯 一九二六年、頁五二五。

＊15　『申報』一九一四年六月四日、代書訴状之新招貼。

＊16　同前書、一九二七年十一月十八日、嘉定、厳懲訟棍。

＊17　蔣秋明『南京国民政府審判制度研究』（光明日報出版社、二〇一一年、頁一三九）。

終　章

現代中国の訴訟制限

現代中国の「訴訟爆発」

さて最後の問題は現在の中国である。かつて訟師と健訟とは表裏一体であった。このうち訴状代作者としての訟師の問題は、以上のように民国期に終わった。では一方の健訟も、現在の中国ではすでに解消した問題なのだろうか。あるいは現代中国では、明清時代の衙門のように訴訟制限はしていないのであろうか。

答えは完全に否である。以下では民事訴訟に限ってこれを少し語り、本書を終えることにしよう。

改革開放が始まったのは一九七八年である。それは中国で「現代化」と呼ばれる新しい政策にしたがい、社会主義のもとでさまざまな分野で近代化を図るものであった。それまで司法制度はまともに機能していなかった。たとえば律師も中華人民共和国が誕生したときからほとんどその職を失い、律師制度そのものも反右派闘争が起こった一九五七年に廃止されてから文化大革命が終わり一九八二年に復活するまで、二十年以上にわたって消滅していた。

また中華人民共和国では、紛争解決の方法として訴訟あるいは裁判ではなく調停あるいは和解を中心としてとってきた。近代化にともなって社会が大きく転換すると、それまでになかった新しい種類の紛争まで加わって調停レベルでは解決がつかず、また人びとの権利意識と法律知識が高まったために訴訟が増えた。これをかつてに比べればはるかに近代化された司法制度が受け止め、訴訟が激増していったのである。

中国では訴訟の激増をしばしば「訴訟爆発」と呼ぶ。この言葉がよく用いられるようになったのは二〇〇五年前後のことらしい。このころから司法制度にとってもっとも深刻な問題の一つは、訴訟の激増に見合った裁判官の数をそろえられないことであった。これを「案多人少」と呼ぶ。極端な事例を一つだけ挙げるなら、広東省東莞市第一法院（裁判所）のある裁判官は、二〇〇九年の一年間に一六五八件を裁いたということである。[*1]

訴訟制限の清代との違い

「訴訟爆発」と「案多人少」にたいして中央政府が取った対策は、訴訟を受け付けるときに裁判所で「関門」を設けてできるだけ受理しない、というものであった。つまりは訴訟制限である。一件でも訴訟の受理を少なくして裁判を少なくするというのだから、清代に批閲の段階で多くの訴訟を「不准（不受理）」として処理していたやり方に先祖返りしたと言ってよい。

ただ現在の中国には清代とまったくちがうところがある。かつての衙門であれば、しばしば「親戚、保証人か仲介者に解決してもらえ」と批示して不受理（未准）とするか、受理（准）した場合でも、おおよそ「郷里の顔役が調停して、結果を報告して来い」などと批示していた。ところが現代の法院（裁判所）では、不受理とする代償として、裁判を望む原告にたいして調停（調解）など別の紛争解決手段を「自分の希望（自願）で」選択するように、告知あるいは説得する。さらにこの場合、法院はたとえば人民調解委員会など別の組織に文書をもって案件を回し、調停（調解）を委託することがある。

　この訴訟と調解とを一連のものとして結合する政策は、やはり二〇〇五年前後から強力に進められてきた。これを「調判結合」「訴調対接」と呼び、これと一体である調停を訴訟より優先する政策を「調解優先」「先行調解」と呼んでいる。さらに訴訟と調解を組み合わせるだけでなく、法院が中心となって調解組織のほか行政組織や公証組織なども協力しあい、仲裁、和解、公証などさまざまな手段を訴訟と連結して紛争を解決することを「多元化紛争解決（多元化解）」と呼んでいる。

　またかつてであれば個々の案件を受理するかしないかは、州県官の任意に任されていた。これにたいして現在では、北京の中央政府が訴訟を減らすという大方針とそのためのおおまかな方策を決定し、これを党や政府の組織、あるいは日本の最高裁にあたる最高人民法院を頂点とした司法組織など、さまざまな中央集権的官僚機構を通じて、全国各地の裁判所に実施させている。この意味で、訴訟減少策は現在のほうがかつてよりはるかに中央集権化されており、はるかに緻密になっていると言ってよい。

「古風で奇怪」かつ「典型的な中国問題」である立案制度

訴訟を一件でも多く受理しない「関門」として機能しているのが、立案制度である。以下、日本で言う裁判所を法院（人民法院）、裁判官を法官、調停を調解と呼んで、これを説明しよう。

中国の法院には、案件そのものを審理し判決を下す審判庭とは別に、立案庭が置かれている。立案とは原告がもたらした訴訟案件を法院で審理して認可し、これを裁判案件として受理することである。これは受理案件の数を調節するというほかに、もう一つ重要な機能を持っている。それは新しい種類の事案、あるいは世間の注目を集めるなどその判決が政治的、社会的に大きな影響をあたえると予測される事案について、中央政府や最高人民法院が先に統一見解や解決案を示し指令を出すまで、個々の法院がこれらを受理するのを差し止めるというものである。かりに個々の法院が訴えは正当なものであると認めて受理し、法官は人民共和国憲法で保障されているとおり、人民法院には「行政機関などの干渉を受けない」独立審判権が本当にあると考えたとしよう。そして彼らがおのおの法律にしたがって独自に判決するとしたなら、それは「下からの民主」となってしまい、社会主義国家としての統制が取れなくなってしまう。その一例として挙げられるのは、二〇〇八年に起こり日本でも話題となった毒粉ミルク事件である。このとき損害賠償を求める訴訟が被害者から起こされたのだが、地方の法院はなかなかこれを受理立案しなかった。

このような立案制度は、それが人びとの持つ訴訟する権利を奪うものであり、案件に応じて国家あるいは法院が選択的に受理と不受理を判別するものであるとして、学界から大きな批判を受けてきた。ある中国の研究者は、立案という手続きを「機能から構造に至るまで、すべて古風で奇怪（古《こ》怪《かい》）である」と評している。[*2] またある研究者は、立案制度があることによって訴訟が受理されにくいとし、これを「典型的な中国問題である」としている。彼は案件そのものを審判庭で審理し判決を下す前に、立案の段階で受理すべき案件かどうかを判別してしまうことを「わが国司法が直面する苦境であり、正常ではない」と評する。[*3] これらの論評は奇しくも百年前、清末に『東方雑誌』に載った論評を思い起こさせる。すなわちそれは、そのころ新設された審判庁（裁判所）でも、裁判を開く前から案件を不受理としていることを「わが国特有の奇怪な現象である」、と評していた。

「立案登記制」

このような強い批判を浴びてきたからであろう、中国共産党中央委員会は二〇一四年に法治を謳いつつ法制にかかわる重要な決定を行い、その一つとして「立案審査制」を「立案登記制」に変更するという改革を行った。[*4] その決定によれば、「立案登記制」とは「法院が法律に従い、受理すべき案件については必ずこれを裁判案件とし、訴えがあれば必ず審理する」制度であって、この変更は「当事者の訴訟する権利を保障するものである」、と説明される。

その翌年さらに、最高人民法院は立案登記制とはどのようなものかを説明する規定を作った。そして同年五月、この改革はいよいよ実施された。ここに現代中国でもやっと、形式的な審査を終えれば案件は基本的にすべて受理されるようになり、裁判を望む者は裁判してもらえるようになったのかというと、話はまったくちがう。

立案制度には二つの機能があると言った。そのうちまず訴訟減少策について言えば、この「立案登記制」が従うべき大前提があるからである。現行の『中華人民共和国民事訴訟法』には「先行調解」を命じた第一二五条がある。それは二〇一二年に民事訴訟法を修正したときに追加された一条であり、「当事者が起訴（提訴）して人民法院に至った民事紛争については、調解するのが適当なものは先に調解を行うこととする。ただし当事者が調解を拒絶するものは除外する」と定めている。すなわち原告が裁判をしてもらおうとして法院に起訴、日本で言う提訴をしたとしても、「先行調解」が大原則なのであって、立案登記がなされる前に「先に調解するのが適当である」、と立案庭で審査判別することは、完全に合法的である。

次に立案制度のもう一つの機能として、その判決が政治的、社会的に大きな影響を及ぼすと予測される案件については、立案段階でこれを受理しないというものがある。これについてはどうかというと、立案登記制の大前提としてやはり、『中華人民共和国民事訴訟法』第一二二条に起訴（提訴）条件の一つとして、「人民法院が受理する民事訴訟の範囲と、訴訟を受け付ける人民法院の管轄とに属すること」、と定められている。だから立案庭で審査した結果、「この案件は当法院が受理する民事訴訟の範囲内には属さない」という理由で、これまた受理しないことが完全に合法的である。

これでは名目上で「立案審査制」を「立案登記制」に変更したからといって、その実質は大きく変わらない。これについては現場中国の研究者も、「名前は立案登記制であるが、本質はあい変わらず立案審査制を続けている」と評価している。[*5]

『訴源治理』

『訴源治理』という書が二〇一九年に四川省成都市中級人民法院の編纂で出版されている。[*6]成都市では二〇一五年に「立案登記制」に変更され、訴訟が受理されやすくなったなかで、「がんばって矛盾（紛争）を上層に上げずに地元で解決する」というキャンペーンが行われた。それは成都市ではいかにがんばって、矛盾（紛争）が訴訟となって法院（裁判所）に上げられ裁判される前に地元で解決されているか、その活動を報告したものである。

「訴訟になる前にその根源で統治し管理する」と言うのだから、これは昔でいえば「無訟《むしょう》」工作である。しかし昔であれば、もっとも重要な「無訟」工作であった訟師退治は、もちろん一切出てこない。もっぱら、訴訟として立案受理する前にいかにして「先行調解」するなど、ほかの方法で紛争を解決したか、いかにして訴訟制限をしたかを記している。それは二〇一五年から二〇一七年にかけての多くの実例を挙げ、関連文件や文書サンプルも掲げているから、「立案登記制」のもとでも依然として「立案審査制」が行われ、「先行調解」がどのようになされているのか、その実態を知るのに便利である。

成都市は四川省の省都であり、人口二千万人以上を擁する。成都市中級法院は成都市中心部に置かれる区法院と周辺部に置かれる県法院など、おおよそ二十ほどの基層法院を管轄する。この書で実例として記されているのは、おもにこれら基層法院が処理した第一審民事案件である。

「先行調解」という訴訟制限

さてある原告が民事裁判をしてもらおうとして、訴状を持ってこれら法院に来たとしよう。すると法院に置かれた立案庭はこれを受け取るとともに、その案件は立案受理すべきものかどうか、ただちには受理せず「先行調解」などに回すべきものかどうかを審査する。

法院には調解員という者がおり、調解室が設けられている。

先に挙げた人民調解委員会とは、全国にきめ細かく設けられた半官半民で調停を図るための組織であって、その前身の一つは国民政府が一九三一年に領布した『区郷鎮坊調解委員会権限規定』にもとづき始めたものである。[*7] それは現在の日本で言えば村単位、町単位でも設けられるほか、企業単位やたとえば保険業協会保険契約争議人民調解委員会など事業単位でも設けられている。『中華人民共和国人民調解法』という法律が、『中華人民共和国民事訴訟法』とは別に設けられている。その第一八条では「基層人民法院と公安機関（警察）とは、人民調解方式を通じて解決するのが適当な紛争については、案件を受理する前に当事者にたいして、人民調解委員会に調解を申請するよう、告知することができる」と定めている。簡単に言えば、それは法院で受理されず審判庭にまわされなかった案件についての、一つの受け皿であり代表的な調解組織である。調解室には、これら各種の調解組織から派遣された調解員が詰めており、あるいは呼び出しを受け、法官と一体となって、原告がもたらした紛争案件は訴訟よりも調解などほかの手段で解決したほうがよい、と説得するのである。これら訴訟になる前になされる一連の調解工作を「訴前調解」と呼ぶ。

どのような手続きで立案の前に調解にまわされるかは、個々様々であるから、ここでは一つだけ、「先行調解告知書」というものを紹介しておこう。[8]

各法院はまず、「先行調解告知書」というものを作って原告に渡す。それは法院が立案するより調解するほうが適当であると判別した案件について、当事者にたいして調解組織に委託し紛争を解決することこそが第一に取るべき選択である、と誘導するためである。そこには「あなたが当人民法院に提起してきた誰々と争っている一件について、当法院で審査したところ、これは『民商事案件調解前置操作規程』の第何条第何項の規定に該当しており、立案する前に先行調解すべき情形にあると考える」云々とまず記される。ここで「当法院で審査したところ」と記されるとおり、法院自身が「立案登記制」とは一種の「立案審査制」であると認めているのが面白い。

次いで「訴訟がいかに危険であるか」が記される。そこでは訴訟が長引けば費用が大変なものになる、などと記される。「告知書」によるだけではない。調解員らによっても、訴訟になれば勝っても負けても、信訪《しんぽう》という別の訴え方を取ることになるかもしれない、再審になるかもしれないなど、危険が予測されると脅しとも取れる説得がなされる。[9]『訴源治理』ではまた、近年不動産市場での紛争が増加し、往々にして集団での争いとなり社会に大きな影響を与えていると注意したうえで、この種の紛争が起こったら立案という「関門」の段階で、訴訟になったら危険だとの予測を原告に伝えよと指導している。[10]

次いで「訴訟より調解を先にするほうがいかに有利であるか」が記される。ここでは、「人民法院は本人自身の希望（自《じ》願《がん》）と、それが効率よく人びとにとって便利であるとの原則にもとづいて、調解を選択するよう積極的に誘導するものである」、法院は法律に従い、調解前置こそが矛盾解決のための最善の選択であると考え努力しているのだ、と記される。ほかに調解前置が有利な点として、法院が登記立案する前にほかの組織に調解を委託すれば、短い期間内に紛争を解決できるし、委託調解が成功した場合は訴訟費用の徴収を半額にできるうえ、さらに訴訟費用を減免するのが適当である、とまで記される。

このような法院による「先行調解」工作は、立案された後でも判決が下りるまで、何度も粘り強く行われるのである。

しかし、やはり訴訟は激増

では中級人民法院のかけ声と指導のもと、その傘下にある基層法院が一丸となって取り組んだ訴訟減少策は、どの程度の成果を収めたのだろうか。これについてはいくつか統計数値が掲げられている。

第一に、二〇一五年に立案審査制から立案登記制に改められた以前と以後の比較である。そこで示された統計によれば、二〇一二年から二〇一四年の三年間に成都市の法院が受理した訴訟案件は、合計四九万件であったのにたいして、二〇一五年から二〇一七年の三年間に受理したそれは八九万件であり、その増加率は八二パーセントであったという。[*11]『訴源治理』でもその増加を

「激増している」と認め記している。これは逆に、それまでいかに厳しい訴訟制限をしていたかをも物語っている。

ただその原因について、この書は次のように解釈する。すなわち新制度である立案登記制を人びとは「〝訴訟せよと励ますものである〟と一面的に理解し」、それが「〝紛争があれば法院へ行け〟とか、〝法律に依《よ》って権利を擁護する〟という国家の方針を〝法律に依って起訴（提訴）する〟ことと同じだとする、誤った方向を導き出した」からだと解釈するのである。

しかしこれは、人びとが法院による「先行調解」の努力を尻目にして、国家の政策変更に機敏に反応したことを示すと解釈するのが、より素直である。ここでも、中国国家が人びとの行動をいかに大きく左右しているかを読み取るべきである。人びとは「中国共産党中央委員会の決定があるのだから、受理すべき案件は必ず裁判案件とすべきである」と抗弁し、法院の告知や調解員の説得を頑として受け付けなくなったのであろう。

成都の律師あるいは律師事務所も、もちろん「訴源治理」工作に組み込まれ、法院から委託を受けて調解にあたることになっていた。ところが一方で、人びとが訴訟のために律師を雇うことも、完全に合法的である。この書で一例として挙げられているのは、都市の再開発をめぐる住民訴訟である。あるディベロッパーが高層ビルを建てたところ、周辺住民三十一人は日照権が損なわれると損害賠償を求め、律師を雇って集団訴訟を起こしたという。[*12]『訴源治理』ではもちろんこれも起訴（提訴）にいたらず調解が成功した一例として挙げるが、律師を訴訟代理人とすれば、住民自身によるよりもっと告知や説得を突っぱねやすかったであろう。

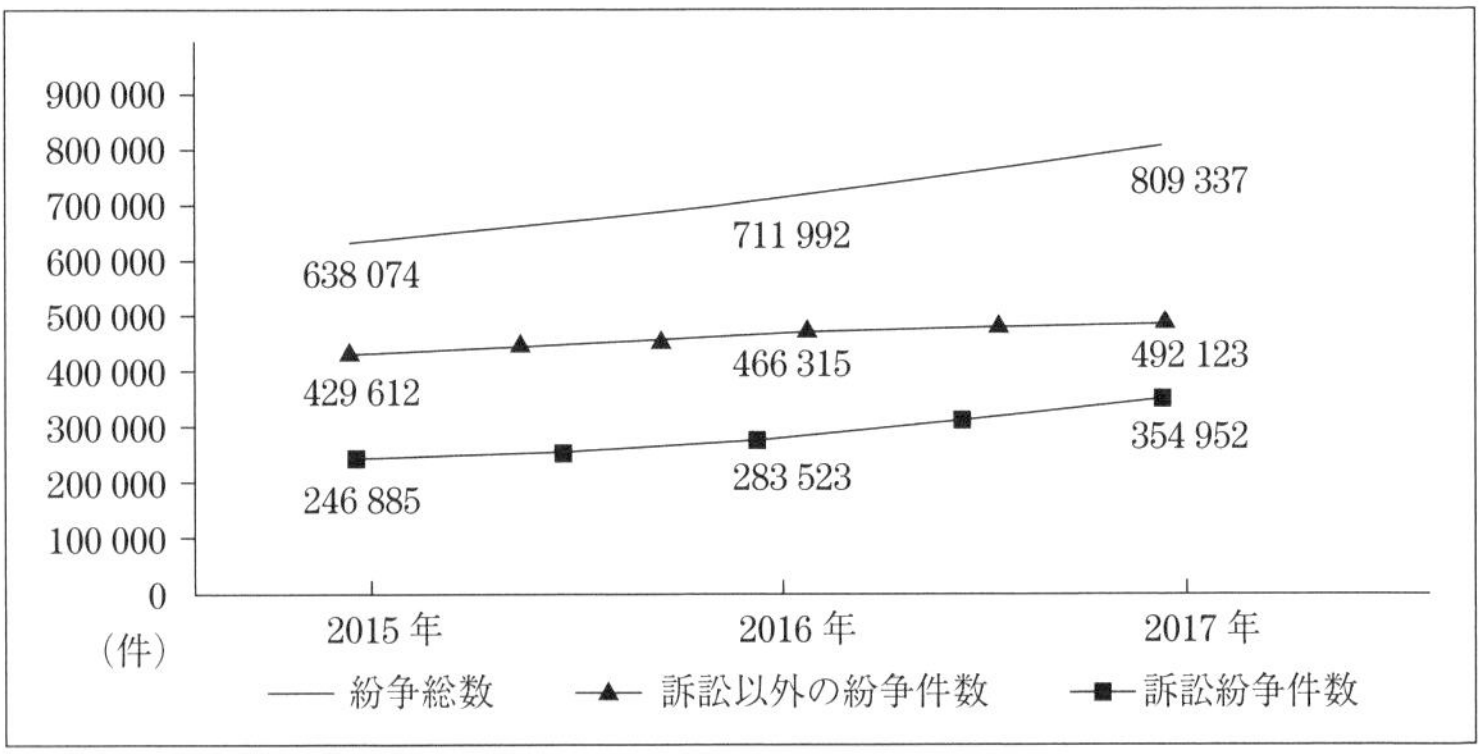

表２　2015 年～ 2017 年成都市紛争趨勢図（『訴源治理』頁 20）

もちろん訴訟より調解のほうが適当な案件も多かったはずである。また訴訟ではなく調解が「自分の希望（自願）」によることも、多かったであろう。しかしここに見られる実例と統計による限り、立案登記制が行われる前は、人びとは紛争解決の手段として訴訟を選ぶことが強く抑えられ、これ以後も依然として立案審査制が採られていることも、明らかである。

法院の「役割」は一層重要に

第二に法院に持ち込まれた紛争案件のうち、訴訟として受理されたものと訴訟としては受理されなかったものとの比率と、二〇一五年以降三年間におけるそれらの趨勢である。これについてはグラフが示されている。[*13] たとえば二〇一五年を取ってみれば、紛争のうち訴訟案件として受理されたものは二四万六八八五件、これにたいして調解など訴訟以外で解決するようにとされたものは四二万九六一二件である。ほかに、訴訟ではなく調解などで実際に解決した紛争数として、二〇一五年は三九万一一八九件、二〇一六年は四二万八四六九件、二〇一七年は四五万四三八五件が示される。図で示される紛争総数とは、訴訟に回された紛争数とこの調解など訴訟以外で実際に解決した紛争数とを加えた数値である。

これによれば立案登記を終え訴訟となった案件数は、二〇一六年が二〇一五年より一四・八四%、二〇一七年が二〇一六年より二五・一九%それぞれ増加している。これは立案登記制が始まって受理され裁判となった案件が飛躍的に増加しただけではなく、それ以後もいちじるしい増加傾向が続いたことを示している。また訴訟案件数と調解などほかの解決手段によった案件数とを比較すれば、三年間にわたって依然として前者が後者より少ないものの、前者が紛争数全体の中で占める割合は二〇一五年が三八・六九%、二〇一六年が三九・八二%、二〇一七年が四三・八五%と年々増加している。

これを『訴源治理』は、「成都の法院はさらに重要な紛争解決の〝役割〟を担うようになっている」と評価する。ここで括弧付きで言う紛争解決の「役割」とは、おもに裁判によって紛争を解決することを言うにちがいない。正しい評価であるが、「訴源治理」工作を進めてきたものの言葉としては、なんとも奇妙である。別の統計によれば、二〇一七年に新しく受理した訴訟件数は、三年前の二〇一四年に比べて倍増したという。またこの年一年間に、ある成都市中心部（都市部）の一区に置かれた法院では、法官一人が平均五百件以上を処理したということである。[*14]

かりに「先行調解」工作が成都市で行われなかったとすれば、おそらくは立案登記制になってからもっと激しい訴訟の増加に見舞われたであろうが、以上挙げた統計によるかぎり、成都市における訴訟制限が成功しているようには見えない。また全国的に見ても近年、人びとが訴訟として持ち込んだ案件を法院が受理し、裁判する数が急速に増えている。ある統計によれば、全国規模で法院の第一審で審理した民商事案件数と人民調解組織で調解した案件数との比率を見ると、二〇一〇年からこの統計が終わる二〇一九年までの十年間に、前者の比率が二倍ほど高まっている。[*15] しかも二〇一五年を境にして、この年から前者の数が後者の数より上回《うわまわ》っている。立案審査による訴訟減少策は、確実にその効果を弱めつつあると言えよう。

私は本書で何度も、中国では宋代から約一千年、最後の王朝である清朝が二十世紀初めに滅びるまで、歴代の政府はほとんど絶え間なく健訟に悩み、訟師を排撃しつづけてきた、と述べてきた。このうち訟師は中華民国の時代に、それまでの裁判理念が捨てられ近代的な訴訟制度が採られるなかで、あっけなく消え去った。

ところが健訟社会を引き継いだ中華民国政府は、近代的な訴訟制度を採用したため、王朝国家が個々の州県官に無言のうちに任意でさせていた訴訟制限を止めてしまった。清代ではこのような訴訟制限があることが、人びとに訟師を必要とさせたもっとも大きな原因だったのだから、これを止めれば訴訟がさらに増えるのは当然であった。訴状代作者としての訟師を消し去ることができたのは、じつは訴訟の一層の増加と引き替えであった。中華人民共和国政府は、中華民国政府が近代化にともなって一層激しくしてしまった健訟社会と、多発する紛争と訴訟をいかにして処理するのかという、未解決にしたままの問題とを引き継いだのである。

健訟情況を解決しようとして、現代中国国家はこれまで調解制度を整備することに大きな力を注いできた。紛争を解決する手段として、訴訟裁判ではなく調停あるいは和解を中心としてとってきた。しかし現代化が進むなかで、国家は「立案登記制」を採るところまできた。これが人びとの持つ、紛争を解決するためには調解よりもはっきりした判決をともなう訴訟を選択したい、とする思いを表面化することとなり、この勢いは止まらない。

二〇二三年三月に開かれた全国政治協商会議で、安徽省律師協会監事長でもある一委員が、「立案登記制の成果を固め、〝立案難〟という消えたはずの灰がまた燃え出すのを断固防がねばならない」と提案している。[*16]「立案難」とは訴訟が立案されにくいこと、受理されるのが難しいことである。この提案は立案登記制が新しく実施され訴訟が激増したため、かえって法院ではさらに「案多人少」となり、またまた「立案難」というはね返り現象が起きていると訴えたものである。この一委員が記者に述べたところによれば、法院で「うわべを変えるだけで立案を先のばしし、立案を拒絶する現象はすでにかなり普通のことになっている」とし、また「双方の当事者が調解に同意しているかどうかに関係なく、一部の法院は一律に強制的に訴前調解を実行している」、という。

現代の中国は清代の問題、さらにいえば宋代に生まれた問題をいまだ解決できていない。訴訟が多発する社会で、国家は「先行調解」「調解優先」「訴前調解」という訴訟減少策をはたしていつまで続けられるのだろうか。

いまや中国国家はこれを根本から解決するため、政権のいかんにかかわらず正念場に立たされている。

註

＊1　尤陳俊「〝案多人少〞的応対之道：清代、民国与当代中国的比較研究」本書第5章註8、尤陳俊著書、頁四一四）。

＊2　傅郁林「中国民事訴訟立案程序的功能与結構」（『法学家』二〇一一年第一期、頁九九）。

＊3　張衛平「起訴難：一箇中国問題的思索」（『法学研究』二〇〇九年第六期、頁六五）。

＊4　「中共中央関于全面推進依法治国若干重大問題的決定」（『人民日報』二〇一四年十月二十九日）。

＊5　段文波「起訴程序的理論基礎与制度前景」（『中外法学』二〇一五年第四期、頁八八四）。

＊6　四川省成都市中級人民法院編著『新時代〝楓橋経験〞的成都実践　訴源治理』人民法院出版社、二〇一九年）。

＊7　張勤『当代中国基層調解研究——以潮汕地区為例』（中国法政大学出版社、二〇一一年、頁六七）。国民政府期の民事調解制度については、本書第12章註17、蔣秋明著書、頁二〇〇。

＊8　本章註6、頁三一四、×××人民法院先行調解告知書。また頁三〇七、成都市中級人民法院民商事糾紛調解前置操作規程（試行）。

＊9　同前書、頁二二〇。

＊10　同前書、頁一八九。

＊11　同前書、頁四一。

＊12　同前書、頁一五五。

＊13　同前書、頁二〇。

＊14　同前書、頁四八。

＊15　王璐航「社会治理視域下人民調解制度的現代化発展研究」（『社会科学戦線』二〇二一年第一一期、頁二六四）。

＊16　インターネット新聞『澎湃新聞』二〇二三年三月一日、防止〝立案難〞現象反弾、委員建議厳格執行訴前調解時限。

あとがき

「訟師」とはまた、奇妙なものに取り付かれたものである。

なぜ訟師に興味を持ったかについては、本書序章で述べた。しかし私は、訟師に関心を寄せるよりだいぶ前に、じつは訟師ではなく「律師」のほうに関心を持った。律師とは日本で言えば弁護士である。「あとがき」ではまずこれについて記しておこう。

富山大学に在職していたころのことである。一九八二年かその翌年の始めにかけて、私は清末上海の新聞『申報』に掲載された「状師論」を読んだ（本書二〇七ページ）。当時の上海では律師のことを状師と呼んでいた。だから「状師論」とは、ヨーロッパ起源の近代弁護士とはなにかを論じたものである。

この論説を書いた記者はもともと、ヨーロッパ起源の弁護士（状師）も中国に伝統的な訟師、訟棍とよく似た悪漢、悪党だとばかり思っていた。ところがイギリス植民地ホンコンの新聞を読むと、お尋ね者のはずの訟棍が堂々と法廷に出ている。それどころか彼らは、法律に照らして被疑者が何の罪に当たるのか、あるいは罪に当たらないのかを法廷で論じ、裁判官はこれを聴いて判決するのだという。彼はこれがどういうことか、わけがわからなかった。

私は中国の訟棍がホンコンでは法廷でスックと立っているのをこの記者が知り、目を白黒させているさまを想像しておかしかった。ところが彼は地元上海でおこった殺人事件と領事裁判を契機として、弁護士とはなにかを詳細に知るにいたる。そして彼は弁護士と訟棍とはまったく違うと判断するだけではなく、中国でもヨーロッパの弁護士制度を導入すべきかどうか、検討すべきだと提案するのである。

　清末『申報』のほかの論説を読めば誰にでもわかるように、これを書いていたのはけっして頭からのヨーロッパ崇拝主義者ではなかった。彼はむしろ、儒教を中心とする伝統的な価値を心の底におく知識人であった。その彼が古い判断基準の中で生きながら、「正しいものは正しい」とほとんど直覚的に価値観を変えてゆくのが、私には気持ちよかった。私はこの中国人による「律師（弁護士）の発見」を面白く思い、中国ではどのように近代弁護士制度が取り入れられてゆくのか、知りたく思ったのである。

　話は飛んで一九八四年三月、私は上海市虹口区人民法院へ行って裁判を傍聴した。上海の目抜き通り南京路の裏通りを散歩していたとき、たまたま上海市中級人民法院の張り紙を見て法廷を見学したいと思いたった。そのとき私は日本学術振興会派遣研究者として中国へ来ていたので、「好機逃すべからず」と思ったのである。それで受け入れ先の上海市社会科学院に申請したところ、通訳まで付けて連れて行ってくださった。

　案件はトラック運転による過失致死についての刑事裁判であった。被告弁護人は法院の委託をうけて弁護に当たっているということであったが、うかつなことに、彼が律師であるかどうかを確認しなかった。一方、あとで行われた裁判長（審判長）との懇談の席で、彼はあるときは審判長となり、あるときは公訴人（検察官）となると言っていた。

さて律師から訟師のほうに関心の軸足が移ったのは、その数年後のこと、京都大学へ移って官箴書『牧令書』を読んでからである。これについても本書ですでに、王有孚の「訟師有用論」に即して述べた。王有孚は大枠で言えば、どこにでもいるような儒教信奉者であった。にもかかわらず、彼は一方で「訟師は世の中になくてはならない」、と世間の常識とはかけ離れたことを考えた。これまた伝統思想の中で生きながら、「正しいものは正しい」と、ほとんど直覚的に言い放ったのである。つまり私が訟師を面白く思ったのは、律師に関心を持ったのと同じである。伝統的な中国思想のなかで育った二人が、一人は訟師に一人は弁護士に価値を見いだすという、一見すればまったく方向はちがうものの、われわれが選んでいるものとあい似た価値をともに直覚的にかぎ取っていたからである。

　次に私が初めて訟師について書いたころのことを述べておこう。それは「明清時代の訟師と訴訟制度」（一九九三年）である。これが一九九八年に中国語訳されると、思わぬところから反響があった。中国の律師すなわち弁護士さんから、「訟師がどういうものであったか、これで初めてわかった。前近代から訴訟が多かったことを初めて知った」という感想が中国の雑誌に数多く投稿され、これがインターネットを通じて私に届けられたのである。

　彼らがそれまで訟師について持っていた知識といえば、そのほとんどは本書でも紹介した平襟亜『中国悪訟師』などの小説、物語によるものであったにちがいない。本書では謝方樽という訟師の話を二つ紹介した。しかしじつは、謝方樽は民国期に語られた数多くの「悪訟師もの」のなかでは、例外的と言ってよいほどに「明るさ」を感じさせる人物である。彼のほかの悪訟師たちは、狡智にたけた悪の権化そのものであって、陰惨極まりない。中国史のなかで律師の前身は訟師である、というのがそのころでも常識であったから、こんな極悪非道な者たちが自分のご先祖さまであるというのでは、律師先生にとってははなはだ肩身が狭かったであろう。訟師が多くは訴状の代作をおもな仕事としていたこと、また訟師は冤罪を防ぐためになくてはならぬ存在だとの主張が清代からあったことを知って、彼らはなにかホッとするものを感じたにちがいない。

それともう一つ、当時はまだ前近代の中国では訴訟は少なかったというのが、学界でも堅く信じられた定説であった。ある中国の研究者の表現を借りるなら、中国には訴訟が少ないという伝統があるというのが、これまで「鉄板のように」確信されてきたという。おそらくはこのような「神話」が、現代中国の司法行政で訴訟よりも調停（調解）を優先させる、という政策の一つの支えとなってきたのであろう。中国の律師さんにとって、中国では近代以前から訴訟が多かったという私が示した史実は、再建されて間もない律師制度のもとで生きる彼らにとって、なにがしか仕事の励みとなったと考えられる。

ささやかなものとはいえこの書が出版されるに際して、まず梅原郁先生（京都大学人文科学研究所）に感謝したい。先生からは中国法制史にかかわる研究書を早く出版するように、と何度か勧められた。先生が考えておられたのはもちろん、純然たる研究書、あるいは論文集であったはずである。しかし私は不遜にも、同時進行で進めていた東アジア国際関係史、朝鮮燕行使と朝鮮通信使にかかわる研究書を先に公刊する必要があると考えた。そうこうしているうちに、先生は亡くなってしまわれ、しかも本書は研究書や論文集では書かないことを多く取り上げるとともに、問題を広く大きくとらえるものになってしまった。

滋賀秀三先生（東京大学法学部）にたいしても、心より感謝したい。私は滋賀先生には二度お目にかかって話しただけである。しかし訟師について初めて書いた論文に過分な書評をしていただいただけでなく、通信使について書いたときなどにも、つねに私を励ましてくださった。

私は三回にわたって科学研究費を用い、中国地方檔案および中国訴訟史にかかわる共同研究を行った。そこで一緒に仕事した国内外の数多くの仲間に感謝したい。ここで一人ひとりのお名前を記すことはできないが、私はどれだけ多くをそこで教えられ助けられたかわからない。なかでも伍躍氏（大阪経済法科大学国際学部）と凌鵬氏（北京大学社会学系）とには、北京、成都、重慶、龍泉など中国各地に何度も同行していただき、檔案収集と現地調査に協力していただいた。

また朴永哲氏（韓国、群山大学校人文大学）には中国第一歴史檔案館で自ら集められた史料の提供を受けた。本書第七章で用いた覃必俊にかかわる檔案がそれである。趙晶氏（中国政法大学法律古籍整理研究所）にも数多くの史料を教えていただいた。さらに三浦徹氏（お茶の水女子大学文教育学部）には、オスマントルコのイスラム法廷について、私のつたない問いにもかかわらず、懇切に教えていただいた。弁護士の纐纈和義氏、浅井正氏、脇田喜智夫氏には、現代日本の訴訟と裁判について教えていただいた。これら各位に心より感謝する。

本書が日本の一般市民を第一の受け手とするものになったのは、ひとえに横山建城氏と松田健氏のおかげである。最後になるが、このお二人の編集者に感謝する。

二〇二四年一月十五日、洛北宝ヶ池山荘にて記す

夫馬　進

夫馬 進 ふま・すすむ

一九四八年愛知県生まれ。京都大学大学院文学研究科博士課程退学（一九七四年）。京都大学人文科学研究所助手、富山大学人文学部助教授、京都大学文学研究科教授を歴任。京都大学名誉教授。著書に『中国善会善堂史研究』（同朋舎出版）、『朝鮮燕行使と朝鮮通信使』（名古屋大学出版会）、編著に『増訂 使琉球録解題及び研究』（榕樹書林）、『中国東アジア外交交流史の研究』『中国訴訟社会史の研究』（ともに京都大学学術出版会）ほか、史料集に『燕行録全集日本所蔵編』（共編、東国大学校韓国文学研究所）、訳書に『乾浄筆譚』（洪大容著、平凡社）がある。

筑摩選書 0277

訟師《しょうし》の中国史《ちゅうごくし》
国家《こっか》の鬼子《おにご》と健訟《けんしょう》

二〇二四年四月一五日　初版第一刷発行

著　者　夫馬《ふま》　進《すすむ》

発行者　喜入冬子

発行所　株式会社筑摩書房
東京都台東区蔵前二-五-三　郵便番号 一一一-八七五五
電話番号　〇三-五六八七-二六〇一（代表）

装幀者　神田昇和

印刷 製本　中央精版印刷株式会社

ISBN978-4-480-01795-6 C0322

筑摩選書
0013

甲骨文字小字典

落合淳思

漢字の源流「甲骨文字」のうち、現代日本語の基礎となっている教育漢字中の三百余字を収録。最新の研究でその成り立ちと意味の古層を探る。漢字文化を愛する人の必携書。

筑摩選書
0045

北朝鮮建国神話の崩壊

金日成と「特別狙撃旅団」

金 賛汀

捏造され続けてきた北朝鮮建国者・金日成の抗日時代。関係者の証言から明るみに出た歴史の姿とは。北朝鮮現代史の虚構を突き崩す著者畢生のノンフィクション。

筑摩選書
0062

中国の強国構想

日清戦争後から現代まで

劉傑

日清戦争の敗北とともに湧き起こった中国の強国化への意志。鍵となる考え方を読み解きながら、その国家構想の変遷を追い、中国問題の根底にある論理をあぶり出す。

筑摩選書
0072

愛国・革命・民主

日本史から世界を考える

三谷 博

近代世界に類を見ない大革命、明治維新はどうして可能だったのか。その歴史的経験から、時空を超える普遍的英知を探り、それを補助線に世界の「いま」を理解する。

筑摩選書
0082

江戸の朱子学

土田健次郎

江戸時代において朱子学が果たした機能とは何だったのか。この学の骨格から近代化の問題まで、思想界に与えたインパクトを再検討し、従来的イメージを刷新する。

筑摩選書
0089

漢字の成り立ち

『説文解字』から最先端の研究まで

落合淳思

正しい字源を探るための方法とは何か。『説文解字』から白川静までの字源研究を批判的に継承した上で到達した最先端の成果を平易に紹介する。新世代の入門書。

筑摩選書 0131

「文藝春秋」の戦争
戦前期リベラリズムの帰趨

鈴木貞美

なぜ菊池寛がつくった『文藝春秋』は大東亜戦争を牽引したのか。小林秀雄らリベラリストの思想変遷を辿り、どんな思いで戦争推進に加担したのかを内在的に問う。

筑摩選書 0139

宣教師ザビエルと被差別民

沖浦和光

ザビエルの日本およびアジア各地での布教活動の跡をたどりながら、キリシタン渡来が被差別民にもたらしたものが何だったのかを解明する。

筑摩選書 0152

陸軍中野学校
「秘密工作員」養成機関の実像

山本武利

日本初のインテリジェンス専門機関を記した公文書が新たに発見された。謀略研究の第一人者が当時の秘密戦工作の全貌に迫り史的意義を検証する、研究書決定版。

筑摩選書 0171

「抗日」中国の起源
五四運動と日本

武藤秀太郎

建国の源泉に「抗日」をもつ中国。この心性は五四運動を起点とするが、当初は単なる排外主義ではなかった——。新史料をもとに、中国のジレンマを読み解く。

筑摩選書 0174

台湾物語
「麗しの島」の過去・現在・未来

新井一二三

ガイドブックよりも深く知りたい人のために！　台湾でも活躍する作家が、歴史、ことば、民俗、建築、映画、そして台北、台中、台南などの街と人々の物語を語る。

筑摩選書 0175

林彪事件と習近平
中国の権力闘争、その深層

古谷浩一

世界を驚かせた林彪事件。毛沢東暗殺計画の発覚後、林彪は亡命を図るが、搭乗機は墜落。その真相に迫る。習近平の強権政治の深層をも浮かび上がらせた渾身作！

筑摩選書 0192

アジア主義全史

嵯峨 隆

アジア諸国と連帯して西洋列強からのアジア解放を目指したアジア主義。その江戸時代から現在までの全史をたどりつつ、今後のアジア共生に向けて再評価する試み。

筑摩選書 0207

紅衛兵とモンゴル人大虐殺

草原の文化大革命

楊海英

文化大革命で中国政府は内モンゴルのモンゴル人三四万六〇〇〇人を逮捕し、二万七九〇〇人を殺害した。それを実行した紅衛兵の実態を暴き、虐殺の真相に迫る。

筑摩選書 0214

中国共産党、その百年

石川禎浩

創立百周年を迎える中国共産党。いかにして超巨大政権党となったのか、この組織の中核的属性はどのように形作られたのか、多角的に浮き彫りにした最良の通史！

筑摩選書 0224

横浜中華街

世界に誇るチャイナタウンの地理・歴史

山下清海

日本有数の観光地、横浜中華街。この街はどのようにしてでき、なぜ魅力的なのか。世界中のチャイナタウンに足を運び研究してきた地理学者が解説。図版多数収録。

筑摩選書 0228

中庸民主主義

ミーノクラシーの政治思想

崔 相龍

小倉紀蔵 訳

儒学とギリシア哲学に共通する中庸の政治哲学を現代に活かすべく「中庸民主主義」を提唱。元駐日韓国大使の政治学者が、分断の進む世界を変革する方策を考える。

筑摩選書 0229

東アジアの農村

農村社会学に見る東北と東南

細谷 昂

文化や共同体の違いはどこからくるのか？ 人間と大地の営み、農をめぐる統治と支配の歴史に深く分け入り、広大な大陸の原風景を描き出す、農村社会学の射程。